宗教改革の物語

近代、民族、国家の起源

佐藤 優

目次

文庫版まえがき——私は捨て石となったが、それは無駄ではなかった

二〇一四年に本書を上梓《じょうし》してから五年が経った。一五世紀チェコのフス宗教改革という、日本では馴染《なじ》みの薄いテーマを扱ったにもかかわらず、幸い本書はよき読者に恵まれ、増刷することができた。本書が角川ソフィア文庫に収録されることになり、より広い読者の目に触れることになることを筆者はとても嬉《うれ》しく思う。

五年前、筆者は本書にその時点における「佐藤優《さとうまさる》の過去と未来と現在のすべて」を盛り込んだ。当時と認識は基本的に変化していない。進歩がないともいえようが、単行本の「まえがき」で設定した課題のいくつかは消化したし、別のいくつかは現在進行中である。それについては、時間的な制約から、筆者が生きているうちには完遂できないテーマもある。それについては、次世代に筆者の問題意識を伝えることに力を入れている。

本書に関しては、優れた書評が二つでた。それぞれ切り口は異なるが、筆者の内在的論

理を精確にとらえた上での踏み込んだ批評だ。

最初に紹介するのが、文藝評論家の富岡幸一郎《とみおかこういちろう》先生によるものだ。

〈信仰者を介し、捉える歴史

二〇〇五年、『国家の罠《わな》』を上梓《じょうし》して佐藤優は颯爽《さっそう》と日本のジャーナリズム、ノンフィクション界に登場した。以後の旺盛な仕事は目を瞠《みは》るばかりであり、外務省で対ロシア外交の最前線で活躍したことから、政治・外交の分野での発言は常に注目され、今日に至っている。その多彩な言論活動から博覧強記の知識人の印象が強い。現に、佐藤はグローバル時代の思想家と呼ぶにふさわしいが、しかしこの知の巨人の根底にあるもの、彼の精神の背骨を形成しているものは何であるかは、意外に一般の読者に知られていない。

本書は、まえがきで著者自身が述べているように、佐藤優という著述家の「過去と未来と現在」が「すべて盛り込まれ」ている。内容は書名のように宗教改革の時代、ルターやカルヴァンより百年前にチェコでカトリック教会と対決し、異端の烙印《らくいん》を押され火刑にされたヤン・フスの教会論を軸に展開されている。ただしフス論でもなければ、神学の書でもない。フスの言動や聖書の言葉は多く紹介されているが、核心にあるのは、副題の「近代、民族、国家」の歴史と起源を、どのように捉えるかである。

二十一世紀のいま、眼前で生起していることは、近代以降の世界史の巨大な地殻変動である。三百年、いや五百年のスパンで見なければ、この歴史の変動と亀裂の正体はわからない。著者はその正体を、フスという信仰者を媒介としながら、宗教改革を根本的に捉え直すなかで明らかにする。

これは専門分化した学者（特に現在のキリスト教学者）には到底できないことだ。しかも同時に、沖縄人であり日本人であるという著者の来歴が、つまりアイデンティティーという近代人のテーマが重ねられている。そのとき、著者の背骨たるキリスト者としての地上の生き方が物語られ、人間中心主義としての近代の限界（終焉《しゅうえん》）に立つ「現在」が、鮮烈な構図として示されている。〉（二〇一四年六月八日「東京新聞」）

関東学院大学文学部教授でもある富岡氏は、制度化したアカデミズムの内情を熟知している。『宗教改革の物語』には、脚注（フットノート）がない。このようなスタイルで書かれた著作は、アカデミズムでは評価の対象にならない。筆者は、意図的にこのようなスタイルで書いたのである。それは、筆者が尊敬するチェコのプロテスタント神学者ヨゼフ・ルクル・フロマートカ（Josef Lukl Hromádka、一八八九〜一九六九年）、彼が社会主義体制下で刊行した神学書も脚注がない一般書の形態で書かれていたため、それにならったからだ。

当時のチェコスロバキア社会主義共和国は、科学的無神論を国是に掲げていた。信教の自由とともに、無神論宣伝の自由が保障されていたが、国家は無神論宣伝を支援していた。

生産手段は国有化されていたため、書籍を刊行する場合、紙もインクも印刷機も製本機も人民を代表する国家のものとされた。社会主義国家は、キリスト教のような迷信を信じる国民にも配慮する。しかし、そのために供給する人民の財産である紙やインクなどは極少にしなくてはならない、ということになる。

脚注をつけると神学書と見なされる。神学書ならば、コメンスキー福音主義神学大学（カレル［プラハ］大学プロテスタント神学部の前身）の講義で必要とする部数しか、刊行は認められない。一〇〇～二〇〇部でタイプ印刷、謄写版刷りになる。これに対して、脚注をつけずに挿絵を入れて、一般の信徒向けの体裁を取れば、数千部の発行が当局によって許可される。それだから、フロマートカは主著の教義学書『人間への途上にある福音』に脚注をつけず、挿絵入りで刊行したのだ。その結果、神学書としては異例であるが、一九五八年の初版だけでなく、一九八六年には第二版の刊行が認められた。

日本では、社会主義時代のチェコスロバキアのような神学書の出版規制はない。ただし、キリスト教の専門出版社から、本書を詳細な脚注をつけた学術書の体裁で書いて刊行したとすると、読者は数百名に限定されてしまう。詳細な議論を展開した場合、実質的な読者は紀要論文と同レベルの数人になってしまうのだ。

そうはしたくなかった。フスを中心とする運動は、カトリック教会内の改革運動の枠を超えた宗教改革運動であることを日本の読者に伝えたかった。フロマートカや、アメデオ・モルナール、ヨゼフ・スモリーク、ミラン・オポチェンスキーらチェコの神学者は、フスによるチェコの宗教改革を第一次宗教改革、ルター、ツビングリ、カルバンらによるドイツ、スイスの宗教改革を第二次宗教改革と考える。筆者もその見解に同意する。民族と国家が人間の生活に大きな影響を与えるようになる近代の起源を知るためにも、フスはとても重要なのである。近代的システムが危機に瀕《ひん》している二一世紀に、その起源について認識することはとても重要だ。

次に、沖縄で初めて芥川賞を受賞した大城立裕《おおしろたつひろ》先生の書評を紹介する。

〈『宗教改革の物語』本質回帰からの民族形成

西洋中世の歴史を批判した学術書でありながら、極めて今日的な啓蒙《けいもう》書となっている。

高校の西洋史では「宗教改革」を、マルチン・ルッターのやったことで、「近代」の夜明けになると教わる。が、本書によれば、その萌芽《ほうが》がそれより一世紀前にチェコ地方であり、主人公のヤン・フスが異端者として処刑された。そのドラマチックな描写で始まるのは、学術に加えて物語として語るためだ。

フスはイギリスの先達《せんだつ》ジョン・ウィクリフに学び、キリスト教の基本を聖書そのものにありとしたが、その経緯が必然的に聖書入門として語られ、聖書の読み直しをも誘う。

聖書へのこだわりが、当時もはや道具と化していた教会の秩序への抵抗を生み、ひいては本質回帰というべき近代リアリズムを育てた。これが宗教改革の根にあるが、その先に人間愛の再確認がある、というのが、一貫したテーマだ。

チェコ地方では古来、諸民族が混在していたが、フスの本質回帰の運動のおかげで、民族・社会・文化の個性としての「エトニ」（英語でいうエスニック？）が育ち、それがチェコ語（という標準語）の普及と民族のアイデンティティーの確立を促し、ヨーロッパの近代化にも貢献した。（民族のアイデンティティーを育てるには独自の標準語が先決だと、フスとの縁でチェコ語をマスターした著者は、別途に沖縄の今日の言語問題に絡めて言っている）

この論の先に「沖縄」が登場し「沖縄において、過去五年の間に急速に独自のエトニ意識が育ち、もはや沖縄（琉球）民族というネーション形成の初期段階に入っていると見たほうがいい」とする。これが著述の動機の底流にあったかとも思われる。

新約聖書を出発とする歴史論でありながら、フスの理論を継いで旧約がイエス・キリストへの道を準備していると語るのも、現代の願いのために本質を語っているようであるし、本の副題に「近代、民族、国家の起源」とあるのにも、今日的、長期的な視野に立つとの志向が見える。〉（二〇一四年五月二八日「琉球新報」）

筆者は、同志社大学神学部二回生のときにフロマートカ神学に触れてから、なぜこれほどチェコに惹《ひ》き寄せられるようになったのか。

筆者も最初はそれを自覚していなかった。

北方領土交渉絡みの鈴木《すずき》宗男《むねお》事件に連座して、二〇〇二年五月十四日、筆者は東京地方検察庁特別捜査部によって逮捕された。東京拘置所の独房に五一二日間勾留《こうりゅう》されているときに、朧気《おぼろげ》ながら、筆者の抑圧された心理に気づいた。それは筆者が、沖縄人と日本人の間で、アイデンティティーの揺れを抱えているという現実だった。外務省の他の同僚と比較して、筆者が北方領土交渉に本気で取り組んだ背景にも、このアイデンティティーの揺れがあった。

筆者の母は沖縄の久米《くめ》島出身で、一四歳のとき、沖縄戦に日本軍の軍属として参加し、九死に一生を得た。母の体験は筆者の身体と精神に、自覚しないうちに内在化していた。キリスト教神学で言うところの受肉（incarnation）である。それだから、筆者にとって、日本人は自明の概念ではなく、日本人になっていくという生成概念だったのである。

筆者は日本人としてのアイデンティティーを確立するために、日本ナショナリズムを体現することが職業的に求められる北方領土交渉に従事したのだと思う。しかし、「北方四島はわが国固有の領土である」というような神話に帰依することはできなかった。領土係争を解決し、日本とロシアが平和的に共存する関係を構築することが、日本の国家益にも国民益にも適《かな》うと信じていた。

二〇〇二年時点で、筆者らの対露交渉方針は、売国的であると非難され、筆者は投獄されることになった。あれから一七年経った今日、安倍晋三《あべしんぞう》首相のイニシアティブで北方領土交渉は二島返還プラスαの方向で進んでいる。世論に大きな反発はない。客観的に見て、筆者は、捨て石になったわけであるが、それで北方領土問題が解決するならば満足である。

このような筆者の選択は、深いところでフロマートカとつながっている。フロマートカはチェコの愛国者だった。一八～一九世紀のチェコ人にとっても、チェコ人であるということは自明ではなかった。多くのチェコ人がドイツ語を話していた。都市部に居住するチェコ人は、チェコ語を忘れていた。ドイツ人、オーストリア人に同化したチェコ人も少なからずいる。そのような揺れを克服して、チェコ人は自らの民族意識を回復した。

フロマートカは、チェコ人が民族意識を覚醒《かくせい》する時代の末期に生まれる。フロマートカは、北モラビア（現在のチェコ共和国の東北部）で生まれ育った。この地域は、ポーランド、スロバキアと隣接している。少年時代のフロマートカは、チェコ人というよりも、スラブ人という自己意識を持っていたと自伝で述べている。フロマートカにとって、チェコ人という意識は自明のものではなく、知的、信仰的格闘の結果、獲得したものだった。フロマートカがチェコ人であるという意識を獲得したのと類比的に、現在の筆者は沖縄人という自己意識を獲得しつつある。フロマートカは、一九六八年八月の「プラハの春」に対する、ソ連軍を中心とするワルシャワ条約五ヵ国軍の侵攻に抵抗し、ソ連大使に公開書簡を送った。その結果、フロマートカは政治的に好ましくない人物とされた。フロマートカも捨て石になったが、それは無駄ではなかった。一九八九年にチェコスロバキアの社会主義体制が崩壊する過程で、体制解体に向けて主導的役割を果たした神学者、牧師、哲学者にフロマートカ門下生が少なからずいたからである。

無意識のうちに、筆者はフロマートカと類比的な人生を歩んでいた。

ここで重要なのは、「同じ眼」だ。フロマートカと筆者は、「同じ眼」を持っている。それだから、周囲の世界が他の人とは異なって見えるのである。フロマートカは、フスをはじめとするチェコ宗教改革者の遺産を身につける過程でこの眼を持つようになった。フスが持っているのは、イエス・キリストと「同じ眼」である。「同じ眼」にカギ括弧をつけたのは、完全に「同じ眼」ではないからだ。筆者、フロマートカ、フス、イエスの眼は複眼だ。その中に「同じ眼」があるということだ。

筆者は、二〇一六年から母校の同志社大学神学部で客員教授として後進の指導にあたっている。この年に入学したなかで、筆者と「同じ眼」を持っている神学生が一人いる。組織神学（キリスト教の理論）の適性がある。また、外国語（英語、ロシア語）と数学がよくできる。ただし、彼女は研究職に就くことを志望していない。大学院で神学修士号を取得した後は、編集者になって本を作りたいと希望している。この神学生は、神学を修得するには二五年くらいの時間がかかることを理解している。編集者ならば、仕事と研究を両立させることができると考えているようだ。

筆者は「僕も外交官と神学者の二足の草鞋《わらじ》を履き続けた。君にもできる」と激励している。彼女は、卒業論文と大学院博士課程前期ではフロマートカを扱いたい、と言い始めた。筆者は「学術研究には一定のギャラリー（観客）が必要だ。フロマートカは、日本では無名の神学者だ。カール・バルトやエミール・ブルンナーやパウル・ティリッヒのようなよく知られた神学者を扱った方がいい」と伝えたが、彼女は「私は佐藤先生と『同じ眼』を持ちたいと思うのです。そのための最短コースがフロマートカを研究することと信じています」と言う。この神学生が口にした、「同じ眼」という言葉を筆者は気に入った。

この神学生に筆者は、フロマートカの以下のテキストを示した。

〈旧約の冒頭には、世界創造に関する福音がある。「はじめに神は天と地とを創造された。」聖書の最後の書であるヨハネの黙示録には、キリスト教会の敵や信徒団の中のさまざまなセクトとの最後の戦い（ヨハネの黙示録2章6、9、15、20節）、さらにまた、この世が終わる前に小羊と教会をつぶすためにあらゆる力と手先を動員する獣との最後の戦い（ヨハネの黙示録13章）に関する証言がある。しかしまたそこには、小羊の勝利について、新しい天と新しい地について、全てが一新されることについても書かれている（ヨハネの黙示録21章1―5節）。ヨハネの黙示録の告知は、その神話的な描写やシンボルによって、イエス・キリストが最初と最後におり、アルファでありオメガであり、死と陰府の鍵を握り、始まりと終わりであるという事実を表している（ヨハネの黙示録1章11、18節、21章6節）。ヨハネの黙示録の筆者は、イエス・キリストとその教会が、戦いと危険のまっただ中に立っていることを知っている。その現状をはっきりした色で、そして楽観的な気持ちで、描いたりは決してしていない。そうではなく、信徒でない者には理解しがたい焦燥感を持って、十字架に架けられた者のほんとうの最終的な勝利について宣べ伝えている。教会に対し、教会のあらゆる祈祷、讃美歌、礼拝の務め、あらゆる奉仕は、始まりと現在と終わりに存在する方を仰ぎながら行うべきだということを思い出させる。さらに主の晩餐においてパンを割きぶどう酒を与えられることも、勝利のキリストとの喜ばしい宴の性質を持っているはずである。歴史の終わりがいつ到来しようと（予測していないときであろうと、まったく準備していなかったときであろうと、あるいは見通せないほど遠い未来であろうと）、巡礼者の共同体である教会の信仰と生活は、希望に照らされており、「アァメン、主イエスよ、来てください」（ヨハネの黙示録22章20節）という願いに常に伴われている。これらの希望に満ちた待望を表現するイメージやシンボルは大切ではない。大切なのは、前を向いた、しっかりした信仰の眼差しである。信徒たちは、主の言葉によって創造された宇宙の中の、この地上を歩む。ナザレのイエスが歩いた地上を歩く。そしてイエスも受けた肉体の中で戦う。兄弟姉妹の共同体の中で、主のかたわらで、恐れず希望に満ちた確信をもって戦うために、イエスと共に死と墓場をくぐりぬけてゆく。信徒たちは自らの教会と共に祈るために集まるが、何よりもまず、ナザレのイエスが指示する場で奉仕するために集まる。つまり、もろさと弱さのただ中で、罪人や捨てられた者たちのただ中で。信徒たちは、この道の目的であり人類史の終わりに立つ方、「アァメン、主イエスよ、来てください」という炎のような祈りが向けられた方を見つめながら、この務めに励むのである。〉（ヨゼフ・ルクル・フロマートカ［平野清美訳／佐藤優監訳］『人間への途上にある福音――キリスト教信仰論』新教出版社、二〇一四年、三三一～三三三頁）

筆者は、この神学生に「神学は、反復だよ。ここでフロマートカが述べていることを、自分の言葉で言い換えるように努力するんだ」と伝えている。

一九六〇年一月一八日生まれの筆者は今年で五九歳になる。今のペースで仕事ができるのは、長く見積もって一〇年が限度と思っている。そろそろ店終《じま》いについて真剣に考えなくてはならない。二〇一四年に本書を上梓《じょうし》した時点で計画したことの、三分の一も実現しないで時間が尽きることになりそうだ。しかし、時間は神から与えられたものなので、自分ではどうすることもできない。

一代限りでできないことはたくさんある。考えてみると、筆者も多くの人々から受けとった宿題を消化してきた。今度は、自分が宿題を出す番に回ってもいい。五年前と比べ、筆者の関心が教育にシフトしているのは、このような心境の変化があるからだ。

本文庫を上梓するにあたってはKADOKAWAの岸山征寛氏にたいへんお世話になりました。本書の基になった『本の旅人』での連載も、単行本を上梓することも、岸山氏の伴走なくしては不可能でした。どうもありがとうございます。

二〇一九年一月一日　曙橋（東京都新宿区）の自宅にて

佐藤　優

まえがき――この作品に私の過去と未来と現在の、すべてが盛り込まれている

この作品は私の著述群の中で特別の意味を持つ。表題は『宗教改革の物語』で、扱っているのは中世末期のボヘミア（チェコ）の宗教改革者ヤン・フス（一三七〇頃～一四一五）である。ただし、深層においては、私の過去と未来と現在が、すべて盛り込まれた作品だ。佐藤優《さとうまさる》という作家が何を考え、何をしようとしているかに関心を持つ読者に是非読んでもらいたいと思い、この本をあえてこのタイミングで上梓《じょうし》することにした。

一九六〇年一月一八日生まれの私は、今年で五四歳になった。五〇歳を超えた頃から人生の残り時間が気になるようになった。やりたい勉強、書きたいことはたくさんある。しかし、そのすべてをやり遂げることは、恐らくできないということをようやく皮膚感覚で理解したからだ。

私は職業作家になるつもりはまったくなかった。二〇〇二年に吹き荒れた鈴木宗男《すずきむねお》事件の嵐に巻き込まれ、人生の軌道が変わってしまった。今になって思うと、それが神の導きだった。逮捕され、裁判にかけられ、外交の現場から去ることになった。そして、いくつかの本質的な問題に取り組まざるを得なくなった。こういう問題と取り組むために、職業作家は最適の職業だ。

私の問題意識を読者に意識していただくために、個人的な事柄について語ることをお許し願いたい。

＊

二〇〇二年五月一四日に私は東京地方検察庁特別捜査部によって逮捕され、東京拘置所の独房に五一二泊することになった。仮釈放になったのは翌二〇〇三年の一〇月八日だった。あえてこの日に保釈されるように弁護士に調整してもらった。この日が母の七三歳の誕生日だからだった。

母は一四歳のときに沖縄戦に遭遇した。

一九三〇年生まれの私の母（佐藤安枝《やすえ》、旧姓上江洲《うえず》）は、沖縄の久米島《くめ》出身だ。沖縄本島の西一〇〇キロメートルに所在する久米島には、当時、小学校しかなかった。母は那覇の親戚《しんせき》の家に身を寄せ、昭和高等女学校に通っていた。一九四四年、戦局が厳しくなり、学校から三、四年生は学徒隊（後に梯梧《でいご》隊と呼ばれるようになる）に志願し、一、二年生は家族の元に帰るようにと指導された。女学校二年生で当時一四歳だった母は、帰郷するはずだった。しかし、沖縄本島と久米島をむすぶ連絡船は、米軍の空爆で沈められ、帰郷の可能性は奪われていた。母の二人の姉が那覇で生活していた。いちばん上の姉が「石部隊」（陸軍第六二師団）の軍医部に勤務していた関係で、母は一四歳で辞令を受け正規の軍属として勤務することになった。

母たち三姉妹は最前線で軍と行動をともにした。前田高地の激戦で母は米軍のガス弾を浴びた。幸い、すぐそばに軍医がいて、注射などの処置を受けたので命拾いした。軍人の中にはすぐに大声で怒鳴り、ビンタをはたく乱暴者もいたが、「米軍は女子供を殺すことはしない。捕虜になりなさい」とそっと耳打ちする英語に堪能《たんのう》な東京外事専門学校（現東京外国語大学）出身の兵士もいた。その他にも「捕虜になって生き残れ」という助言をしてくれた将校や兵卒が何人もいた。

飛行機が空襲で焼かれてしまったため、米軍に「斬り込み」攻撃を行った将校たちから、「いつか日本に行くことがあったらおふくろに届けてくれ」と遺書や写真を母はいくつも託された。

一九四五年六月二二日（一般には二三日となっているが、元沖縄県知事の大田昌秀《おおたまさひで》琉球《りゅうきゅう》大学名誉教授の実証研究に基づく二二日説を私は正しいと考える）、沖縄南東部の摩文仁《まぶに》の司令部壕《ごう》で第三二軍（沖縄守備軍）の牛島満《うしじまみつる》司令官（陸軍中将）、長勇《ちょういさむ》参謀長（陸軍中将）が自決し、沖縄における日本軍による組織的戦闘は終結した。

その後も、母は摩文仁の海岸にある自然の洞穴に数週間潜んでいた。小さな洞穴で、一七人が潜んでいたという。七月に入ってからのことだ。母たちは米兵に発見された。訛《なま》りの強い日本語で米兵が「デテキナサイ。テヲアゲテ、デテキナサイ」と投降を呼びかける。母は自決用に渡されていた二つの手榴弾《しゅりゅうだん》のうちの一つをポケットから取り出し、安全ピンを抜いた。信管（起爆装置）を洞窟《どうくつ》の壁に叩《たた》きつければ、四〜五秒で手榴弾が爆発する。母は一瞬ためらった。そのとき、母の隣にいた「アヤメ」という名の北海道出身の伍長《ごちょう》が、

「死ぬのは捕虜になってからでもできる。ここはまず生き残ろう」

と言って手を上げた。

母は命拾いした。私は子供の頃から何度も「ひげ面のアヤメ伍長があのとき手を上げなければ、お母さんは手榴弾を爆発させていた。そうしたらみんな死んだので、優君が生まれてくることもなかった。お母さんは北海道の兵隊さんに救われた」という話を聞かされた。

母は捕虜になった後、大浦崎《おおうらさき》収容所に連行された。いま米海兵隊普天間《ふてんま》飛行場の移設先として話題になっている辺野古崎《へのこざき》周辺に設けられた沖縄人収容所だ。米軍の軍用食が十分に配給され、ひもじい思いをすることはなくなった。学校が始まった。教科書もノートも鉛筆もない。黒板もチョークもない。教師が、浜に木の枝で白い砂の上に字を書いて、消

しながら国語の授業をした。みんなで歌を歌った。学生らしい生活が少しだけ戻ってきた。

収容されてしばらく経った暑い日の昼過ぎ、収容所当局が、集会所の前に収容者全員が集まるようにと指示した。収容所幹部が「日本は降伏した。戦争は終わったので、今日からここに星条旗を掲げる。敬礼するように」と命じた。星条旗が掲揚されたが、誰一人、敬礼しない。誰かが日の丸をもってきた。星条旗の横に日の丸を並べて、掲揚した。それでも誰も星条旗に敬礼しようとしない。収容所当局も星条旗に敬礼させることをあきらめた。

その数時間後のことだ。しばらく聞かなかった大砲と機関銃の激しい音がした。誰かが、

「日本軍の飛行機だ」

と言った。大浦湾に停泊する米艦船に翼に日の丸がついた十数機の特攻機が突っ込もうとしている。米艦への体当たりに成功した日本軍機は一機もなかった。全機が打ち落とされてしまった。しかし、米軍は明らかに虚をつかれた。そのとき母は、石部隊の司令部で将校から聞かされた「いま戦艦大和《やまと》が沖縄を助けに向かっている。日本は絶対に沖縄を見捨てない」という話を思い出した（現存の記録によると八月一五日以降、沖縄での特攻はなかった。星条旗掲揚とは別の日だったのだろうが、母がこのように記憶していたことが重要だ）。

二〇〇三年一〇月八日の夜に話を戻す。私の父は二〇〇〇年に死去した。母は一人で団地に住んでいた。私が恐る恐る玄関のチャイムを押すと、扉が開いた。母は私の顔を見る

なり、涙を少しだけ浮かべ、

「私はあの戦争で弾に一度もあたらなかった。運がとても良かった。優君は、私から生まれたのだから運がいいはずだ。逮捕されたこと、牢屋《ろうや》に入ったことなどたいした話ではない。命までもっていかれるわけではないから」

と言った。

ここで、母の沖縄戦体験と私の獄中体験が交錯した。そして「国家とどう付き合うか」という問題が浮かび上がった。

母は、戦後、プロテスタントのキリスト教徒になり、政治的には非武装中立を掲げる日本社会党の熱心な支持者になった。同時に、母は靖国《やすくに》神社にも参拝していた。母とともに石部隊の軍属であったすぐ上の姉が、戦死し、英霊として靖国神社に祀《まつ》られているからだ。母はあの戦争で体験した日本国家と日本人(ヤマトゥンチュ)に対する二律背反的な感情をあえて整理しないことに決めたようだ。

その二律背反的な母の国家観が私に無視できない影響を与えている。二〇一〇年七月に母が他界してから、私は母があえて整理しないと決めた事柄を言語化したくなった。沖縄人であると同時に日本人であるという自らの複合アイデンティティーを言語できちんと表現する作業を怠ると、私は作家としての命を失うのではないかという怖れに取り憑《つ》かれている。

*

社会人になってからの前半の人生で、私は、ロシアを専門とする日本の外交官として、北方領土の返還を実現するために全力を尽くした。私は文字通り命懸けでこの仕事に取り組んだ。何回か北方領土が日本に近づいてくる瞬間があった。しかし、その機会を実際の領土返還に結びつけることはできなかった。

北方領土問題を解決するためには政治の力が必要だ。北方領土交渉に従事する外務官僚は、当時、権力の中枢にいた鈴木宗男氏の力に頼った。しかし、鈴木氏が政争に敗れると、鈴木氏に擦り寄っていた外務官僚のほとんどが掌《てのひら》を返した。その様子を目の当たりにして、私は、

「もうこの人たちと仕事をしたくない。ここは私のいる場所ではない」

と心の底から思った。

鈴木氏は、ロシア専門家としての私を信頼し、私はその信頼を北方領土交渉を前進させるために最大限に活用した。私が鈴木宗男氏を北方領土問題に巻き込まなかったならば、鈴木氏がバッシングされ、東京地検特捜部に逮捕され、失脚することもなかった。

鈴木氏は、二〇〇五年九月の衆議院議員選挙（総選挙）のときに不死鳥のごとく甦《よみがえ》り、次の二〇〇九年総選挙でも再選された。しかし、二〇一〇年九月に最高裁判所が鈴木氏の

上告を棄却し、二年の懲役（実刑）が確定し、同年一二月に下獄した。未決勾留《こうりゅう》期間が一部参入され、また模範囚だったので、鈴木氏は一年で仮出所になった。ただし、刑期満了から五年間は公民権が停止されるので鈴木氏は二〇一七年四月まで選挙に立候補することができない。現下の日本の社会と国家のために、鈴木宗男氏のような他人の気持ちを理解することができ、専門知識と経験を持つ人材が公職に就く必要がある。それができなくなる状況をもたらしたことに、私にも責任の一端がある。私はこのことを一生、後悔し続けることになる。

私が新潮社《しんちょうしゃ》から二〇〇五年三月に『国家の罠——外務省のラスプーチンと呼ばれて』（新潮文庫版は二〇〇七年一一月）を刊行した目的は、私を信頼し、一緒に仕事をした外務省の同僚（特に後輩たち）に、何が起きたかについて、私から見た真実をできるだけ正確に伝えることだった。同時にそのことが、失意の内に政治の世界から弾《はじ》かれた鈴木宗男氏に対する鎮魂になると思った。もっともその後、鈴木氏は、前に述べたように不死鳥のごとく国会に戻ることができたので、私が鎮魂を続ける必要はなくなった。『国家の罠』が、鈴木氏が政界に戻るために何らかの肯定的役割を果たすことができたならば、私としてはこれほど幸せなことはない。

刑事被告人の書いた『国家の罠』が、日本社会で受け入れられることはないと私は考えていた。『国家の罠』を上梓した後、「これでようやく説明責任を果たすことができた。

淡々と公判闘争を続け、判決が確定したら、学習塾の講師をつとめよう」というのが私の正直な気持ちだった。私は、子どもたちに勉強を教えるのが好きだ。当時は離婚して独身だったので、土地勘のある根室《ねむろ》か釧路《くしろ》に移住しようと思っていた。学習塾を開き、中学生、高校生を相手に数学と英語を、大人で希望者がいれば、ロシア語を教えようと計画していた。一人ならば、それで何とか糊口《ここう》をしのぐことはできるだろうと思った。仮に学習塾がうまくいかなかったならば、漁船にロシア語通訳として乗り込もうと考えていた。いずれそこで捨て猫を保護するであろうから、猫を飼うことができるアパートを借りるつもりだった。

*

『国家の罠』を上梓して二カ月くらい経ったとき、井上《いのうえ》ひさし先生（一九三四〜二〇一〇）から、先生の義姉の米原万里《よねはらまり》さん（一九五〇〜二〇〇六）を通じて、「一度、是非、会いたい」という話があった。私が躊躇《ちゅうちょ》していると、米原さんは「あなたが作家になるために役に立つ話だから、絶対に来なさい」と言われた。私は米原さんに「作家になるつもりはないけれど、井上先生の話には興味がある」と答えた。今になって振り返ると、二〇〇五年五月二五日（水）に井上邸を訪れたことが、私の人生の転換点になった。

井上氏の自宅兼仕事場は、鎌倉の丘の上にあった。建て付けのいい旧《ふる》い農家の建材を一部用いた落ち着いた建物だ。その一階で、料理家でもある奥様のユリさんの手料理(豚の角煮がとてもおいしかった)のもてなしを受けながら話をした。

井上氏は、『国家の罠』について、「過去、十数年に読んだノンフィクションの中でいちばんよかった。一〇年前ならば一〇万部を軽く超えることになった。今は出版不況だけれども七~八万部は売れる。ただし、影響は部数よりもはるかに大きく、二〇万部くらい売れた本と同じくらいになる」と見通しを述べた。私は自分の本が一万部も売れると思っていなかったので、話半分に聞いていた。しかし、『国家の罠』の売上げは、井上氏の予想を超えて、数カ月で一〇万部を突破した。また、全国紙のすべてに書評が出た。

食事をしながら井上氏とこんなやりとりがあった。

井上「あなたは、過去に戯曲を書いたことがありますか」

佐藤「いいえ」

井上「あなたの作品には、会話がたくさん出てくる。この後、何冊かノンフィクションを書くけれど、いずれあなたは小説に移行すると思う」

佐藤「小説を書く能力も適性もありません」

井上「いや。そういう方向になると思います。それから、最終的には戯曲を書くことになる」

佐藤「そうでしょうか。ピンときません」

　そう言って、私は、一段落したら学習塾の教師になろうと思っているという話をした。井上氏は笑って、「そうはならないと思います」と言って、こう続けた。

井上「作家になるときはホームグラウンドが必要になります」

佐藤「ホームグラウンド？」

井上「そうです。どの出版社で自分の主たる仕事をするか、腰を据えなくてはなりません。最初の三作は、新潮社から出すといいでしょう。新潮社であなたを担当した編集者は相当のリスクを負っています。別の言い方をするとそれだけあなたに対して強い思いをもっている。そういう縁がある版元を自分のホームグラウンドにする。そして、ときどき他流試合に出て行くという感じで作家生活に入るといいと思います。そのうち、新潮社以外の編集者で、あなたのことをよく理解してくれる人も出てきます。そうすれば、仕事の幅が自《おの》ずから広がっていきます」

佐藤「私が職業作家になれるのでしょうか」

井上「それは大丈夫です。編集者があなたの力を引き出してくれます。ただし、注意しておかなくてはならないことが二つあります」

佐藤「二つですか」

井上「そうです。第一は、付き合う編集者が、同じ世代に固まらないようにすることです。どの会社でも、相談できる編集者を三人見つける必要があります」

佐藤「どうして三人なんですか」

井上「人間は歳をとるからです。佐藤さんはいま何歳ですか」

佐藤「四五歳です」

井上「それだとあと三〇年は作家の仕事をすることになります。各出版社で、ベテランの編集者、あなたと同世代か、少し若いくらいの編集者、それから二〇代から三〇代初めの編集者の三人と付き合うことを勧めます」

佐藤「それぞれ世代が違う三人の編集者とですか」

井上「そうです。そして、その三人に伴走してもらうのです。ベテラン編集者とだけ付き合っていると、一〇年くらい経ったときに、あなたのことをほんとうに理解してくれるベテラン編集者が退職したり、編集以外の幹部になったりして、作品をつくる相談に乗ってもらえなくなります。そのときに引き継ぎで若い編集者があてがわれても、その人があなたの考えていることを十分に理解できるという保証がない。だから、三世代の編集者とていねいに付き合うことが、長い間、作家として仕事を続ける鍵《かぎ》になります」

私が職業作家になってから、今年で九年目だが、この井上氏の助言はきわめて適切だったと痛感している。私は、複数の出版社と仕事をする機会に恵まれている。確かに三世代の編集者と人間関係を構築している版元とは、仕事が進めやすく、自分で納得がいく作品ができる。
編集者との関係以外に、井上氏から勧められた助言は、今後、作家として扱うテーマだった。

井上「これからあなたが書きたいテーマは何ですか」
佐藤「自分の身の回りに生じた出来事について記憶を整理して『国家の罠』にまとめるのが精一杯だったので、これからのテーマについては考えていません」
井上「いや、『国家の罠』を読むと、あなたには書きたいテーマがたくさんあることがわかります」
佐藤「私にはその自覚がありません」
井上「作家が作品を発表すると、読者に対する責任が生じます。その作品を読んだ読者の『もっと読みたい、もっと知りたい』という要請に応《こた》えなくてはならなくなります」
佐藤「理屈ではわかりますが、皮膚感覚に馴染《なじ》みません」
井上「すぐに馴染むようになります。『国家の罠』であなたが書き足りなかったことは何ですか」
佐藤「獄中での生活についてが、舌足らずになりました。それから、ソ連崩壊の前後に私が体験したことが、その後、北方領土問題の解決にのめり込んでいく理由になったことについて『国家の罠』では詳しく書けませんでした」

井上「もうあなたの中で、少なくとも二つのテーマが決まっています。一度、あなたが何に関心があるかについて、紙に書き出してみることを勧めます。おそらく一〇〇を軽く超えるテーマがあります。それに大雑把な優先順位をつけていくことです。作家になると、常に時間に追われることになります。持ち時間がほんとうに少ない。だから、仕事の優先順位をつける必要があるのです」

井上氏の指摘は正しかった。私の獄中生活については、『獄中記』(岩波書店単行本、二〇〇六年、岩波現代文庫、二〇〇九年)、ソ連崩壊前後の体験は、『自壊する帝国』(新潮社単行本、二〇〇六年、新潮文庫、二〇〇八年)、『甦る怪物(リヴィアタン)――私のマルクス ロシア篇』(文藝春秋単行本、二〇〇九年、『甦るロシア帝国』[改題]文春文庫、二〇一二年)という作品になった。

井上氏は、カトリックのキリスト教徒だ。私が井上氏に同志社《どうししゃ》大学神学部と大学院で研究していたチェコ神学について説明した後、こんなやりとりがあった。

井上「あなたのテーマは、学術論文でなく、小説という形でも扱えます」

佐藤「このテーマについては、神学的な手続きをきちんと踏んで行いたいんです」

井上「その場合、あなたの考えが、限られた人にしか届かない」

佐藤「確かにその問題はあります。プロテスタント神学は、カトリック神学と違って方法論が不安定ですから、私の書く論文が、どれだけの人に理解されるか。それが不安定です」

井上「あなたは、今、プロテスタント神学の方法論が不安定だと言いましたが、カトリックとプロテスタントの神学にはどういう違いがあるのでしょうか」

佐藤「カトリックの場合、教会に所属すれば、救いが確実なんです。だから、神学も自信に満ちています。ローマ教皇が救いの鍵を握っていて、教皇によって認可された教義（ドグマ）がある。教会が定めた階段を着実に上っていけば、信者は救われます。救いが確実なんです。神学者が救済について悩む必要はない。これに対して、プロテスタントでも私が信じる改革派（カルバン派）神学では、救われる者の名前は、あらかじめ神様によって『天国のノート』に書かれている。人間は、『天国のノート』を覗《のぞ》き見ることができない。また、牧師には、罪を持つ人間を救う力は備わっていない。ただ神からの絶対的な恩寵《おんちょう》によってのみ、人間は救われると考える。そのため、キリスト教徒は『天国のノート』に自分の名前があることを、ひたすら信じて、他者のために生きることが奨励されます。しかし、こうすれば救われるという根拠がプロテスタント神学にはない。それだから、プロテスタント教徒は常に不安を抱えています」

井上「『天国のノート』の説明は実にわかりやすい。『天国のノート』という言葉を鍵にして、作品を書くこともできると思います」

井上ひさし先生と、立ち入った話をしたのは、この一回だけだ。このちょうど一年後の二〇〇六年五月二五日（木）に米原万里さんが亡くなった。その後も井上氏と話をしたのは、米原さんの通夜の二七日と葬儀の二八日の二回だけだった。

ある人から受ける影響は、付き合った時間に比例するわけではない。井上氏と話をしたのは、通算で五時間足らずだった。しかし、私が職業作家になるにあたって、もっとも重要なオリエンテーションをしてくださった先輩作家は、井上氏であるというのが真相だ。

＊

井上氏の助言に従って、私はときどき「今やりたいことは何か」をノートに書き出すことにしている。そして、大雑把な優先順位をつけていく。

二〇一四年一月時点でやりたいテーマを大雑把に記すと次の三八件になる。

第一優先度（一二件）

●ヤン・フスの宗教改革の物語をまとめる。

●母の沖縄戦体験についてのまとめ。既にロングインタビューはとってあるので、これを

●ノンフィクションにまとめる。
●吉野文六《よしのぶんろく》氏（元外務省アメリカ局長）の半生記をまとめる。既にゲラになっているので、それをまとめる。
●大城立裕《おおしろたつひろ》先生と沖縄と日本に関する往復書簡のやりとりをし、本にまとめる。
●ヨゼフ・ルクル・フロマートカの主著『人間への途上における福音』をチェコ語から訳す。既に訳文はできているので、商業出版に堪えるこなれた文章にする。
●高畠素之《たかばたけもとゆき》の国家社会主義についてまとめる。
●キリスト教社会倫理という切り口で、ヨゼフ・ルクル・フロマートカの神学について博士論文を書く。
●新島襄《にいじまじょう》の自伝、書簡、論文を読み解く。この作業を通して日本におけるキリスト教主義大学の重要性についてわかりやすく説明する本をつくる。
●鎌倉孝夫《かまくらたかお》先生と『資本論』の読み解き本をつくる。
●ソ連・ロシアの民族／エスニシティ理論についてまとめて本にする。特にユーリー・ブロムレイ、セルゲイ・アルチューノフのエトノス論について、わかりやすく紹介する。
●二〇代後半から三〇代の勉強法の本を書く。
●大学生、大学院生にとって将来社会で役に立つための読書案内の本を書く。

第二優先度（一一件）

●非キリスト教徒に向けたキリスト教教義学についての教科書をつくる。
●民族問題（理論面）に関する簡潔な入門書をつくる。
●宇野《うの》弘蔵《こうぞう》の経済哲学についてまとめる。
●高橋和巳《たかはしかずみ》の小説と評論を読み解き、本にする。
●ヨゼフ・ルクル・フロマートカの『倫理学入門』をチェコ語から訳す。既に訳文はできているので、商業出版に堪えるこなれた文章にする。
●魚木忠一《うおきちゅういち》『日本基督教《キリスト》の精神的伝統』を復刻し、解説をつける。魚木神学を二一世紀に甦らせることを試みる。
●高校生用の『倫理』の学習参考書をつくる。
●北畠親房《きたばたけちかふさ》『神皇正統記《じんのうしょうとうき》』の解説本をつくる。
●高校一年生のときに東欧、ソ連を旅行した経験をまとめて本にする。
●フルドリッヒ・ツビングリの宗教改革の物語をまとめて本にする。
●人生の危機に直面したときの実用書をつくる。

第三優先度（一五件）

●ドストエフスキーの世界観を徹底的に批判的に考察し、本にする。
●エンベル・ホッジャ独裁下のアルバニアにおける無神論政策についてまとめて、本にする。

●『国家の罠——外務省のラスプーチンと呼ばれて』を琉球語に訳す。

●猫の飼い方に関する実用書をつくる。

●ジャン・カルバンの宗教改革の物語をまとめて、本にする。

●マルティン・ルターの宗教改革の物語をまとめて、本にする。

●フランチシェク・パラツキーのオーストリア・スラブ主義についてまとめて、本にする。

●五味川純平《ごみかわじゅんぺい》の小説を読み解く。対談本でもよい。

●ハンス＝ゲオルグ・フリッチェ（東ドイツ・フンボルト［ベルリン］大学プロテスタント神学部教授）の『教義学教科書』（全四巻）をドイツ語から訳す。大著なので、翻訳チームをつくって、私は監訳に回る。日本のプロテスタント神学を底上げするのによいテキストになる。

●外務省の素顔を紹介する簡潔な新書本をつくる。

●ソ連崩壊を軸にゲンナジー・ブルブリス（元国務長官）の思想についてまとめて、本にする。

●ヨゼフ・ルクル・フロマートカ、アメデオ・モルナールらの論文集『宗教改革から明日へ』をチェコ語から訳す。

●高校生用の『政治・経済』の学習参考書をつくる。

●東ドイツのプロテスタント神学についてまとめて、本にする。

●インド仏教のアビダルマについてまとめて、キリスト教徒向けの本にする。

時期によってテーマや優先度は入れ替わるので、この計画がそのまま形になることはない。さらに国内政局や外交も私の守備範囲なので、これらのテーマに含まれていない時事的問題に取り組むこともある。いずれにせよ、私の仕事に関しては、二、三年前に比べて、政局分析、日本の右翼・保守思想、北方領土問題、日本外交に関するテーマが減り、沖縄、民族問題、神学に関するテーマが増えている。社会情勢の変化とともに、私自身の問題意識が移動しているからだ。

＊

このような状況で、フスについて扱った本書『宗教改革の物語』に高い優先順位をつけて上梓することには、私なりの戦略がある。

私の設定している国家、民族/エスニシティ、戦争、資本主義、社会主義、独裁、キャリア本（勉強法、人間力効果術）などをめぐる問題は、いずれも近代の危機的状況に関連するテーマだ。近代の枠組みの中だけで思考していると、時代の危機を克服することができない。

そこで私は近代以前の時代に目を向け、そこから生き残るためのヒントを得ようと考えた。

私はキリスト教徒なので、新約聖書に記されたイエス・キリストに還《かえ》る、言い換えるならば復古維新のアプローチをとりたいのだが、イエスの時代と現代を類比的にとらえることは危険だ。世界像があまりにも異なっているからだ。その意味で、フスが活躍した一五世紀は、まさに中世と近代の双方にまたがった過渡期なのである。この時期に立ち返ることによって、民族、世俗化、宇宙観の転換などを知ることができる。

近代散文法が成立しておらず、フスの主著『教会論』を読み解く作業は、知力だけでなく、想像力、共感力などが必要とされる。この作業に私の持つすべての力を投入したつもりだ。そして、最終的に確認したのは、いかなる時代にも信仰、希望、愛が消え去ることはないという真実だ。

〈わたしたちは、今は、鏡におぼろに映ったものを見ている。だがそのときには、顔と顔とを合わせて見ることになる。わたしは、今は一部しか知らなくとも、そのときには、はっきり知られているようにはっきり知ることになる。それゆえ、信仰と、希望と、愛、この三つは、いつまでも残る。その中で最も大いなるものは、愛である。〉
(「コリントの信徒への手紙一」一三章一二〜一三節)

パウロが述べた愛のリアリティーをフスは一五世紀のボヘミアで再現しようとした。フスにならい、私は二一世紀の日本に愛のリアリティーを具現化(神学用語でいう受肉)したいのである。

それでは、これからしばらく、読者とともにフスの世界を旅したい。

(二〇一四年一月一三日脱稿)

第Ⅰ部　ヤン・フス

第一話　コンスタンツの炎

今から六〇〇年近く前、一四一五年七月六日土曜日の朝のことだ。ここ、ドイツのコンスタンツでは、神聖ローマ帝国皇帝ジギスムントの強い要請で、一四一四年一一月五日から公会議が行われていた。公会議は、カトリック教会における最高意思決定機関だ。当時、カトリック教会は混乱を極めていた。ローマとアビニョン（フランス）に二つの教皇（法王）庁が存立し、二人の教皇が対立していたのに加え、もう一人の教皇が擁立され、三人の教皇が正統性を争うという事態になっていた。この不正常な状態を解決することが公会議開催の目的の一つだった。

公会議を開催するには、もう一つの焦眉《しょうび》の問題があった。ボヘミア（チェコ）のウィクリフ派（後のフス派）を断罪することだ。この派の中心的人物はプラハ大学学長のヤン・フス（Jan Hus1370?～1415）だ。フスは、イギリスの神学者で、教会改革者だったジョン・ウィクリフ（John Wyclife1330?～84）の影響を受けた神学者だった。
フスは、コンスタンツ公会議に召喚された。召喚に応じることに身の危険を感じたフスは、神聖ローマ皇帝に安全保証を求めた。神聖ローマ帝国皇帝であるジギスムント王はフスの身の安全を保証した。しかし、コンスタンツに着くと、フスは身柄を拘束されて異端裁判にかけられたのである。

今日の会議は、大教会堂（ドーム）で行われている。ここでフスに対する判決が言い渡される予定だ。誰もがその結果に興味をもっている。教会会議の代議員はいずれも席についている。ジギスムントをはじめ神聖ローマ帝国の政治エリートも列席している。まず、ミサが行われた。その後、ワレンロード大司教が、フスを監獄から連行するのに付き添った。フスが教会堂に連れてこられた。手かせ、足かせは、右脚部分だけを除いて外された。右脚部分の足かせを外さなかったのは、フスが呪われた者であることを示すためだ。

そして、判決公判が開廷された。

まず、ローディ司教が法廷審理に参加するものに神の祝福を与えた。そして、コンコルディア司教が、この法廷審理を妨害することはいかなる者にも認められていないと述べた。その後、ローディの司教をつとめるジェイコブ・ベラルディ・アリゴーニが説教をした。「罪にまみれた肉体を滅ぼすこと」の重要性を述べ、異端がいかに恐ろしいものであるか、そして異端を撲滅することが、キリスト教会にとっていかに重要であるかについて強調した。

異端と異教は異なる。キリスト教から見て、神道、仏教、イスラームは異教である。異教に対して、キリスト教の正しさを証明する神学分野を弁証学という。これに対して、異端とは、キリスト教内部の主流派教会とは異なる言説だ。異端に対して、正統派の立場を擁護するための神学分野を論争学という。第三者的に見るならば、異端の方が異教よりも主流派教会に近いはずだ。従って、「同じキリスト教陣営だから、妥協の可能性があるのではないか」と読者は思われるかもしれないが、歴史を顧みれば、逆である。近いところにある小さな差異が激しい憎しみを生みだすのだ。

日本でも、左翼と右翼の間で、暴力的衝突はほとんど起きない。これに対して、左翼陣営内部での関係、例えば、日本共産党と新左翼諸党派との関係はきわめて悪い。新左翼内部、例えば、革マル派と中核派は一時期、血で血を洗う内ゲバを展開した。死亡したり、再起不能の重傷を負った人々も多い。この二つの党派はもともと革命的共産主義者同盟（革共同）という同一の組織だったのである。近いが故に、憎しみも倍増するのだ。

キリスト教がときおりきわめて排他的な性格を帯びる原因について、ロシアの宗教哲学者ニコライ・ベルジャーエフ（Николай Бердяев, Nikolai Berdyaev1874～1948）のロシア共産主義に関する考察から学ぶことができる。

〈共産主義の宗教に対する、特にキリスト教に対する態度の問題は、特別の考察を必要とする。あらゆる宗教に対する共産主義の抜くべからざる敵対的態度は、決して偶然の現象ではない。それは共産主義的世界観の本質そのものに属する。共産主義国は世界観の独裁体制である。共産主義体制は極端な統制国家であり、そこでは国家は全体主義的、絶対的であって、思想の強制的統一を要求する。共産主義はすべての教会を迫害するが、何よりもその歴史上で演じた役割にかんがみて正教教会の迫害を実行する。共産主義者は戦闘的無神論を呼号し、反宗教宣伝を実行することを強いられている。共産主義は、社会組織としてではなく宗教として、いっさいの宗教、特にキリスト教に狂信的に敵対する。それ自身キリスト教にとって代わる宗教たらんと欲し、人間の魂の宗教的疑問に答え、人生に一つの意味を与えると主張する。共産主義は全一的であり、生の全体を包容し、ある社会的分野だけに関係するものではない。それゆえ他の宗教的信仰との闘争は不可避である。不寛容と狂信とはかならず宗教に源泉をもっている。科学的な、純知性的な理論はこれほど不寛容、狂信的にはなれない。共産主義は宗教的信仰がそうであるように排他的である。〉（ニコライ・ベルジャーエフ〔田中西二郎・新谷敬三郎訳〕「ロシア共産主義の歴史と意味」『ベルジャーエフ著作集第七巻』白水社、一九六〇年、二一六頁）

「世界観の独裁」がキーワードだ。キリスト教は、人間の救済を説く宗教である。人間の人生に、救済の観点から見た特別の意味を付与する。従って、キリスト教徒にとって信仰は世界観でもある。しかし、信仰は世界観にとどまらない。信仰は自らの世界観を壊す超越性も内包している。この超越性に対する感覚を失うと、キリスト教は単なる世界観に堕してしまい、寛容性を失う。そして、自らの集合的世界観を他者に押しつけようとする。カトリック教会によるフスの断罪も、当時のカトリック教会が信仰を世界観の位相でしかとらえることができなかったから、起きたものである。これに対して、フスの信仰には、単なる世界観を超える超越的な「何か」があった。

＊

話を一四一五年七月六日のコンスタンツにもどす。

現代の裁判でいえば検察官に相当する司教たちが、これまでの審理状況について説明し、フス及びウィクリフの著作から集められた二六〇カ所が異端であると非難した。

その中には、フスが自らを、父・子・聖霊からなる神の第四の位格であると自称したなどという事実無根の非難が含まれていた。当然、フスは「私はそんなことを言っていない」と反論したが、受け入れられなかった。

ツァバレッラ司教が「黙れ！　貴様の話はすでに十分聞いた」と叫んだからだ。

〈かくしてフスに対する判決は下された。その根拠となったのは、彼の著書からの異端邪説三十か条であり、その理由としては、フスはウィクリフの弟子、その頑固な帰依者で、これら及びその他の非難さるべき箇条をカトリック的なりと主張し公表したが、これらは一部は誤れるもの、一部はけしからぬ、敬虔な耳を損う大胆不敵な煽動的なもの、一部は明らかに異端的である。これらの箇条を含むがゆえに、彼の論文及び著述はすべて非難され、罪せられ、公式に焚かるるよう判決され、彼自らも永年異端の教えを公然教えたので、真の明白な異端者、誘惑者であると宣言された。けれども、もしなお最後の瞬間において取り消すならば、破門は免され、ただ彼の教えによって生じた忌わしき事のために、聖職者の位から退けられて、終身禁錮に処せられるべきも、しからざれば聖職を剥奪して、世俗的権力者に引き渡され、処分さるべきものとした。〉（山中謙二『フシーテン運動の研究―宗教改革前史の考察―』聖文舎、一九七四年、八三頁）

教会は死刑執行を嫌がる。従って、教会裁判で異端とされた者を世俗の権力者に引き渡す。そうなると世俗の権力者は、この異端者を必ず死刑にする。異端の場合、遺体や遺品が残ると悪魔崇拝に用いられる可能性があるという理由で、火刑（焚刑《ふんけい》）にされるのが通常だった。

フスは自説を撤回しなかった。そして、「私の説の誤謬《ごびゅう》が聖書によって証明されない限り、非難を受け入れることはできない」と主張した。司教たちは激怒した。

〈最後にフスは、「全能の神よ。何という判決を私にもたらしたのでしょうか」と叫んだ。そして、声を低くして、敵のために祈った。高位聖職者たちはフスをあざけり笑った。〉（Вячеславъ Флайшгансъ, ЯНЪ ГУСЪ, Москва, 1916, c. 653［ビャチェスラフ・フライシュガンス『ヤン・フス』モスクワ、一九一六年、六五三頁］）

フスは、このような謀略裁判で自分を罪に陥れ、死に追い込んだ者たちが、神の怒りに触れて罰せられることがないようにと、赦《ゆる》しを願って祈ったのである。祈りの言葉は、次のようなものだったという。

〈「主なるイエス・キリストよ。私の敵を一人残らず赦してください。あなたは偉大な慈悲心をもっているので、私はとりなしをお願いします。あなたも御存知のように、敵たちは嘘をついて私を非難しています。私を陥れる偽証人を連れてきました。あなたの寛大な慈悲によって、この人たちを赦してください」〉（Franz Lützow, The Life & Times of Master John Hus, London, 1909, p.282［フランツ・リュッツオウ『ヤン・フス師の生涯と時代』ロンドン、一九〇九年、二八二頁］）

もちろんこのようなフスの誠意が官僚化した司教たちに通じるはずがない。判決に続いて、聖職剥奪《はくだつ》の儀式が行われることになった。

このときも、司教たちは「異端的意見を撤回するか」とフスに問い糾《ただ》した。フスは拒絶した。フスは、異端説として指摘されたもののうち、一部の言説についてはまったく身に覚えがなく、他の言説についても、批判するために引用したもので、自分の考えではない。このような不当な嫌疑を認めることが、神の前では罪になると主張した。司教たちは激昂《げっこう》し、フスは頑固な異端者であるという確信を強めた。

聖職剝奪の儀式は、次の手順で行われた。まず、司教たちは、フスに台の上に立つように命じた。フスが台の上に立つと、聖職者の服を着せた。そして、フスの両手で聖餐杯《せいさん》（Calix）と聖体皿（Patena）を抱えるように命じた。

キリスト教には、聖餐式という儀式がある。葡萄《ぶどう》酒をキリストの血、パンをキリストの肉とみなして行われる儀式だ。カトリック教会では、葡萄酒がキリストのほんものの血、パンがほんものの肉になると考える。神学用語では、これを実体変質説という。当時のカトリック教会では、聖餐式において聖職者はパンと葡萄酒の両方を摂《と》るが、一般の信者はパンしか摂らない。キリストの血である葡萄《ぶどう》を、万一、床にこぼすことがあっては不敬であるということで、一部の信者が葡萄を辞退したことを教会が肯定的に評価し、このような一種陪餐が伝統になった。これに対してフスは、聖職者も一般の信者も、神の前では平等であるという基本認識に基づいて、一般の信者にも葡萄を摂ることを奨励した。このような立場を両種陪餐という。当時のカトリック教会の基準からすれば、両種陪餐は許すことのできない異端だったのである。

司祭服を着て、聖餐杯と聖体皿を抱えたフスに対して、司教がもう一度、「誤った言説を撤回するか」と迫った。フスは再び撤回を拒絶した。そうすると、司教が大声で怒鳴り、フスの手から聖餐杯と聖体皿を奪い取り、司祭服を破り、はがした。

ここでちょっとした論争が司教たちの間で起きた。

異端者については、毛髪を落とさなくてはならない。フスの毛髪をハサミで刈りとるか、カミソリで剃《そ》るかで、司教たちが論争を始めた。フスは、ジギスムント王に対して、「司教たちは、神を冒瀆《ぼうとく》することについて、見解が一致しない」と言った。司教たちは一層、激昂した。結局、カミソリを使うことになった。司教たちは、フスの髪を前後左右、四つの方向に剃った。これによって、フスの聖職剝奪の儀式が終了した。


〈儀式が終わったとき、司教たちはこう言った。

「われわれは汝の魂を悪魔に渡す」

それに対して、フスはこう答えた。

「そして私は、もっとも聖なる主イエス・キリストに私の魂を委ねます」

そして、殉教者の頭に嘲笑の印である紙製の高い帽子を被せた。そこには、Hic est heresiarcha.（こいつが異端の頭目である）と書かれていた。〉（前掲書二八三頁）

前にも述べたように、司教たちは自らの手を汚してフスを火刑にすることは望まなかった。死刑のような忌まわしいことに聖職者は関与すべきではないと考えたからだ。そこでフスをジギスムント王に引き渡した。そのとき、司教たちは、慣習に従って、「この者を殺さずに、長く監獄に閉じこめておくように」という条件をつけた。もちろんこのような条件は、形式的なもので、司教たちは誰よりもフスを火刑にすることを望んでいたのだ。ジギスムント王も自らの手でフスを火刑にすることに躊躇《ちゅうちょ》した。そもそもジギスムント王は、コンスタンツの公会議に出席することを嫌がっていたフスに対して、身の安全を保証すると約束した経緯がある。良心がとがめたのであろう。ジギスムント王は、ルドウィヒ伯に引き渡した。

＊

ルドウィヒ伯は、このような悔い改めない異端者は火刑に処すべきと考え、コンスタンツの市当局者を呼んで、フスを処刑せよと命じた。フスは処刑場があるコンスタンツの西部、城壁と堀の間にあるブリュールに連行された。

通常、死刑囚には、神父がやってきて、最後の告悔を聴取する。しかし、フスの場合は、悔い改めない異端者なので、告悔を聴く必要はないという決定がなされた。

フスは、火刑台に近づくと、地面に跪《ひざまず》いた。そして、手を広げて旧約聖書の詩編第二一編を声高に読み上げた。フスはすでに異端者の宣告を受けている。死を前にして、フスが自由に何かを語ろうとしても、それが認められることはない。ただし、暗誦《あんしょう》した聖書の章句を読み上げるのならば、それは「神の言葉」であるので、刑吏であっても阻止することができない。そこでフスは、自らの思いを詩編に仮託したのだ。

詩編第二一編は、第二〇編と連続している。双方の詩編を通じて、神の力は王を通じて、この世界に現れるという信仰を示している。いまフスは、地上のジギスムント王の権力によって命を奪われようとしている。これは、神の意思に基づいているのであろうか。逆説的な形で、神の意思に基づいていることを、詩編を通じてフスは示そうとしているのだと思う。詩編第二〇編の第七節から第一〇節に以下のように記されている。

〈今、わたしは知った
主は油注がれた方に勝利を授け
聖なる天から彼に答えて
右の御手による救いの力を示されることを。

戦車を誇る者もあり、馬を誇る者もあるが
我らは、我らの神、主の御名を唱える。
彼らは力を失って倒れるが

我らは力に満ちて立ち上がる。

主よ、王に勝利を与え
呼び求める我らに答えてください。〉

「力による勝利は一時的なものでしかない。神は、油を注がれた方、すなわち救済主（イエス・キリストを示唆）を勝利させる」というのがこの部分の趣旨だ。いま、フスを火刑にしようとしている権力は、神の意思に基づく真実の権力ではない。イエス・キリストが、神の意思に基づかないローマ帝国の権力によって、殺されたのと同じ出来事が、フスをめぐって繰り返されているのである。

それを受けて詩編第二一編がある。この詩編を読み上げることで、司教たちによって被《かぶ》された異端の帽子を、フスは神の祝福を示す「黄金の冠」に転換しようとする。陰謀をめぐらす者は成功しないと詩編を通じて司教たちに警告しているのだ。

それでは、詩編第二一編を見てみよう。

〈【指揮者によって。賛歌。ダビデの詩。】
主よ、王はあなたの御力を喜び祝い
御救いのゆえに喜び躍る。

あなたは王の心の望みをかなえ
唇の願い求めるところを拒まず
彼を迎えて豊かな祝福を与え
黄金の冠をその頭におかれた。
願いを聞き入れて命を得させ
生涯の日々を世々限りなく加えられた。
御救いによって王の栄光は大いなるものになる。
あなたは彼に栄えと輝きを賜る。
永遠の祝福を授け、御顔を向けられると
彼は喜び祝う。
王は主に依り頼む。
いと高き神の慈しみに支えられ
決して揺らぐことがない。
あなたの御手は敵のすべてに及び
右の御手はあなたを憎む者に及ぶ。
主よ、あなたが怒りを表されるとき
彼らは燃える炉に投げ込まれた者となり

怒りに呑み込まれ、炎になめ尽くされ
その子らは地から
子孫は人の子らの中から断たれる。
彼らはあなたに向かって悪事をたくらみ
陰謀をめぐらすが、決して成功しない。
かえって、あなたは彼らを引き倒し
彼らに向かって弓を引き絞られる。

御力を表される主をあがめよ。
力ある御業をたたえて、我らは賛美の歌をうたう。〉

フスは、いま火中に投げ込まれようとしている。〈主よ、あなたが怒りを表されるとき／彼らは燃える炉に投げ込まれた者となり／怒りに呑み込まれ、炎になめ尽くされ〉るのであるが、地獄の火の中に、最後の審判の火に投げ込まれるのは、フスではなく、今回、フスを陥れた偽教会の幹部であり、その教会と癒着しているジギスムント王たちだ。この王朝は必ず滅びる。偽教会幹部と地上の権力者が企てる陰謀も成功しない。フスの殉教は、この世に悪が、現実的な力をもって存在することを示すものだ。悪は、イエス・キリストの真実の弟子であるフスを殺すことで、神の怒りに触れて滅ぼされることになる。そのことをフスは確信している。

詩編第二一編を読み終えたフスは、それに引き続き、詩編第五一編を読み上げた。この詩編は、ユダヤ王ダビデが、ヘト人ウリヤの妻バト・シェバに横恋慕する。そして、ウリヤを最前線に送り、戦死させ、バト・シェバを無理矢理妻にする。神はダビデの行為に対して怒る。そして預言者ナタンを通じてダビデを厳しく叱責《しっせき》する。ダビデは自らの非を認め、神に赦しを乞《こ》う。神はダビデの命は奪わないと約束したが、ダビデとバト・シェバの間に生まれた最初の子を殺す（「サムエル記下」一一～一二章）。詩編第五一編は、このときにダビデが神に赦しを乞う詩である。

〈【指揮者によって。賛歌。ダビデの詩。
ダビデがバト・シェバと通じたので預言者ナタンがダビデのもとに来たとき。】
神よ、わたしを憐れんでください
　御慈しみをもって。
深い御憐れみをもって
　背きの罪をぬぐってください。
わたしの咎をことごとく洗い
罪から清めてください。

あなたに背いたことをわたしは知っています。
わたしの罪は常にわたしの前に置かれています。
あなたに、あなたのみにわたしは罪を犯し
御目に悪事と見られることをしました。
あなたの言われることは正しく
あなたの裁きに誤りはありません。

わたしは咎のうちに産み落とされ
母がわたしを身ごもったときも
　わたしは罪のうちにあったのです。
あなたは秘儀ではなくまことを望み
秘術を排して知恵を悟らせてくださいます。
ヒソプ（引用者註＊シソの一種）の枝でわたしの罪を払ってください
　わたしが清くなるように。
わたしを洗ってください
　雪よりも白くなるように。
喜び祝う声を聞かせてください
あなたによって砕かれたこの骨が喜び躍るように。

わたしの罪に御顔を向けず
咎をことごとくぬぐってください。

神よ、わたしの内に清い心を創造し
新しく確かな霊を授けてください。
御前からわたしを退けず
あなたの聖なる霊を取り上げないでください。
御救いの喜びを再びわたしに味わわせ
自由の霊によって支えてください。

わたしはあなたの道を教えます
あなたに背いている者に
罪人が御もとに立ち帰るように。

神よ、わたしの救いの神よ
流血の災いからわたしを救い出してください。
恵みの御業をこの舌は喜び歌います。
主よ、わたしの唇を開いてください

この口はあなたの賛美を歌います。
もしいけにえがあなたに喜ばれ
焼き尽くす献げ物が御旨にかなうのなら
わたしはそれをささげます。
しかし、神の求めるいけにえは打ち砕かれた霊。
打ち砕かれ悔いる心を
　神よ、あなたは侮られません。

御旨のままにシオンを恵み
エルサレムの城壁を築いてください。
そのときには、正しいいけにえも
　焼き尽くす完全な献げ物も、あなたに喜ばれ
そのときには、あなたの祭壇に
　雄牛がささげられるでしょう。〉

フスは、この詩編を通じて人間の原罪を強調した。フスを火刑に陥れた人々に対する赦しを、主イエス・キリストを通じて、父なる神に祈ったのである。〈御救いの喜びを再び

わたしに味わわせ／自由の霊によって支えてください〉という部分は、自由の霊は、恐怖心に強いられることはないという認識を示している。フスが火刑を恐れずに受け入れるということを詩編に仮託して述べたのだ。

詩編を朗唱している間に紙の帽子が落ちた。刑吏の一人が帽子を被せ、立ち上がれと命じた。立ち上がりながらフスはこう言った。

〈「主イエス・キリストよ。私はあなたの福音とあなたの言葉を述べ伝えるために、忍耐力をもって、喜んで、この恐ろしく、恥ずかしく、残虐な死を受け入れます」〉（前掲、リュッツオウ『ヤン・フス師の生涯と時代』二八四頁）

フスは衣服を引きはがされ、手を紐《ひも》で結ばれ、首は鎖で火刑柱と結ばれた。周囲にわらと薪《まき》が集められた。そのときジギスムント王が送った軍司令官のハッペ・フォン・パッペンハイムがやってきて、「最後のチャンスだから、異端説を撤回し、命をたいせつにしろ」と説得した。

〈フスは声高らかにこれに答えて、「余は偽りの証人が余に罪を負わせたところを決して教えたことはなかった。余が説き、余がなし、余が書いたところの意図は人を罪から転ぜしめるにある。このことについては神が証人である。余は余が書き教え説いた福音の真理の中に今喜んで死ぬ」と。ここにファルツ・グラーフは点火の合図をした。〉(前掲、山中『フシーテン運動の研究―宗教改革前史の考察―』一四七頁)

刑吏が火刑柱に火をつけた。フスは大きな声で、葬儀の歌を歌い始めた。

「生きる神の子、キリストは、われわれに慈悲をかける」

フスはもう一度、「生きる神の子、キリストは、われわれに慈悲をかける」と歌った。そして、「処女マリアから生まれ」と歌ったとき、風が吹いてきて、炎がフスの顔をおおった。そうするとフスは静かに唇を動かしながら、何かを祈っていた。しばらくして静かになった。

刑吏が引きはがしたフスの衣服も火にくべられた。そして灰とその下の土を掘り起こし、ライン川に投げ捨てた。こうして、フスの処刑は終了した。

＊

コンスタンツの公会議で、教皇庁は統一され、異端は撲滅されたはずだった。しかし、実際にはそうならなかった。フスの処刑にチェコ人は激怒した。そして、ボヘミアでは、フスの信仰を正しいと考える者たちが教会の主流派を占めるようになった。そして、一四一九年にフス戦争が勃発《ぼっぱつ》し、一四三六年まで続いた。この戦争のために中央ヨーロッパは大混乱に陥る。このことについては、日本の高等学校の標準的な世界史教科書にもこう記されている。

〈一四世紀後半、イギリスのウィクリフは、聖書こそ信仰の最高の権威であって、教会はその教えから離れていると批判し、聖書を英訳するなどして自説の普及につとめた。ベーメン（引用者註＊ボヘミア、チェコ）のフスは彼の説に共鳴し、教皇からの破門にもひるまず教会を批判した。こうした宗教界の混乱を収拾するため、ドイツ皇帝の提唱によってひらかれたコンスタンツ公会議（一四一四〜一八年）は、彼ら二人を異端と宣告し、フスを火刑に処し、ローマの教皇を正統と認めて教会大分裂をおわらせた。しかしベーメンではチェコ民族運動と結んだフス派の反乱が長く続くなど（フス戦争）、もはや教皇権の勢いはもどらなかった。その後キリスト教の革新運動は跡をたたず、やがて近代初頭の宗教改革につながるのである。〉（佐藤次高、木村靖二他著『詳説世界史　改訂版』山川出版社、二〇〇七年、一五〇頁）

一般に世界史において宗教改革の起源は、一六世紀ドイツの宗教改革者マルティン・ルター（Martin Luther1483〜1546）に求められる。狭義には一五一七年に贖宥状《しょくゆうじょう》（いわゆる免罪符）を批判する「九五カ条の論題（テーゼ）」を発表したことを契機にルターがカトリック教会から離脱した時点から始まったと見られる。しかし、筆者は宗教改革の起源をヤン・フスと一五世紀のチェコ宗教改革であると考える。ちなみにヨゼフ・ルクル・フロマートカ（Josef Lukl Hromádka1889～1969）、アメデオ・モルナール（Amedeo Molnár1923～90）などのチェコの神学者たちも、一五世紀のチェコ宗教改革を第一次宗教改革、一六世紀のルター、フルドリッヒ・ツビングリ（Huldrych Zwingli1484～1531）、ジャン・カルバン（Jean Calvin1509～64）らの宗教改革を第二次宗教改革と呼び、二つの宗教改革を一体のものとして考える。これは、フロマートカやモルナールがチェコ人であることによってもたらされる偏見ではない。フスの言説には、カトリック教会が唯一の普遍的教会であるという中世的教会観の解体、また近代的民族の萌芽《ほうが》がある。またウィクリフの教会改革の影響が聖職者や神学者にとどまっていたのに対し、フスの宗教改革は、人々の魂をとらえ、戦争を引き起こし、政治的、社会的地殻変動をもたらした。

その影響は現在にまで続いている。チェコスロバキアは一九一八年に建国された。このときの建国の理念は、フス派の宗教改革に基づいて行われたのである。この国は、復古維新のイメージによって創られた国家なのである。そして、トマーシュ・ガリグ・マサリク（Tomáš Garrigue Masaryk1850～1937）は、フス宗教改革に自由と民主主義を発見した。確かに近代的な自由と民主主義の起源をフスの言説とチェコ宗教改革に求めることは可能だ。

また、カール・マルクス（Karl Marx1818～83）の盟友であったフリードリヒ・エンゲルス（Friedrich Engels1820～95）は、フス宗教改革の急進派であった、ターボル派についてこう述べている。

〈この叛乱は、中世のすべての大衆運動がそうであるように、必然に宗教的仮面をつけ、原始キリスト教を、はなはだしい堕落から粛正する運動として、たちあらわれた。しかし、通常、宗教的熱狂のかげには、強固な世俗的利害がかくされているものだ。そのことは、ヨハン・ヂヂュカ（引用者註＊ジシュカのこと）［一三七〇頃～一四二四。ベーメンの軍人で、フス党の首領］をかがやかしい先駆者とするベーメンのタボール党［フスの火刑後、その支持者によって結成されたフス党の一派］の組織にもっとも大規模にあらわれた。この傾向は中世を通じて継続したが、ドイツ農民戦争後は徐々におとろえ、一八三〇年後の労働者共産主義者のあいだで、ふたたび復活するにいたった。〉（フリードリヒ・エンゲルス［岡崎次郎他訳］「原始キリスト教の歴史について」『マルクス・エンゲルス選集　第一二巻』新潮社、一九五六年、一六一～一六二頁）

共産主義の原型がフス派にあるとエンゲルスは考えている。

要するに、近代になって発展してくる社会思想が、フスの言説とチェコ宗教改革に潜在しているのだ。宗教改革に関する知識を欠いて、近代を理解することはできない。そして、宗教改革を理解する上で、フスはきわめて重要な出発点なのである。

フスについて記す前に、なぜ当時のカトリック教会が、フスの言説に危機感を抱いたかについて説明したい。

第二話　見えざる教会

キリスト教の本質は、理論的な正しさでも、儀式でもない。キリスト教は人間の救済を目的とする宗教である。どんなに教義が精緻《せいち》であり、美しい宗教儀式を行っても、信者が「救われた」と思わなければ、キリスト教としては意味がない。

ここでいう救済には二重の意味がある。第一は、個人の救済である。己の十字架を背負った個人の救済をキリスト教は第一義に説く。それと同時に、キリスト教は共同体の救済も説く。アリストテレスが述べたように人間は社会的動物である。それだから、個体という意識も、他の個体、さらに共同体との関係において生じる。

もっともこの共同体は、家族、地域共同体、職能集団、国家など、さまざまな形態がある。ヘーゲルはそれを下位から上位に向かい家族―市民社会―国家と整理し、その全体を括《くく》って人倫（Sittlichkeit）という概念でまとめた。フスの共同体観には、ヘーゲル的な人倫の萌芽がある。一五世紀にフスが活躍した時代には、今日のわれわれが理解するような民族や国家は存在しなかった。従って、フス、さらにフスの焚刑後、決起したフス派の人々は、チェコ民族の立場から活動したのでもなければ、ドイツ人主導の神聖ローマ帝国に対抗するチェコ人の国民国家を建設しようとしたのでもない。フス派の人々は、個人と自らの共同体の救済のために命をかけてカトリック教会と戦ったのである。その過程で、チェコ人という民族感情の原型、さらに言語と信仰を同じくする人々によって国家を建設し、その国家の防衛は武装した国民が行うという発想が生まれてきたのである。近代的民族や国民国家の源泉の一つは、フス派に求められるのだ。

フスは、人間の救済に徹底的にこだわった。そのためにカトリック教会と衝突した。カトリック教会は、フスの救済観が広まることを警戒した。そして、フスを処刑しなくてはいけないという危機意識をもったのである。このことを理解するためには、キリスト教の救済観において、教会が占める位置を正確に理解しなくてはならない。

キリスト教は、イエス・キリストを救済主と考える。そもそも人間を救済する権能は、神にしかない。この点では、ユダヤ教もキリスト教も共通の理解をしている。ユダヤ教徒は、救済の時期はまだ到来していないと考える。そして、この世の終わりの日の救済を待望する。この世の終わりは、ユダヤ人にとっては、破滅ではない。神の目的が完成し、成就するのが終わりのときである。従って、終末論の枠組みで救済論を考えることになる。

キリスト教の終末論の構成も、ユダヤ教とほぼ同じだ。「ほぼ同じ」ということを、裏返して言うならば少しだけ差異があるということだ。ほとんどが同じなかにある差異はきわめて重要なのである。この差異が、まことの神で、まことの人であるとキリスト教徒が考えるイエス・キリストなのである。

イエス・キリストは、イエスが名前で、キリストが名字ということではない。イエスは、太郎、一郎のように、当時のパレスチナにごく普通に見られた男子の名前だ。これに対して、キリストは、「油を注がれた者」という意味で、救済主を象徴する。ユダヤ人の大工で、教育水準も中の上くらいであるナザレ出身のイエスが救済主であると信じるのがキリスト教の特徴だ。

全能の神は、静止していることを望まずに、人間の歴史に介入する。そして、人間の最も悲惨な、最も深い深淵《しんえん》に、ひとり子であるイエス・キリストを送り込んだのである。最も悲惨な状況におかれていたパレスチナのユダヤ人たちが、イエス・キリストが到来したことによって救済を保障されるという逆説がキリスト教の救済観だ。キリスト教の場合、ユダヤ教と異なり、人間の救済は、イエス・キリストの出現によってすでに担保されているのである。

しかし、紀元三〇年頃に、イエス・キリストは刑死した。その後、復活して弟子たちの前に姿を現したが、「わたしはすぐに来る」と言い残して天に去ってしまった。弟子たちは、イエス・キリストが、文字通り、近未来に再臨すると考えていたが、そうはならなかった。そこで神学でいう終末遅延の問題が生じる。

弟子たちは、当初、イエスの言行を書き残すことを考えなかった。なぜなら、この世の終わりが近未来にやってくるので、それまでに周囲の人々を悔い改めさせて、イエス・キリストが伝えた教えに従うことを伝えるのが急務と考えたからだ。しかし、いつになっても終末はやってこない。ことによると弟子たちが生きている間に終末は到来しないのかもしれない。それならば、イエス・キリストの言行について文書にまとめておく必要がある。

このようにして、聖書は徐々にできあがっていった。イエスと弟子たちは、アラム語を話した。ただし、聖書は、当時、書き言葉、地域の共通言語として用いられていたコイネー(共通)・ギリシア語で書かれた。

イエスはローマ帝国によって、十字架にかけられ、処刑された。こういう経緯があるので、当初、キリスト教はローマ帝国によって弾圧された。使徒のペテロもパウロも殉教したと伝えられている。

イエス・キリストが去ってしまい、未《いま》だ再臨しない状況で、キリスト教の真理は、信者の共同体である教会によって保全されると考えた。「教会の外に救いはない」というのは、教会に、いわば集合的伝承として、イエス・キリストの言説が保全されていると考えたからだ。従って、聖書を信者が個人で読んでも救いを得ることはできない。聖書は、教会の伝統に従って、正しく読まれるときに初めて救済の根拠になるという考え方がキリスト教徒の間で定着した。教会は秘密結社として、ローマ帝国内で影響を拡大した。

三一三年のミラノ勅令によって、コンスタンティヌス帝がキリスト教を公認した。その後、三九二年、テオドシウス帝の時代に異教がすべて禁止され、キリスト教はローマ帝国の国教になった。この過程で、国家とキリスト教会の距離がきわめて近くなる。教会の体制内化が進むのである。

二〇世紀に活躍したチェコのプロテスタント神学者ヨゼフ・ルクル・フロマートカは、このような国家と教会の関係を「コンスタンティヌス帝の時代」と特徴づけ、一九一七年一一月(露暦一〇月)のロシア革命によって、無神論国家が生まれるまで、この「コンスタンティヌス帝の時代」が続いたと考える。科学的無神論を国是にかかげる社会主義諸国が拡大したことを、フロマートカは、「コンスタンティヌス帝以降の時代」の到来と受けとめた。そして、三一三年以降の国家と教会の癒着が解消されたことを歓迎した。そして、フスの宗教改革の伝統に立ち返って、国家に依存しない教会のありかたを神学的に基礎づけようとしたのである。

*

イエス・キリストは、国家と貨幣に対して強い警戒心をもった。従って、目に見える教会がいかに体制化しても、キリスト教には、国家と対立する要因が潜んでいる。キリスト教の改革を企図する神学者、教会指導者は、例外なく、国家との間ではげしい緊張や対立を引き起こす。フスもその一人であった。

フスは、既存の目に見えるカトリック教会が救済の根拠とはならないことを、一四一三年に著された『教会論（De Ecclesia）』において説いた。この書物は、カトリック教会にとって大きな爆弾となった。この本では、フスの『教会論』について何度も言及することになるが、まず、フスがローマ教皇（法王）と枢機卿《すうきけい》（教皇を互選する資格をもつカトリック教会の幹部会員）が指導する教会が人間の救済を保障しないことを論じた「第七章　ローマ教皇と枢機卿とが普遍的教会なのではない」を読み解いていこう。その前の記述で、教会の長は、イエス・キリストだけであることを説いた上でフスはこう強調する。

〈キリストが聖なる普遍的教会の唯一の頭であり、過去および未来のすべての救いに予定された者がその神秘的な体にして、彼らの一人ひとりがその体の各部分であることは既述したので、あとに残されているのは、ローマ教会がその聖なる普遍的教会、キリストの花嫁であるのか否かを簡単に検討することである。

聖なる普遍的《カトリクス》使徒的教会は一つであり、それはローマ教会にほかならないがゆえに、その通りであるように見える。したがって検討すべき問題は正しいのである。いま述べた第一の部分は、教皇ボニファティウス（八世）の勅書から明らかである。そこには次のようにいう。「唯一の聖なる普遍的《カトリクス》使徒的教会を私は信仰に迫られて信じざるをえず、固持する」。同様に第二の部分は同じ勅書から明らかである。そこには次のようにいう。「一つにして唯一の教会は一つの体、一つの頭を持つ。怪物のように二つの頭を持つのではない。すなわち教会の頭はキリストの代理者であるペトロとその後継者である。『私の羊を牧しなさい』と主はペトロにいわれた。この羊あるいはあの羊を別々にではなく、総体的にいわれたのである。キリストがすべての羊を自己に託されたものと見なしていたことは明らかである。それゆえ、ギリシア人や他の人びとが自分たちはペトロとその後継者たちに託されたのではないというならば、彼らは自分たちがキリストの羊である必要はないと告白しているのである。『一つの群れ、ひとりの羊飼となる』（ヨハ一〇・一六）と主はいわれているからである」。これらにより、聖なるローマ教会がその聖なる普遍的教会であることは明白であるように見える。すべてがキリストの羊であり、一つの群れがひとりの羊飼に委ねられているがゆえである。これが前記の教書のいわんとするところであり、それは次のように結ばれている。「我々はさらに、すべての人には救いのためにローマ教皇に服従することが絶対に必要であることを、宣言し、明示し、決定する」。それゆえ、すべての者がこの決定によって必然的にローマ教皇に服従せしめられるのであれば、前記の命題は正しいことになる。〉（ヤン・フス［中村賢二郎訳］「教会論」『宗教改革著作集　第一巻』教文館、二〇〇一年、一七七〜一七八頁）

中世において、「普遍的」という言葉は、現代人が考えるよりもずっと重要な意味をもっていた。「現実に存在する真実である」という了解が普遍という言葉に含まれている。

そもそもカトリックという言葉が「普遍的」という意味だ。神によって示された真理は、普遍的である。その真理を体現している普遍的なカトリック教会であるから人間を救済することができるという論理構成になる。

もっともすでに一〇五四年に、キリスト教会は大分裂を経験している。ローマ教皇庁と、コンスタンチノープル（現イスタンブール）に主教座を置く正教会が、相互破門をしたのだ。正教会は、「われわれは古《いにしえ》からの教えをそのまま継承している」と正統な信仰を強調した。ロシア語で正教会を「プラボスラービエ（православие）」というが、これは直訳すると「正しい言葉」という意味になる。イエス・キリストの言葉を正しく伝えている教会であるという自己意識を、正教会はもっている。

これに対して、カトリック教会は普遍性を強調した。その結果、自然の秩序にも神の意思が働いていることを重視する。神はこの世界を創った。そこには、当然、神の意思が働いている。自然という存在から神の意思を読み取ることが可能だ。そうなると、非キリスト教世界であっても、そこには自然があるのだから、神の意思を読み取ることが可能になる。

ここからカトリック教会は、「存在の類比（analogia entis）」という視座を重視する。神が創造した自然との類比において世界をとらえるのだ。そうなると存在するものはすべて正しいということになり、保守的な倫理が生まれる。

フスは教皇ボニファティウス八世の回勅を引用し、カトリック教会に関するローマ教皇の論理を説明する。
もっとも、これと異なる教会理解もカトリック教会に存在する。枢機卿によって行われる公会議を重視する立場だ。

〈他方においてローマ教会は教皇を頭とし、枢機卿を体とする教会であり、彼らがその教会を構成するともいわれる。しかしそのような教会は聖なる普遍的《カトリクス》教会ではなく、それゆえ検討すべき問題は間違っていることになる。この第一の部分は、若干の教授たちのいっていることから明らかである——彼らの言説のなかでは、教皇がローマ教会の頭で、枢機卿こそが体であると説かれている。第二の部分〔の間違い〕は、教皇と枢機卿とが救いに予定された者のすべてではないことから明白である。〉（前掲書一七八頁）

これまでの記述から明らかなように、フスは、教会論において、ローマ教皇の圧倒的権威を認める教皇至上主義、枢機卿による公会議を重視する公会議主義の双方を否定する。この地上にゆるぎなき権威は存在しない。ゆるぎなき権威は神のみに帰属する。そして、教会の長は、目に見えるローマ教皇ではなく、見えざるイエス・キリストなのである。従って、枢機卿、教皇であっても確実に救済されるとは言えないとフスは考える。このような考え方が、カトリック教会の権威に対する重大な挑戦とみられたのは当然のことだ。

フスは自らの立場を聖書によって基礎づける。カトリック教会の伝統（伝承）よりも聖書の権威を重視するという宗教改革の思想が、フスの言説に顕著にあらわれている。

〈この主題（引用者註＊ローマ教皇の首位権とカトリック教会の権威の源泉）について理解するためには、福音書の次の言葉をよく考えてみなければならない。「シモン・ペトロが答えて言った、『あなたこそ、生ける神の子キリストです』。すると、イエスは彼にむかって言われた、『バルヨナ・シモン、あなたはさいわいである。あなたにこの事をあらわしたのは、血肉ではなく、天にいますわたしの父である。そこで、わたしもあなたに言う。あなたはペトロである。そして、わたしはこの岩の上にわたしの教会を建てよう。黄泉《よみ》の力もそれに打ち勝つことはない。わたしは、あなたに天国のかぎを授けよう。そして、あなたが地上でつなぐことは、天でもつながれ、あなたが地上で解くことは天でも解かれるであろう』」（マタ一六・一六―一九）。この福音のなかにキリストの教会とその信仰、基礎、権威が明確に示されている。教会についてては「わたしの教会を建てよう」と、ペトロの信仰については「あなたこそ生ける神の子キリストです」と、基礎については「この岩の上に建てよう」と、権威については「あなたに天国のかぎを授けよう」と語られている。これらの四つ、すなわち教会、信仰、基礎、教会の権威について簡単に触れよう。〉（前掲書同頁）

フスは、教会の権威について、三つのカテゴリー分けをする。ただし、このカテゴリー分けは中世的な論理に基づいているので、現代人にはわかりにくいところがあるので、敷衍《ふえん》する必要がある。

第一のカテゴリーは、現実に存在する教会だ。主観的にキリスト教徒と考えている人々が集まっている教会だ。

＊

〈第一の点に関しては、上述したことから、名称上そう呼ばれ、また一般にこれがそうだと考えられている教会のことは別にして、教会には三つの規定の仕方があると想定することができる。すなわちその一つは、一時のことに即して、あるいはただ現在の正しさに即して信仰深いといえる者の集まり、ないしは集団である。そしてこのようにして神に見捨てられた者は一時的に教会に属して、その間は神の恩寵に浴している。しかしこの教会はキリストの神秘的な体でもなければ聖なる普遍的教会《カトリクス》でもなく、またその部分でもない。〉（前掲書一七八〜一七九頁）

この教会は、いわば烏合《うごう》の衆のようなものなので、人間の救済を担保することなどできない。従って、普遍的教会ではない。

第二の教会は、救済が予定されている人々と、見捨てられた人々が混在している教会である。ただし、注意深く観察すれば、籾《もみ》と籾殻のように、救済が予定されている人々と、見捨てられた人々を区別することが可能だ。

〈第二の規定の仕方では、教会は救いに予定された者と神に見捨てられた者――彼らが現在における正しさに即して神の恩寵に浴している間だけのことであるが――の混り合ったものとされる。そしてこの教会は部分的には神の聖なる教会と一致しているが、全体としてはそれと一致しない。またこの教会は、穀粒と籾穀、小麦と毒麦の混り合ったもの、海に投げ打たれてあらゆる種類の魚をすくいとる網に似た天国、また上述したように五人は愚かで五人は聡明であった一〇人の処女に似た天国といえる。ティコニウスは『キリストの教え』第三巻三二章に見られるように、この教会を誤って二つの部分に分けられたキリストの体といった。それが誤りであるのは、神に見捨てられた者はキリストの体でもなければその一部でもないからである。〉（前掲書一七九頁）

救済が予定されている人々と、見捨てられた人々の区分が可能ならば、現実に存在する教会から、見捨てられた人々を排除すれば、救いが予定された人々だけの真実の教会が存在することになる。しかし、フスはそのような真実の教会がこの世に存在することはないと考える。なぜならば、人間は原罪によって堕落している。その人間によってつくられる教会が、そのまま神の真実を伝えることはないからだ。

そこでフスは、教会に関する第三のカテゴリーを考える。現実に存在する教会には、救済が予定されている人々と、見捨てられた人々の双方が帰属する。しかし、それ自体として制約がある人間の知恵では、誰が救いを予定され、誰がすでに見捨てられているかについてわからない。このような清濁が混淆《こんこう》しているのが現実の教会と考える。

〈第三の規定の仕方では教会は救いに予定された者――彼らが現在における正しさに即して神の恩寵に浴していようと否とにかかわりなしに――の集団だとされる。この規定の仕方では、教会は、使徒がエフェソの信徒への手紙五章二五―二七節で次のように述べられているように、信仰箇条である。「キリストは教会を愛し、そのためにご自身をささげられたが、キリストがそうなさったのは、水で洗うことにより、生命の言葉によって、教会をきよめて聖なるものとするためであり、また、しみも、しわも、そのたぐいのものがいっさいなく、清く傷のない栄光の姿の教会をご自身に迎えるためである」。

救世主はこの教会を指して福音書のなかで教会といっているのであり、「わたしはこの岩の上にわたしの教会を建てよう」といっている時がまさにそうなのである。そしてそこでいう教会がこの教会のことであるのは、「黄泉の力もそれに打ち勝つことはない」というそれに続く言葉から明白である。キリストはその教会の岩であり、救いへの予定のために教会が作られた基礎であるがゆえに、それは黄泉の力によっても、すなわち教会に迫害を加える暴君ないし悪霊の力と攻撃によっても、最終的には打ち勝たれることはないのである。天の王であり教会の花聟であるキリストは、この世の君主よりも強いからである。それゆえに彼がその教会を建て、保護し、予知し、救いに予定した彼の力と予知、予定とを示すために、また耐え通す希望を彼の教会に与えるために、「黄泉の力もそれに打ち勝つことはない」と付け加えているのである。このところでリーラ（引用者註＊リーラのニコラウス。中世の著名な聖書神学者）は次のようにいっている。「教会が聖俗の権威と高位にあずかる人びとによって構成されているのでないことは、これからも明らかである。多くの君主や高位の聖職者や地位の低いその他の人びとが信仰からの離反者になってきたからである」。この説明はイスカリオテのユダの場合に部分的に当てはまる。彼は使徒で司教であった上に、キリストが「わたしはこの岩の上にわたしの教会を建てよう。黄泉の力もそれに打ち勝つことはない」といわれたときに、居合わせた。しかし彼自身は予定に従ってキリストなる岩のうちに建てられず、それゆえに黄泉の力が最終的には彼に打ち勝ったのである。〉（前掲書一七九〜一八〇頁）

イエス・キリストが、ペトロを選んだのは、ペトロが強靭な意志力をもち、統率力に優れていたからではない。ペトロは、イエスがローマ兵士に逮捕されたときも裏切った。住民から「あなたはナザレのイエスの一味ではないか」と問われたときにも、「こんな人は知りません」と答えてイエスを裏切った。イエス・キリスト白身、そのような性格を知っていた。それだから、「お前は明日、鶏が三度なく前に、俺のことを三回知らないという」と予告したのだ。そして、その予告の通りになった。このような弱い者であるが故に、あえてイエス・キリストはペトロに教会を建てるようにと命じたのである。

それから、教会を建てろという命令は、ペトロに対する個人的命令ではない。イエス・キリストは、一二使徒代表としてペトロにこの命令を与えた。この一二使徒の中には、イエスを裏切ることになるイスカリオテのユダも含まれている。裏切り者は敵よりも悪い。ユダは生まれてこない方がよかった。そう考えるならば、現実の教会に、見捨てられた者が含まれていることは明白だ。

現在のカトリック教会にイスカリオテのユダと同じような裏切り者がいないという保証はどこにもない。われわれキリスト教徒が所属するのは、イエス・キリストを頭とする見えざる教会であるとフスは考える。この見えざる教会は、イエス・キリストが復活した後の「神の国」として現れる。見えざる教会と神の国は同一の存在だ。

〈先述のキリストの言葉から、教会によって意味されていたのは、キリストの復活後に信仰と完成に向う恩寵とによって、キリスト自身のうちに建てられることになっていたすべての人（特殊に限定された）であったことは、明らかである。なぜならば、普遍的教会に属する人を代表し、そして「あなたこそ生ける神の子キリストです」という言葉でその信仰を告白したペトロに向って、キリストはほめたたえて、「バルヨナ・シモン、あなたはさいわいである」といわれたが、この賞讃はペトロと聖なる教会全体にこそ似つかわしいからである。ペトロは人に先駆けて、謙虚に、従順に、心より、終始変わることなく、「キリストは生ける神の子です」と告白したことによって、その折りに祝福を受けたのである。しかしながらこのような信仰の奥深い部分は、肉、すなわち俗界の英知によっても、血、すなわち純粋な哲学的知識によっても明らかにされえず、父なる神のみがそれを現わし給うたのである。そしてその告白が非常に明白で確固としていたために、岩〔キリスト〕はペトロに次のようにいわれたのである。「そこで、わたしはあなたに言う。あなたはペトロ（すなわちまことの岩《ペトラ》、キリストの告白者）である」。「そしてわたしは（汝が告白した）この岩の上に」（すなわち私の上に）「わたしの教会」（試練のあと栄光に指定されている救いへの予定者の集団のこと）を、確固たる信仰と完成に向う恩寵とによって「建てよう」。それゆえに「黄泉の力もそれに打ち勝つことはない」、と。〉（前掲書一八〇～一八一頁）

人間の救済の根拠となるのは、黄泉、すなわち死の力も打ち勝つことができない、イエス・キリストの復活後に現れる教会なのである。この教会を目で見ることはできない。しかし、そのような教会が現実に存在することを、われわれは信じることが可能だ。信仰とは、目に見えないものを信じることなのである。

イエス・キリストによって、人間の救済が先取りされている。従って、救済は確実にやってくる。より正確にいうと救済の過程は既に始まっているのだ。それだから、われわれキリスト教徒は、救済への希望をもつのだ。これに対して、イエス・キリストが救済主であることを認めないユダヤ教徒は、終わりの日における救済をひたすら待望するのである。待望には希望のような根拠がない。

＊

イエス・キリストの教会に関する発言から、フスは、見えざる教会の特徴を以下の三点に集約する。

第一に、教会は単一である。

第二に、教会の頭は、ローマ教皇ではなく、イエス・キリストである。

第三に、教会は神聖である。

この三つの特徴とも、中世的世界観に基づいて書かれているので現代人にはわかりにくい。従って、敷衍する必要がある。その前に関連部分を引用しておく。

〈こうして救済者の言葉から、教会は一つであること（そこで「教会」〔単数形〕といわれていることから）、第二にそれがキリストの教会であること（そこで「わたしの」といわれていることから）、第三にそれが神聖であること（そこで「黄泉の力もそれに打ち勝つことはない」といわれていることから）が知られる。そしてそれからキリストの聖なる教会――ギリシア語ではカトリケ、ラテン語ではウーニウェルサーリスと呼ばれる――が一つであるとの結論が導き出される。その教会はまた使徒的である。ヒエロニムスがその『黙示録註釈』の序文のなかでいっているごとく、教会は使徒の言説と行動によって確立され、「キリストなる岩の上に築かれた」からである。

このゆえに私はそれが聖ローマ教会と呼ばれてよいことを認める。なぜならば『グラティアヌス教令集』二一篇三章に次のように書かれているからである。「全世界にはキリストの普遍的《カトリクス》教会という一つの花嫁の床があるだけであるとしても、聖なる使徒的ローマ・カトリック教会は多くの公会議の決議によって、他の諸教会の上位に立つとされている」。このことをそれは「あなたはペトロである。そして、わたしはこの岩の上にわたしの教会を建てよう」との先に引用したマタイによる福音書一六章一八節の一文によって証明している。そしてその少しあとのところで、『教令集』はこの教会を「ローマ教会、しみもしわも持たない使徒の首座」と呼んでいるのである。しかしながらこの教会なる語によって枢機卿と自己の従者とを従えた教皇だけが意味されていると理解することはできない。彼らはいずれも来り去るからである。それゆえにこの文章について註釈は次のようにいっている。「善良な人びとがいるところにはすべてローマ教会があるという議論があり、この議論はローマ教会がどこにあるのかを知るに当って、信者に十分な真実を教える」。そして『教令集』第二部、二四篇、問一、九章の「ア・レークタ」で始まる文章はこのように理解されるのである。〉(前掲書一八二頁)

ローマ教会を「存在の類比」でとらえるのではなく、象徴的意味でとらえるべきとフスは考えているのだ。神に対して誠実で、イエス・キリストに対して忠実な人々、すなわちよき人々がいるところに、真実のローマ教会が存在するということだ。

見えざる教会という概念を導入すれば、その教会は単一で、イエス・キリストを頭とし、神聖である。見えない教会が、現実に存在すると皮膚感覚で理解することが重要なのである。

教会も人間によって構成されている。人間は一人の例外もなく、原罪を負っている。枢機卿、教皇も原罪を負っている。それならば、罪を背負った人間たちの共同体である教会が過ちを犯すことがあるのは、むしろ当然のことだとフスは考える。

〈そこのところでローマ教会の教会法は次のように述べている。「これはキリストのすべての教会の聖なる使徒的な母なる教会である。そしてその教会は全能なる神の恩寵により、使徒的伝統の道を誤ったことはなかったと承認されており、異端的な新奇さによって歪められたことはなかったのである」。ここのところで知りうるのは、それが教皇とその従者を指しているとは考えられないことである。それゆえに註釈は次のように述べているのである。「ゆえに、誤ったことがありえないとはどの教会を指していっているのか、と私は尋ねる」。しかし『教令集』一九篇九章の「アナスタシウス」で始まる文章と、四〇篇六章の「シー・パーパ」で始まる文章に見られるごとく、教皇が誤ったこともありうるのは確かである。それゆえ、誤ったことがありえないとここでいわれている教会は教皇自身のことでもなければ、その従者のことでもない。だから註釈は「信仰深い者の集まり自体がここで教会と呼ばれている」といっているのである。さらにまた『教令集』第二部、二四篇、問一、一四章の聖ヒエロニムスの所説「これが確実なことである」の次の文章も、このように理解される。「ローマ教会は神聖であり、過去において常に罪に汚れたことがなく、将来においても、主のはからいと聖使徒ペトロの助力とにより、常に異端の間違いをいささかも犯すことなく、また確固として揺らぎなく留まるであろう」。ここではローマ教会が教皇とその枢機卿団を指しているとは考えられない。何となれば、彼らは、アグネスという名のイギリス人の女性教皇ヨハンネスの時代におけるように、しばしば欺瞞のはびこりと罪とに汚されてきたからである。それゆえアグネス・ヨハンネスとその枢機卿団なるローマ教会がどうして常に罪に汚れていなかったといえるのか。彼女は子供を産んだのである。そして異端者であり、数々の非道な行為のゆえに廃位された他の教皇についても、同じことがいえる。〉（前掲書一八二頁）

ここに出てくる女性教皇ヨハンネスというのは、伝説上の教皇だ。八五五年から八五八年にかけて在位したとフスの時代には信じられていた。イングランドの出身で、俗名はアグネスといい、淫乱《いんらん》な女性で、教皇の位に就いたときは妊娠していたと伝えられる。カトリック教会の堕落の象徴として、フスはここで女性教皇ヨハンネスについて言及している。フスは、イエス・キリストに徹底的に従うという観点から、教皇、枢機卿を相対化する。

〈それゆえ『教令集』によれば、神に関するかぎりでは、ローマ教会は他のすべての教会に対して首位と権威とを持っているのであるから、ローマ教会が闘う教会全体であって、神はそれを教会のどの構成員よりも愛し給うていたことは、明らかである。こうして枢機卿団ではなく、あらゆる種族と言語とにわたって散らばり広がっている母なる教会全体が聖ローマ教会、すなわち法（教会法）が聖なる教父たちとともに述べるかの聖ローマ教会であるということは、信仰から明瞭に導き出されるのである。

……

しかしながらこの教会の構成員の間では、上下の関係でいえば、教皇と枢機卿とはすぐれた権威をもつ構成員である。ただしそれは、彼らがキリストに忠実に従い、かつ高慢と首位権の野心を棄て去ることによって、謙虚に母なる教会への奉仕に精励するかぎりにおいてのことである。なぜならば、それと反対のことをすれば、彼らは荒廃の表象に、また使徒と主イエス・キリストの謙虚な一団とは逆の一団になってしまうからである。

しかしもともとはローマ司教に服していたキリストの信者の集団がローマ教会と呼ばれていたことも、書いておかねばならない。それは、アンティオキア司教のもとにあったキリストの信者の集団がアンティオキア教会と呼ばれていたのと同じである。同じことはアレクサンドリア教会とコンスタンティノポリス教会についてもいえる。そして同様にキリストの使徒にしてローマの司教なるペトロは、ポント、ガラテヤ、カパドキヤ、アジヤ、ビテニヤのキリストの信者に宛てて、「バビロンにある教会からあなたがたによろしく」(Iペト五・一三) といっていて、教会と呼んでいるのである。見よ、ここでは教会は、聖ペトロとともにローマにあったキリストの信者を指して用いられている。そしてまた使徒がコリントからローマの人びとに「キリストのすべての教会から、あなたがたによろしく」、その少しあとのところで、「この手紙を筆記したわたしテルテオも、主にあってあなたがたにあいさつの言葉をおくる。わたしと全教会との家主ガイオから、あなたがたによろしく」(ロマ一六・一六、二二―二三) と書いているとき、彼は個別の教会のことをいっているのである。ここでは全教会は、コリントでパウロとともに戦いに従事しているキリストの信者全体を指して用いられている。同様にコリントの信徒への手紙一の一章二節では「コリントにあり、イエス・キリストにあってきよめられた神の教会」と、テサロニケの信徒への手紙一の一章一節では「パウロとシルワノとテモテからテサロニケ人たちの教会」といわれている。またしばしば他のところでも、それぞれ普遍的教会――これがイエス・キリストの教会である――の一部である個別の教会がそのように特殊の名称で呼ばれている。〉（前掲書一八二～一八四頁）

イエス・キリストに従い、信仰のために闘う教会は、すべて聖なる教会なのである。ローマ教会の首位性はあくまでも象徴的にとらえられるべきであると、フスは聖書のテキストを根拠に語る。フスにとって、権威を究極的に根拠付けるのは、神の言葉が記された聖書だけなのである。

第三話　キリスト教徒とは

フスは、普遍的な教会を軽視しているわけではない。イエス・キリストが不在の間、彼によって述べ伝えられた「神の言葉」は教会によって保全される。イエス・キリストと教会の連続性について証されている文書が「使徒言行録（使徒行伝）」だ。フスは、「使徒言行録」をよく読み込んだ上で教会論を組み立てている。

「使徒言行録」では、イエス・キリストが再びやってくるという約束をして、天に上がっていった模様について、次のように記されている。

〈イエスは苦難を受けた後、御自分が生きていることを、数多くの証拠をもって使徒たちに示し、四十日にわたって彼らに現れ、神の国について話された。そして、彼らと食事を共にしていたとき、こう命じられた。「エルサレムを離れず、前にわたししから聞いた、父の約束されたものを待ちなさい。ヨハネは水で洗礼を授けたが、あなたがたは間もなく聖霊による洗礼を授けられるからである。」

さて、使徒たちは集まって、「主よ、イスラエルのために国を建て直してくださるのは、この時ですか」と尋ねた。イエスは言われた。「父が御自分の権威をもってお定めになった時や時期は、あなたがたの知るところではない。あなたがたの上に聖霊が降ると、あなたがたは力を受ける。そして、エルサレムばかりでなく、ユダヤとサマリアの全土で、また、地の果てに至るまで、わたしの証人となる。」こう話し終わると、イエスは彼らが見ているうちに天に上げられたが、雲に覆われて彼らの目から見えなくなった。イエスが離れ去って行かれるとき、彼らは天を見つめていた。すると、白い服を着た二人の人がそばに立って、言った。「ガリラヤの人たち、なぜ天を見上げて立っているのか。あなたがたから離れて天に上げられたイエスは、天に行かれるのをあなたがたが見たのと同じ有様で、またおいでになる。」〉（「使徒言行録」一章三〜一一節）

イエスが受けた苦難とは、十字架にかけられて死んだことを指す。四〇は、神の意思が体現されたと考えられる「完全数」なので、「神聖な一定の期間」という意味だ。この期間に弟子たちはイエスが示した奇跡を目撃するのである。

「使徒言行録」の著者（「ルカによる福音書」の著者と同一人物で医者のルカと伝承されてい

る。実証史学ではこの見方は否定されている）にとって、エルサレムは特別の意味をもつ。イエスの死、復活、顕現はすべてエルサレムで起きているからだ。エルサレムにおいて人間の救済が先取りされているのだ。

ところで、「ヨハネは水で洗礼を授けたが、あなたがたは間もなく聖霊による洗礼を授けられるからである」というのは、イエス独自の言葉ではない。イエスに洗礼を授けた洗礼者ヨハネがそもそも発した言葉だ。〈ヨハネはらくだの毛衣を着、腰に革の帯を締め、いなごと野蜜を食べていた。彼はこう宣べ伝えた。「わたしよりも優れた方が、後から来られる。わたしは、かがんでその方の履物のひもを解く値打ちもない。わたしは水であなたたちに洗礼を授けたが、その方は聖霊で洗礼をお授けになる。」〉（「マルコによる福音書」一章六〜八節）

ここには、「使徒言行録」の著者の独自の時間理解が表れている。ユダヤ・キリスト教の時間概念は、大きく二つに分かれる。まず、流れゆく時間については、ギリシア語で「χρονος（クロノス）」と表現される。これに対して、特定の出来事が起きるタイミングという意味での時間をギリシア語では「καιρος（カイロス）」という。カイロスと出会うことによって、時間の質的転換が起きる。

「使徒言行録」の著者にとって、カイロスとしての「イエスの時間」は、イエスがヨハネによって洗礼を受けた瞬間に始まる。また、カイロスとしての「教会の時間」は、五旬祭（ペンテコステ）の日に起きた聖霊による洗礼によって始まるのだ。フスもカイロスとしての時間意識を強くもった。

「イスラエルのために国を建て直し」を、現在のような、国家秩序の再建ととらえると、このテキストの意味をとらえ損ねる。「建て直し」とは、神が終末時に正しい秩序を回復することである。そのことによって、人間が救済される。イエス・キリストの出現によって終末の時が既にやってきたので、それを他の人々に述べ伝え、悔い改めを求めることがイエスの弟子たちの課題になる。「いまが救済の時である」というカイロスに関する意識をもつことで、この言説を世界に伝えるという空間的行動を帰結する。このようにして、時間が空間に転換するのである。

＊

フスも一五世紀のチェコに「建て直し」のカイロスを持ち込んだのである。それ故に、フスの運動が空間的な広がりをもったのである。

それでは、教会の始まりである五旬祭に何が起きたのであろうか。「使徒言行録」の記述を見てみよう。

〈五旬祭の日が来て、一同が一つになって集まっていると、突然、激しい風が吹いて来るような音が天から聞こえ、彼らが座っていた家中に響いた。そして、炎のような舌が分かれ分かれに現れ、一人一人の上にとどまった。すると、一同は聖霊に満たされ、〝霊〟が語らせるままに、ほかの国々の言葉で話しだした。

さて、エルサレムには天下のあらゆる国から帰って来た、信心深いユダヤ人が住んでいたが、この物音に大勢の人が集まって来た。そして、だれもかれも、自分の故郷の言葉が話されているのを聞いて、あっけにとられてしまった。人々は驚き怪しんで言った。「話をしているこの人たちは、皆ガリラヤの人ではないか。どうしてわたしたちは、めいめいが生まれた故郷の言葉を聞くのだろうか。わたしたちの中には、パルティア、メディア、エラムからの者がおり、また、メソポタミア、ユダヤ、カパドキア、ポントス、アジア、フリギア、パンフィリア、エジプト、キレネに接するリビア地方などに住む者もいる。また、ローマから来て滞在中の者、ユダヤ人もいれば、ユダヤ教への改宗者もおり、クレタ、アラビアから来た者もいるのに、彼らがわたしたちの言葉で神の偉大な業を語っているのを聞こうとは。」人々は皆驚き、とまどい、「いったい、これはどういうことなのか」と互いに言った。しかし、「あの人たちは、新しいぶどう酒に酔っているのだ」と言って、あざける者もいた。〉（「使徒言行録」二章一～一三節）

五旬祭とは、過越《すぎこし》の祭りから七週間（四九日）を経た翌日で、小麦の収穫の初穂を神に捧《ささ》げる日だ。風や炎は、神が現れるときに起こる。風は神の霊を、炎は神の言葉を象徴する。さまざまな言葉が同時に聞こえることを神学用語では「多言奇跡」という。

ここでいうパルティア、メディア、エラム、メソポタミアは、ユダヤ（イスラエル）から見て東方に位置する。カパドキア、ポントス、アジア、フリギア、パンフィリアはユダヤから見て北西に位置する。そして、エジプト、キレネとリビアは南西に位置する。いずれも、ユダヤから見て円環状に位置している。さらに北の遥《はる》か遠方にローマがある。「地の果て」まで、さまざまな言語を話す人々のところまで、イエス・キリストの福音が拡大していくことを予見した物語になっている。

フスは、「使徒言行録」におけるイエスの弟子たちの運命と自らを重ね合わせている。

〈しかしキリスト教会はユダヤに始まり、最初はエルサレム教会と呼ばれた。それゆえに、使徒言行録八章一節で「その日、エルサレムの教会に大迫害が起り、使徒以外の者はことごとく、ユダヤとサマリヤとの地方に散らされて行った」といわれているのである。第二の教会は使徒ペトロのいたアンティオキアの教会であり、そこで初めてキリスト教徒なる名称が用いられた。信者は初めは弟子や兄弟と呼ばれ、そのあとキリスト教徒と呼ばれた。それゆえに、使徒言行録一一章一節、二六節で「使徒たちやユダヤにいる兄弟たち」、そしてその章の終わりでどのようにしてバルナバがサウロをアンティオキアに連れて帰ったか、また「まる一年、ともどもに教会で集まりをし、大ぜいの人びとを教えた。このアンティオキアで初めて、弟子たちがクリスチャンと呼ばれるようになった」と書かれているのである。〉（ヤン・フス［中村賢二郎訳］「教会論」『宗教改革著作集　第一巻』教文館、二〇〇一年、一八四頁）

エルサレムの教会の迫害は、ステファノの殉教の後に起きる。当時、キリスト教徒の迫害に従事していたサウロ（後のパウロ）もステファノの殺害に賛成した。〈サウロは、ステファノの殺害に賛成していた。その日、エルサレムの教会に対して大迫害が起こり、使徒たちのほかは皆、ユダヤとサマリアの地方に散って行った。しかし、信仰深い人々がステファノを葬り、彼のことを思って大変悲しんだ。一方、サウロは家から家へと押し入って教会を荒らし、男女を問わず引き出して牢に送っていた。〉（「使徒言行録」八章一～三節）

当時、キリスト教徒には二つのグループができていた。ユダヤ教とイエスの教えの連続性を強調するヘブライ語を話す人々が第一グループを構成していた。これに対して、ギリシア語を話し、ユダヤ教の律法（例えば割礼）を遵守しなくても、イエスの教えに従えば人間は救済されると考えた人々が第二グループを構成していた。ステファノは後者のギリシア語を話すグループに所属した。フスにとって、真実の教会とは、迫害に遭遇しても戦い続ける教会だ。戦いによってキリスト教徒が団結することをフスは聖書から読み解こうとする。

ペトロは、ヘブライ語を話すグループに属する。そのペトロが、異邦人のキリスト教徒を受け容《い》れた事実が「使徒言行録」一一章の冒頭に記されている。〈さて、使徒たちとユダヤにいる兄弟たちは、異邦人も神の言葉を受け入れたことを耳にした。ペトロがエルサレムに上って来たとき、割礼を受けている者たちは彼を非難して、「あなたは割礼を受けていない者たちのところへ行き、一緒に食事をした」と言った。〉（「使徒言行録」一一章一～三節）。ペトロはこのような非難に対して、〈わたしが話しだすと、聖霊が最初わたしたちの上に降ったように、彼ら（引用者註＊異邦人）の上にも降ったのです。そのとき、わたしは、『ヨハネは水で洗礼を授けたが、あなたがたは聖霊によって洗礼を受ける』と言っておられた主の言葉を思い出しました。こうして、主イエス・キリストを信じるようになったわたしたちに与えてくださったのと同じ賜物を、神が彼らにもお与えになったのなら、わたしのような者が、神がそうなさるのをどうして妨げることができたでしょうか。」この言葉を聞いて人々は静まり、「それでは、神は異邦人をも悔い改めさせ、命を与えてくださったのだ」と言って、神を賛美した。〉（「使徒言行録」一一章一五～一八節）。

ここで、真実のキリスト教徒は、律法に関する知識、民族、身分などではなく、イエス・キリストに連なって、信仰のために戦う姿勢をもつか否かであるという基準をフスは聖書から導き出している。

さらにキリスト教徒という言葉の起源をフスは強調して、「使徒言行録」を読んでいる。〈バルナバは立派な人物で、聖霊と信仰とに満ちていたからである。こうして、多くの人が主へと導かれた。それから、バルナバはサウロを捜しにタルソスへ行き、見つけ出してアンティオキアに連れ帰った。二人は、丸一年の間そこの教会に一緒にいて多くの人を教えた。このアンティオキアで、弟子たちが初めてキリスト者と呼ばれるようになったのである。〉(「使徒言行録」一一章二四〜二六節)

バルナバとサウロ(パウロ)は、アンティオキアで異邦人伝道に従事した。アンティオキアは、当時、ローマ、アレクサンドリアに次ぐローマ帝国第三の都市だった。アンティオキアには、シリア総督が在住し、シナゴグ(ユダヤ教会堂)もあった。そこで、サウロのもとに集う人々がクリスティアノイ(*χριστιανοι*)、直訳すると「キリストに属する者」と呼ばれた。通常、クリスティアノイにはキリスト者もしくはキリスト教徒という訳語があてられている。

自己意識を表す場合、固有名詞はきわめて重要である。クリスティアノイという言葉が生まれて、初めてキリスト教という宗教がユダヤ教からの分岐を鮮明にしたのである。ロマ・フスは「教会論」において、この分岐をもう一度、思い起こさせている。そして、ローマ・カトリック教会の兄弟姉妹ということではなく、イエス・キリストに属するキリスト教徒として、信仰共同体を再生させようとしているのだ。

＊

キリスト教徒の立場からフスはローマ・カトリック教会を根源から批判する。

〈二番目には、ローマ教会は、居住の場所と生き方の善悪にかかわりなく、教皇と枢機卿たちを一緒に指して用いられる。そして三番目には、それは教皇を指して用いられる。しかしこの二つの用い方は、学者たちによってねじ曲げて用いられているのである。なぜならば、その地位の輝かしさあるいは教会に土地を寄進した皇帝の好意を理由としても、自己の首位ないし支配的地位から皇帝権の一部で身を飾った教皇の思い上がりを理由としても、はたまた第三には、一般に信じられているがごとく、すべてのキリスト教徒は教皇に頼らねばならず、また救いのためには教皇を首長にして至聖の父として認めねばならないことを理由としても、それらはローマ教会をわが母と呼ぶべき適切な理由にはならないからである、そしてその理由となりうるものは、それらとは異なる。すなわち、ローマ教会なる語は聖書のなかに基礎をもつことなしに用いられるようになったのであるから、納得できる理由をもてればそれでよいがゆえである。聖なるキリスト教会は、まずキリストと行を共にした使徒の頃にエルサレムにおいて、そのあと聖ペトロが司教を務めていた頃にアンティオキアにおいて、ついでペトロとパウロが教えを説き、殉教の死を遂げた頃にローマにおいて隆盛を見たのである。マタイによる福音書一二章二八節の「神の国はすでにあなたがたのところにきたのである」、また、ルカによる福音書一七章二一、三七節の「神の国はあなたがたのただ中にあるのだ」、「死体のある所には、またはげたかが集まるものである」との救世主の言葉は、このように理解される。〉（前掲、フス「教会論」一八四〜一八五頁）

キリスト教徒が、アンティオキアから発生したという事実をフスは重視する。ローマ教皇がキリスト教徒の筆頭にたつという根拠は聖書のどこにもない。そもそもローマ教会が普遍的（カトリック）であるという規定は聖書にない。フスの議論を三点に整理する。

1. イエス・キリストを救い主と信じる人々の教会（共同体）は、まず、使徒たちによってエルサレムで形成された。
2. その後、アンティオキアでキリスト教徒と呼ばれる人々が形成され、キリスト教会が成立した。
3. さらにその後、ペトロとパウロが宣教に従事し、殉教した頃にローマでキリスト教会が興隆したのである。

この議論を強化するのに、フスは、聖書から「神の国はすでにあなたがたのところにきたのである」、「神の国はあなたがたのただ中にあるのだ」、「死体のある所には、またはげたかが集まるものである」の三発言を引用している。最初の二発言は、イエスが唱えた神の国という表象を用いることによって、現実に存在する教会の正統性を根拠づけることが明白であるが、最後の「死体のある所には、またはげたかが集まるものである」という引用は、現代人のわれわれからするとわかりにくい。この部分について、少し掘り下げてみよう。フスが念頭に置いているのは、「ルカによる福音書」一七章三七節であるが、その全文は次の通りだ。

〈そこで弟子たちが、「主よ、それはどこで起こるのですか」と言った。イエスは言われた。「死体のある所には、はげ鷹も集まるものだ。」〉

弟子たちが、「神の国はどこに出現するのか」と尋ねていることに対するイエスの回答が「死体のある所には、またはげたかが集まるものである」というものだが、「死体」というのははげ鷹《たか》との関係での意訳で、正確には「体」と訳すべきだ。体があるところ、すなわち人間がいる場所ならば、どこであっても神の国が出現するということだ。神の国が出現するときには、終末の裁きが行われる。現実の世界において、神の国は、教会によって先取りされている。従って、人間が存在するところならば、どこであっても教会が存在するとフスは主張し、ローマ・カトリック教会の特権的地位を否定しているのである。フスは、現実に存在するものには、かならずその根拠があると考える。ローマ・カトリック教会が存在していることは、厳粛なる事実なので、その根拠をフスは三つあげる。最初の二つは、ローマという場所（トポス）と結びついている。

〈こうして確かにキリスト教会はユダヤで始まり、教会の頭であるキリストはエルサレムで殉教したのであるが、それにもかかわらずキリストの教会はある種の優越のためと次の三つの理由とによりローマ教会と呼ばれたのであり、そしてそれなりにもっともなのである。第一に、ローマの信徒への手紙九章二四節以下で使徒がいっているごとく、ローマ帝国のもとにある住民が信仰しようとしないユダヤ人にとって替わることをキリストは知っておられたからである。第二には、他の都市に比べて多くの殉教者がそこで勝利したのであるが、人は母胎より生まれ、輝かしく勝利する場所をもとにしてその名前とするものだからである。それゆえ、聖なる教会は、その多くに関するかぎり、母胎であるユダヤ教会から分離してローマで生まれ、そこの住民のなかで大きくなり勝利したのであるから、ローマなるその首都をもとにして名称としたのはもっともなことであった。こうして『教令集』二三篇によれば、ペトロとパウロが「同じ日の同じ時間に聖なるローマ教会を神に捧げ、かつまたみずからそこに居合わせたことと輝かしき勝利とにより、ローマの教会を全世界の他のすべての都市に優越

せしめた」がゆえに、それは「至聖なる」と呼ばれるのである。〉（前掲書一八五頁）

第一の理由は、イエス・キリストが、ローマ帝国の住民がキリスト教信仰の主体になることを予見していたからだ。

第二の理由は、ローマ教会の規模が最も大きいからである。

この二つの要因は、確かにローマという場所と結びついている。しかし、フスは第三の理由を説明することで、ローマ教会の特権的地位を崩そうとする。

〈第三の理由は、場所や古さではなく、信仰の教えがキリストの教会を作り出すということである。すなわち、人と場所に関していえば、キリストの教会はかつては前者をその席としていたのである。そしてこの意味においてマカバイ記二の五章一九節で「主は場所のために民を選ばれたのではなく、民のために場所を選ばれた」といわれているのである。このゆえに、正しい信仰者の住む所なら、どんな所の名称をキリストの教会に付けて呼ぶことも許される、と私は信ずる。キリストがナザレでの受胎のゆえにナザレの人と呼ばれるごとく、また誕生地のゆえに一般にベツレヘムの人と呼ばれ、またカペナウムで奇蹟を行なったがゆえにカペナウムの人、エルサレムでのこの上なく輝かしい受難のゆえにエルサレムの人と呼ばれうるごとくにである。〉（前掲

書一八五～一八六頁〕
エルサレム、アンティオキアのようなキリスト教会の起源について由緒ある場所ではなく、ローマのような新興の場所が教会の象徴となったのは、信仰が教会をつくり出すというキリスト教の内在的論理に基づいているのだ。裏返して言うならば、信仰を失うならば、ローマ教会の特権的地位は失われることになる。

ここからフスは次の結論を導き出す。

〈上述のことから、本章の冒頭で述べた検討すべき問題に関して何がいわれるべきかは、明らかである。ローマ教会が聖なる母、普遍的教会《カトリクス》、キリストの花嫁であることは容認されねばならないからである。ローマ教会は教皇を頭とし枢機卿を体とする教会だと主張する、それとは対立する議論についていえば、これは譲歩すること、教会を二番目の仕方で理解すること、すなわち教皇――彼がいかような者であろうと――と枢機卿――彼らがいかような者であろうと、またどこに居住していようと――として理解することによって、いわれているのである。〉（前掲書一八六頁）

ローマ教会が、キリストの花嫁であり、普遍的なローマ・カトリック教会であると自称することは、一応、認められる。教皇がどのような破廉恥漢であっても、枢機卿が腐敗し、ローマに居住していないとしても、そこにイエス・キリストを救い主と信じる人々がいる限り、普遍的教会が存在しているからである。この教会は、人間の目では見えない教会である。

他方、ローマ・カトリック教会が、イエス・キリストの教えを正しく継承する使徒的教会であるとは、到底、言えない。この点に関するフスの論拠は次の通りである。

〈しかしこのような教会が聖なる使徒的・普遍的《カトリクス》教会であることは否定される。こうしてこの議論の二つの部分は容認されるとしても、結論は否定されるのである。すなわち、教皇は彼と共に生きる一二人の枢機卿とともどもに聖である――このことが可能性のきわめて高いこととして主張され、認められているのだが――ことを私は主張する、といい、教皇と枢機卿とは聖なる使徒的・普遍的《カトリクス》教会であると結論されるならば、この結論は否定されるのである。しかし聖なる教皇と聖なる枢機卿とは聖なる教会である、ただし聖なる使徒的・普遍的《カトリクス》教会の一部としての意味において、と結論するのは正しい。それゆえキリストの信者にとって第一の事柄は堅く信ずべきことであるが、第二の事柄はそうではない。なぜならば、前者は「黄泉の力もそれに打ち勝つことはない」とのキリストの言葉によって、その真実性が証明されているからである。しかし後者は、重要なことが神の啓示によって明白にされないかぎりは、私にとってもこの世のいずれの旅人にとっても疑わしい。それゆえ教皇も聖なる普遍的カトリック教会の頭ではなく、枢機卿もその体のすべてではない。キリストのみがその教会の頭であり、またその花嫁はイエス・キリストと一体の人であるがゆえに、救いに予定された者が体であり、かつその一人ひとりがその部分なのだからである。〉（前掲書一八六頁）

ローマ教皇と枢機卿が、イエス・キリストに仕える者として、聖なる存在であることは、一般論として認められる。現実の教皇、枢機卿がどれだけ腐敗していようとも、理念としての教皇、枢機卿が聖なる者であることは認められる。聖なる者であるということは、イエス・キリストが説いた救済に関する真理を体現しているということだ。これは聖霊の力によって、教会に保全されているのであって、教皇や枢機卿の属人的資質に基づくものではない。

フスは、教会の本質について、さらに掘り下げて考える。ローマ教会は、教権制度（ヒエラルキー）の上層部と普遍的教会を同一視しているが、これは大きな誤りである。教皇や枢機卿は、教会のたかだか一部分に過ぎない。教皇がキリスト教会の頭であるというのは、まったく誤った見解だ。教会の長はイエス・キリスト以外にいない。そして、教会の体を構成するのは、神によって救いを予定された人々である。誰が救われるかは、神しか知らない。洗礼を受け、ローマ・カトリック教会に所属していても、必ず救われるとは言えないのである。教皇、枢機卿が救われるという保障もどこにもない。

救いは、神によってのみもたらされる。そこに、原罪をもつ人間が積極的関与をするという発想が、根本的に誤っている。人間は、ただイエス・キリストを経由してのみ神について知ることができる。イエス・キリストについて、われわれは聖書を通じてのみ知ることができる。従って、キリスト教会の基準は、聖書のみに求められるべきだ。

＊

このようなフスの言説は、その一〇〇年後、一六世紀前半に起きるルター、ツビングリ、カルバンらの宗教改革を先取りしている。チェコ以外で、フスの改革運動は、一六世紀の宗教改革に先立つ先行宗教改革、あるいは中世末期の教会改革運動ととらえられているが、この枠組みでは、フスの提起した広範な問題を包み込むことができない。

前に述べたように、ヨゼフ・ルクル・フロマートカ、アメデオ・モルナール、ヨゼフ・スモリークなど、チェコのプロテスタント神学者は、宗教改革を二期に分ける。第一期が、フスによる宗教改革である。第二期がルター、ツビングリ、カルバンらによる宗教改革だ。カトリック諸国の武力によって、第一期宗教改革は、一定期間封じ込められてしまったが、決して死に絶えたわけではない。二つの宗教改革は、聖書のみ、信仰のみ、恩寵《おんちょう》のみという共通精神で結びついているというのがチェコの神学者たちの見解だ。これは決してチェコ人の民族的偏見に基づくフスに対する過大評価ではない。ヤン・フスの神学、フス派の宗教改革運動について正確な知識を得れば、一五世紀の宗教改革の意義を、従来のプロテスタント神学が過小評価していたことが明らかになる。

日本でも、山中謙二《やまなかけんじ》がフス宗教改革について優れたモノグラフ（研究書）を残している。山中は、フシーテン運動（フス宗教改革）の政治的、社会的意義を高く評価し、フシーテン運動が歴史を画する出来事であったということを強調する。しかし、神学ではなく一般史の視座からフスを評価している。そのために、フスの神学的意義についてはきわめて不十分な評価しかなされていない。

例えば、以下の記述だ。

〈彼（引用者註＊フス）の学才は必ずしも卓越したものではなく、学校においては教師の注意を惹くに足らず、学界に出てからも研究の成果がそれを示していると称せられる。しかしその人格は勤勉で、道徳正しく、宗教的義務はいやしくもゆるがせにするところがなかった。欠点としては、頑固で、時に激情に駆られる点があった。〉（山中謙二『フシーテン運動の研究―宗教改革前史の考察―』聖文舎、一九七四年、一三八頁）

フスの神学的水準が高いことは、これまでに引用した「教会論」の議論の組み立てからも明確だ。また、フスの業績がアカデミズムでまったく評価されていなかったならば、フスがカレル（プラハ）大学の学長になることはない。山中がどのような根拠によってこのような記述をしたのかは、不詳であるが、カトリック教会がフスに対してもつ偏見が反映していると見るのが妥当であろう。

一六世紀の宗教改革指導者、少なくともルター、ツビングリ、カルバンについては伝記が詳しく紹介されている。これに対してフスについては、百科事典の概説を超える記述はない。ちなみに『世界大百科事典』（平凡社）のフスに関する記述は次の通りだ。

〈フス　Jan Hus　一三七〇ころ—一四一五

ボヘミアの宗教改革者。南ボヘミアのフシネツ村に貧農の子として生まれる。プラハ大学で神学を修め、一三九八年に同大教授に就任する。このころイギリスのウィクリフの改革思想に強く共鳴し、救霊預定説を唱え、聖職者、教会の土地所有、世俗化を厳しく非難した。一四〇二年にはプラハのベツレヘム礼拝堂の主任司祭兼説教師に任命され、チェコ語による彼の説教は、民衆の心を巧みにつかんだ。彼は同時に聖書のチェコ語訳を行い、チェコ語の正字法も手がけるなど、チェコ人の民族教育にも力を注いだ。

チェコ人とドイツ人の間で哲学論争が続いた当時のプラハ大学で、〇九年チェコ人に有利に制度が改革されると、フスは総長に選ばれた。だが彼はすでにボヘミアで禁止されていたウィクリフの命題を学内で説き、免罪符の販売を攻撃したために一〇年にプラハ大司教より、翌年にはローマ教皇より破門された。彼は支持者の手で南ボヘミアのコジー・フラーデク Koz ž Hrádek の城館に逃れ、著述に没頭し、有名な《教会について De ecclesia》《説教書》などを著した。一四一四年、フスはコンスタンツ公会議に召喚されたが、神聖ローマ皇帝ジギスムントの発行した通行許可証を携行していたにもかかわらず逮捕され、法廷に立たされた。彼は自説の撤回を拒否したために異端の罪を受け、翌年七月焚刑に処せられ、その灰はライン川にまかれた。公会議の処置に激怒したフス派教徒が、やがて皇帝、教会を敵に反乱を起こす（フス派戦争）。フスはのちにチェコ人の民族的英雄、守護神的な存在になり、とくに一九世紀のオーストリアに対する民族運動の時代にはチェコ人の精神的支柱となった。〈稲野　強〉

このレベルのデータでフスについて語るには無理がある。そこで、この後、チェコ語文献を参照しつつ、フスの伝記について少し踏み込んだ記述をする。

フスがいつ生まれたかについては諸説があり、いまだ生年月日を確定することができない。一九世紀半ばまでは、フスの誕生は一三七三年七月六日と伝えられていた。一九世紀半ばに「チェコ民族の父」と呼ばれたフランチシェク・パラツキー（František Palacký 1798〜1876）は、フスの生年月日を一三六九年七月六日とした。その後、さまざまな異論が唱えられ、現在のチェコの学者は、一三六九年から翌七〇年頃に生まれたと見ている。

フスの誕生日が七月六日とされた理由は簡単だ。一四一五年七月六日にコンスタンツでフスが火刑に処せられたので、「誕生日に死刑にされた」という形で物語がつくられていったのである。

フスの生まれた村はフシネッツ(Husinec)だ。最寄りの町はプラハチッツェ(Prachatice)で、フシネッツから南に徒歩で約一時間半、七キロメートルくらいの距離にある。フス(Hus)とはチェコ語で鵞鳥《がちょう》の意味だ。フシネッツは、「鵞鳥村」という意味だ。フシネッツはドイツのバイエルン地方から、そう遠くない場所にある。小川が流れる丘陵にこの村はある。

一四世紀にこの地域に住んでいたチェコ人は、チェコ語とドイツ語をバイリンガルで操っていた。近代的な民族のアイデンティティーも当然もっていなかった。自らは、チェコ語とドイツ語を話すキリスト教徒であるというのが、フスを含む当時のこの地域の人々の平均的な自己意識だった。

幼少年時代のフスに関する記録はほとんど残っていない。カトリック教会が、異端派であるフスに関する文書を極力、湮滅《いんめつ》させようとしたからだ。フスの両親は農民であったとみられる。当時、貴族から大学教授や神学者になる者が多かったのに対し、フスは庶民からの叩《たた》き上げだ。フスの父親は、ミハイル(Mikhail)という名だった。父は、フスが青年になる前に死去したようだ。少年時代のフスは、「ミハイルの息子のヤン(Jan Michailův)」と呼ばれていた。フスは母親に可愛がられた。母はフスに祈りを教え、またフスを学校に通わせた。フスには兄弟姉妹がいたらしいが、詳しいことはわからない。

学校はプラハチッェにある。フスが何歳の時からこの学校に通ったか、記録は残っていない。通例からすると一〇歳前後のことと推定される。この時点でフスの母親は、息子が教育を身につけて教会教職者（聖職者）になることを望んでいたのであろう。プラハチッェの学校は城のような建物の中に設けられていた。そこでは、将来、大学に進学することを前提にした文法学、修辞学、弁論術の授業が行われた。プラハチッェはこの地域の商業都市だったので、フスは大学進学を前提としたこれらの自由学科の他に数学、天文学といった実用科目も学んだと推定される。この学校で、フスはラテン語を徹底的に仕込まれた。ドイツ語、チェコ語は世俗語なので、学校ではまったく勉強しなかった。

弁論術を勉強する過程でフスはアリストテレス論理学を勉強した。論理学の技法を用いて論戦（ディベート）で相手を徹底的にやりこめるというフスの資質はこの学校で鍛えられたのである。修辞学で、フスは古代の詩をいくつも暗唱して、人々の心に訴える表現をした。フスの説教に人気があったのは、同人が弁論術と修辞学を駆使したからであろう。

さらにこの頃の天文学は、占星術と分離されていない。また、天動説に基づいて宇宙論を組み立てている。フスは、暦を確定する技法として天体の運行に関する知識を身につけた。天界における星の配置や運行によって人間の運命が変化するという占星術の視座を受け入れなかったのである。数学についても同様だ。フスは数学に計算の技法以上の意味を見出《みいだ》さなかったのである。天体も数も神によって創られたものである。人間はこのような創られたものによって支配されるのではなく、神によって支配されるとフスは考えた。

第四話　カレル大学神学部

学問とは、真理を知るための技法である。この点は、現代と中世において、違いはない。しかも断片的な知識ではなく、体系知を学問という。学問を修めた人は、森羅万象について、自分の言葉で語ることができるのである。

占星術は、天動説に基づいて構成されている。太陽、月、星などの天体を観測するということでは、現在の天文学に似ている。しかし、前提となる真理観がまったく異なる。天体の運行が個人の運命、地上の自然環境の変化と直接関係しているという真理観が存在する。それだから、彗星《すいせい》が現れると、天災地変や政変が起きるのではないかと不安になる。

また、錬金術（アルケミー）も、黄金を作り出す魔術のようにとらえられているが、そうではない。「賢者の石」を保持する錬金術師が、「乾いた道」（坩堝《るつぼ》を用いる融解法）、「湿った道」（フラスコと反射炉を用いる蒸留法）によって、秘技に通じると、不老不死と無限の富を確保することができる。富を獲得する手段の一つが、鉄、鉛のような卑金属を黄金という貴金属に転換するメカニズムなのである。

現在も錬金術は、形を変えて生きている。不老不死の獲得は、延命治療、老化防止のための医療技術に転換した。富は、黄金を作り出さなくても、貨幣が自己増殖する資本という使用法を発見することによって実現することができるようになった。

フスもプラハチッェの学校で、自由学芸諸科目のほかに数学、天文学などの実用科目も学んだが、占星術や錬金術には関心をもたず、神学に向かっていったのである。

以前にも述べたが、フスは母親にとても可愛がられていた。フシネツ村からプラハチッェ町の学校への往復も、母親が同行することが多かった。

ある日のことである。学校から家に帰る途中、突然、雷をともなうにわか雨が降り始めた。母親はフスを連れて岩陰に隠れた。近くに雷が落ちて、岩のそばの草むらが燃え始めた。母親は、それを見て、「さあ、家に帰ろう」とうながした。

〈するとフスは、燃える草むらを指しながら、「みなさい。この草むらのように、私も火によって、この世から消える」と言った。〉（Вячеславъ Флайшгансъ, ЯНЪ ГУСЪ, Москва, 1916, с. 29［ビャチェスラフ・フライシュガンス『ヤン・フス』モスクワ、一九一六年、二九頁］）

こうして、フスは将来、火刑に処せられることを預言したというのだ。もちろん、これは後知恵の世界である。しかし、中世の人々が考える因果関係は近代以降のわれわれとは異なる。フスがコンスタンツで火刑に処せられるという原因があるから、子供時代に落雷によって草むらが燃える様子を見て、「この草むらのように、私も火によって、この世から消える」と預言をしたという結果があるのだ。

また、「燃える草むら」には、「神の場所」というメタファーがある。旧約聖書の「出エジプト記」で、羊飼いであったモーセが、神の山ホレブで、「わたしはある」という自己啓示を行う場面だ。

〈モーセは、しゅうとでありミディアンの祭司であるエトロの羊の群れを飼っていたが、あるとき、その群れを荒れ野の奥へ追って行き、神の山ホレブに来た。そのとき、柴《しば》の間に燃え上がっている炎の中に主の御使いが現れた。彼が見ると、見よ、柴は火に燃えているのに、柴は燃え尽きない。モーセは言った。「道をそれて、この不思議な光景を見届けよう。どうしてあの柴は燃え尽きないのだろう。」

主は、モーセが道をそれて見に来るのを御覧になった。神は柴の間から声をかけられ、「モーセよ、モーセよ」と言われた。彼が、「はい」と答えると、神が言われた。「ここに近づいてはならない。足から履物を脱ぎなさい。あなたの立っている場所は聖なる土地だから。」神は続けて言われた。「わたしはあなたの父の神である。アブラハムの神、イサクの神、ヤコブの神である。」モーセは、神を見ることを恐れて顔を覆った。

主は言われた。「わたしは、エジプトにいるわたしの民の苦しみをつぶさに見、追い使う者のゆえに叫ぶ彼らの叫び声を聞き、その痛みを知った。それゆえ、わたしは降って行き、エジプト人の手から彼らを救い出し、この国から、広々としたすばらしい土地、乳と蜜の流れる土地、カナン人、ヘト人、アモリ人、ペリジ人、ヒビ人、エブス人の住む所へ彼らを導き上る。見よ、イスラエルの人々の叫び声が、今、わたしのもとに届いた。また、エジプト人が彼らを圧迫する有様を見た。今、行きなさい。わたしはあなたをファラオのもとに遣わす。わが民イスラエルの人々をエジプトから連れ出すのだ。」

モーセは神に言った。「わたしは何者でしょう。どうして、ファラオのもとに行き、しかもイスラエルの人々をエジプトから導き出さねばならないのですか。」

神は言われた。「わたしは必ずあなたと共にいる。このことこそ、わたしがあなたを遣わすしるしである。あなたが民をエジプトから導き出したとき、あなたたちはこの山で神に仕える。」

モーセは神に尋ねた。

「わたしは、今、イスラエルの人々のところへ参ります。彼らに、『あなたたちの先祖の神が、わたしをここに遣わされたのです』と言えば、彼らは、『その名は一体何か』と問うにちがいありません。彼らに何と答えるべきでしょうか。」
神はモーセに、「わたしはある。わたしはあるという者だ」と言われ、また、「イスラエルの人々にこう言うがよい。『わたしはある』という方がわたしをあなたたちに遣わされたのだと。」〉（「出エジプト記」三章一～一四節）

フスが、「この草むらのように、私も火によって、この世から消える」予言をしたという物語は、明らかにフスの生涯をモーセとの類比においてとらえようとする「認識を導く関心」によってつくられている。

モーセが羊の群れを追ってホレブという名の神の山にやってきた。そのとき、燃え尽きない柴の中からヤーウェ（ユダヤ教、キリスト教の神）がモーセを呼び寄せて、「わたしはある」という神の名を告げ、ユダヤ人を奴隷の地であるエジプトから救い出し、「乳と蜜《みつ》の流れる土地」へ導くと約束したのである。

一九世紀半ばに、チェコ民族の父と呼ばれたフランチシェク・パラツキーは、フスを再解釈することで、チェコ民族を形成した。フスによって、チェコ人は、ドイツ人のくびきから抜け出して、約束されたチェコ人の国家をボヘミアとモラビアに建国するという物語をつくったのである。そして、一九一八年、トマーシュ・ガリグ・マサリクは、ボヘミアとモラビアにスロバキアとカルパチアを加えてチェコスロバキア共和国を建設したのである。このようにして、神話が現実をつくりだした。

＊

さて、フスはプラハチッェの学校で学ぶうちに、向学心を強めた。そして、プラハのカレル（カール）大学に進学することになる。フスがプラハチッェの学校に通い始めたのは一三八〇年頃のことと見られている。フスがいつカレル大学に入学したかもはっきりしない。フライシュガンスは、一三八九年以降のことと推定する。なお、一四〇一年にはフスがカレル大学に在籍している証拠がある。

ここでカレル大学ができた経緯と、当時の状況について説明しておきたい。

カレル大学は、一三四八年に創設された中東欧地域で初めての大学である。この大学が創設されたのは、カレル一世（一三一六〜七八、在位一三四七〜七八）の文化政策によるものである。

カレル一世は、ドイツ王としてはカール四世（在位一三四六〜七八）という名をもった。また、一三五五〜七八年にかけて神聖ローマ帝国皇帝をつとめた。カレル一世は、ルクセンブルク家出身で、フランスの宮廷で教育を受けた。当時において、近代的な民族意識は生まれていなかった。あえて今日に引きつけていうならば、カレル一世は、ドイツ人、チェコ人、フランス人の複合アイデンティティーをもっている。ローマ教皇クレメンス六世（在位一三四二〜五二）が、パリ時代、カレル一世の教師であったことから、教皇庁との協力関係を強化する。一三四四年、プラハに大司教座が設けられ、ボヘミア王国の地位が向上した。英仏の百年戦争（一三三七〜一四五三）において、カレル一世はフランスを支持した。この百年戦争も近代の戦争とは異なる散発的な戦闘がときおり起きるという形態の戦争だ。また、国家と教会、さらに民衆が一体になった総力戦ではない。従って、百年戦争の間も、プラハとイギリスのオックスフォードの間では、神学者間の交流が続けられた。一三五四年にイタリアに遠征する。そして、翌五五年に神聖ローマ皇帝の戴冠を受ける。カレル一世が神聖ローマ帝国皇帝として行った最大の業績は、一三五六年の「金印勅書」である。

池谷《いけや》文夫《ふみお》は『世界大百科事典』（平凡社）においてこう記している。

〈金印勅書　きんいんちょくしょ　Die Goldene Bulle

神聖ローマ皇帝カール四世が、一三五六年一月一〇日に、ドイツ国王（すなわち神聖ローマ帝国皇帝となる）の選挙制と選帝侯特権を主内容としてニュルンベルク帝国議会で発布した帝国法で、同年一二月二五日メッツの帝国議会で補足された。勅書の印璽に黄金を用いたため金印勅書（黄金文書）と呼ばれる。金印憲章と呼ばれることもある。三一章から成るが新法ではなく、慣習法を成文化したもの。

神聖ローマ帝国では、一一九八年以来ことに大空位時代以後頻繁に王朝交代が生じ、この過程で選帝侯に独占的国王選挙権が獲得された。この慣習が七名の選帝侯による

国王選挙法として法制化された。〉

大空位時代のような、権力の空白が起きないように、七名の選定侯によるドイツ国王の選出規定を定めたことが、金印勅書の骨子である。ドイツ国王は自動的に神聖ローマ帝国皇帝になる。この意味で、ローマ帝国の正統性もドイツ国王が継承するという物語になっている。

国王選挙は次の手続きに従って行われる。

〈選帝侯またはその代理人の多数決（自己投票を含む四票獲得）により国王が選挙される（二章）。選挙主宰者マインツ大司教が、一章に明記された護送規定の下で、選帝侯をフランクフルト・アム・マインに招く。最初の投票をトリール大司教が行う。次にケルン大司教、次いで世俗選帝侯の最初にボヘミア王、以下ライン宮中伯、ザクセン大公、ブランデンブルク辺境伯の順で投票が行われ、マインツ大司教が有利な最終投票者になる（四章）。世俗選帝侯の投票権が相続により分割・係争されぬよう選帝侯領の不可分（二〇、二五章）、長子相続法にのっとった相続および一八歳までの後見制が規定された（七章）。この規定は将来の選挙制を保証するのみならず、選帝侯はもとより他の諸侯の領国支配強化に役だった。

フリードリヒ二世の諸侯法（一二二〇、一二三一）が諸侯の領邦国家（ランデスヘルシャフト）形成を容認した以後の国制推移の中で、諸侯は国王から独立したさまざまな権利をもつようになっていたが、金印勅書によって選帝侯は無制限裁判高権（不移管、不上訴特権―一一章）、至高権（二四章）を獲得し、帝国諸高権（レガリア）すなわち鉱業権、採塩権、関税徴収権、貨幣鋳造権等を得た（九、一〇章）。その反面、領邦国家形成に敵対する動向はおさえられ、市外市民の採用（都市が勢力範囲を周辺農村に拡大し、隷属農民をこの名で受容すること）や領邦君主に対抗する都市内外の団体や同盟は厳禁された（一五、一六章）。これは、カール四世が属するルクセンブルク家自体が、世襲王国ボヘミアを領国とする最強の選帝侯であり、他の領邦君主と利害を共通しており、都市と市民層の台頭を抑圧する必要があったためである。やがて一般諸侯が選帝侯なみの特権獲得を行うにつれて、選帝侯会議は国政への助言（一二章）の実体を失い、権力を分有する領邦諸国家が家門権力に拠る王権と並存する二元的国制が確立するに至る。〉

封建制度の特徴は、領邦諸侯と国王の権力の分割であるが、金印勅書によって、これまで慣習として処理されていた「ゲームのルール」が文字になったのである。この行為は、神学的である。見えない慣習法が、見える形をとるということである。人間の目には見えない真の神が、イエス・キリストという真の人間になるということである。このことをキリスト教神学では受肉（incarnation）という。金印勅書も受肉の構成をとっている。

西欧において、権力を地上で体現しているのが国家であるならば、権威は教会によって体現されている。教会は、国家を横断して存在する普遍性を帯びている。それだから、カトリック（普遍的）教会なのである。ならば、カトリック教会の長であるローマ教皇の権威は、世俗の権力に対してどのように影響を行使するのだろうか。あるいはまったく行使できないのだろうか。金印勅書には、国王選挙へのローマ教皇の認可権に関する記述がないのである。

〈金印勅書は、国王選挙への教皇の認可権その他の関与にはまったく言及していない。国王は選挙後初の統治行為として選帝侯の特権の認証を求められるのみで（二章）、教皇の承認は国王の支配権行使の前提ではなく、選挙の追認にとどまる。一三世紀以降教皇が要求した国王空位時の帝国代理職はドイツに関しては拒否され、フランク法地域ではライン宮中伯が、ザクセン法地域ではザクセン大公が王位空位時の帝国代理職とされた（五章）。認可権と代理職要求をめぐる教皇とドイツ・神聖ローマ帝国の争いは、特にルートウィヒ四世時代に激化したが、勅書では、一三三八年の〈選帝侯判告〉とフランクフルト帝国議会での帝国法〈リケト・ユリス〉に盛られた基本原則（国王選挙の完結性、国王選挙＝皇帝選挙）が貫徹された。

〈皇帝位に就くべきローマ人の王〉の称号（一章）に見られる、選挙されたドイツ国王（＝神聖ローマ皇帝）のドイツ以外の帝国領域への支配要求権は、勅書により帝国法として確定したといえる。皇帝戴冠に関して教皇と協約を結ぶことは外交交渉に属する。また戴冠をしなくてもよい。

国王選挙の法制化によって多数票（四票）を獲得しうる勢力の王位獲得は可能になった。皇帝位がドイツ王を経由してのみ獲得可能であるため従来も外国勢力の介入があった（大空位時代）が、選帝侯の固定でこの傾向は助長された。反面、同一家門による王位継承が可能になり、ルクセンブルク家、次いで一四三八年以降ハプスブルク家が帝位を継承した。金印勅書は一三世紀以来の既得権利、慣習法の成文化であり、領邦国家と家門王権を公認するものであった。〉

かりにローマ教皇が選定侯によるドイツ国王の選出を認めなくても、国王としての地位は合法であり、神聖ローマ皇帝に就任するのである。神聖ローマ皇帝とローマ教皇との教政協定は、外交のカテゴリーに含まれることになった。このような、カトリック教会の影響を薄めるカレル一世の政策が、結果としてボヘミアにおいて、フスがローマ教皇庁と全面対決することを可能にする土壌をつくったのである。

＊

さて、一三四八年にカレル大学が創設された時点では、神学、法学、医学、自由学芸

（教養）の四学部構成をとっていた。

フスは、まず自由学芸部に入学して、学士号を取得した後、神学部に進学した。ヨーロッパでは、一二世紀に「一二世紀ルネサンス」とよばれる学術復興現象が起きた。都市に多くの教師と学生が集まり、知に従事する者たちのギルド（職能集団）が生まれた。これが大学の起源である。大学を意味するラテン語の「ウニベルシタス（universitas）」はもともと共同体、組合という意味である。大学教師を意味する「マギステル（magister）」も親方の意味だ。親方である教授と見習いである学生が一緒になって形成しているのが大学という共同体なのである。

大学は、国家機関とは異なる人々の自発的結社、現代風にいうならばアソシエーション（association）なのである。国家に対する自己完結した中間団体という性格を大学はもつ。現在も大学は自治機能をもつが、それは大学の発生自体が、中間団体であった名残なのである。

大学は、対外的には国王という世俗権力、教会という宗教勢力から、一定の自立性を保つ闘争を続けた。内部においては、カリキュラムを定め、所定の基準に達した者には学位を授与した。

自由学芸部では、ラテン語で「自由七科（septem artes liberales）」と呼ばれる基本科目が教えられた。自由七科は、神学部、法学部、医学部のいずれに進む場合にも基本になる。自由七科を英語では、「リベラル・アーツ（liberal arts）」という。なぜ自由という枕詞《まくらことば》がつくかというと、この七科は、古代ギリシアにおいて肉体労働から解放されている自由人に必要な教養と考えられていたからだ。

まず、言語に関する三科がある。これをラテン語で「トリビウム（trivium）」という。具体的には、文法学（grammatica）、修辞学（rhetorica）、論理学（logica）を指す。論理学は、弁証法（dialectica）という名称で講義されることもある。

これに対して、数に関する四科がある。ラテン語では「クアドリビウム（quadrivium）」と呼ばれる。算術（arithmetica）、幾何（geometrica）、音楽（musica もしくは harmonia）、天文学（astronomia）がクアドリビウムに属する。

フスは、プラハチツェの学校で約一〇年間学んでいるが、この間に自由七科の基礎を学んでいる。フスは一三九三年に自由学芸学士号をとっているので、自由七科の習得に合計一三年くらいかかっている。当時の学生としては標準的な修業期間だ。特に自由学芸は暗記が基本である。本にしても、貸し出された本の内容を完全に理解し、習得するまでは、次の本を貸さなかったという。写本をつくるには、莫大《ばくだい》なカネがかかるので、大多数を占める非富裕層の学生たちは、本のテキストを全文暗誦したという。

もっとも神学の立場から見るならば、自由七科は古代ギリシア起源の異教の学問である。これらの学科を習得しても、キリスト教が考える神の啓示に基づく真理をつかむことにはつながらない。文法学は、ラテン語の文法と講読を中心にした受動的知識を身につけることが主眼だ。古代ギリシアやローマ帝国において、修辞学は演説のための学問であった。

それが中世の大学では、書くための技法になった。公文書の作成技法、歴史記述、法律文書の書き方について学ぶ。修辞学は、学生の能動性を引き出す。

論理学は、同一律、矛盾律、排中律を基本とするアリストテレスの形式論理が中心だ。算術は、教会暦をただしくつくるために重視された。音楽は、聖歌（賛美歌）を歌い、教会音楽をつくるために不可欠だった。天文学は、以前にも述べたが、近代的天文学とは異なる占星術の視座にたつものだった。

自由学芸を修了すると、医学部、法学部、神学部の専門課程に進む。もっとも自由学芸のみを修めて知的職業につくものもいる。専門課程でもっとも修業年限が短いのが医学部で約三年だった。法学部の場合は約一〇年、神学部の場合は約一五年、勉強する必要があった。

さらに、大学には出身地ごとの「ナツィオ（natio）」という集団があった。これを近代的な民族と同一視してはならない。ラテン語のnatioは、そもそも出生とか産出という意味をもつ。大学という職能集団における出身地ごとの下位集団がナツィオだ。出身地を共通にする人々は、だいたい共通の言語を話す。従って、ナツィオごとに言語的差異による独自のコミュニケーション空間ができる。これが近代になって民族に発展していったのである。ナツィオには、国民団、国民という日本語があてられることが多いが、これらの訳語は、近代的な民族や国民という視座からナツィオを見ているので、筆者は「同郷団」という訳語をあてることにする。

カレル大学には、ボヘミア、バイエルン、ポーランド、ザクセンの同郷団があった。ボヘミア・ナツィオには、ボヘミア人、モラビア人、ハンガリー人、南スラブ人などが含まれる。

バイエルン・ナツィオには、バイエルン人、オーストリア人、シュワーベン人、フランケン人、ラインラント人などが含まれる。

ポーランド・ナツィオには、ポーランド人、シュレージェン人、リトアニア人、ロシア人などが含まれる。

ザクセン・ナツィオは、ザクセン人、チューリンゲン人、デンマーク人、スウェーデン人、ノルウェー人などになる。

大学の授業はラテン語で行われる。また、ほとんどすべての人々がドイツ語を解する。しかし、みずからの帰属アイデンティティーについて、ボヘミア・ナツィオとそれ以外では、差異が存在した。


〈これ（引用者註＊カレル大学）は当時のドイツ帝国の首府プラークに建てられ、しかもドイツにおける最初の大学として全独的性質を有し、更にそれは拡大されて、全北欧に及んだものであることを示している。しかし、これら四国民の構成分子を検するに、ベーメンを構成するものは、だいたいスラヴ民族であったが、サクセン、バイエルンはドイツ人から成り、ポーレンは形の上ではスラヴ系統のものが多いようであるが、実はその隣接するドイツ人の方が多く、これもドイツ系統のものである。かくては四国民のうち、三つはドイツ人で、ただ一つだけがスラヴ人のものであった。さればこの国民の制度に基づいて決議がなされる場合には、だいたいドイツ人三票、チェッヒ人一票の結果となる。したがって、ドイツ人は勝手な決議をして、大学の牛耳を執り、チェッヒ人はあらゆる点において不利を忍ばねばならなかった。〉（山中謙二『フシーテン運動の研究―宗教改革前史の考察―』聖文舎、一九七四年、一八三～一八四頁）

残念ながら、山中は近代以降の民族の視座からナツィオについて考察している。実際は、大学の、ナツィオ間の派閥抗争で生じた軋轢が、ナツィオの差異をつくりだすことになり、それが近代の民族を発生させる土壌になったということであろう。いずれにせよ、フスがカレル大学で学んだ頃には、ボヘミア・ナツィオがかなりはっきりとしたアイデンティティーを確立していた。

＊

フスのカレル大学での研究について説明する前に、当時の知の世界の基本潮流について押さえておかなくてはならない。実念論（realism）と唯名論（nominalism）との対立である。実をいうと、この実念論と唯名論の対立についても、ここ二〇〜三〇年で研究が急速に進んでおり、教科書の記述を変更しなくてはならない事態が生じている。本書の目的は、フスの物語を読み解くことで、「近代とは何か」というテーマを大づかみにすることなので、最新学説を追ったり、中世哲学研究の迷路に深入りすることではない。しかし、実念論と唯名論の関係、特に実念論をどうとらえるかは、フスの思想を理解するために不可欠なので、少し細かい話に踏み込むことをお許し願いたい。

現在、リアリズム（realism）というと、目に見える現実に即した考え方と受けとめられている。しかし、これは近代的なリアル（real）観に基づくものだ。フスの時代においては、目に見えないところにも真実をあらわすリアルなものがあると考える。従って、リアリズムの訳語に実在論ではなく実念論をあてる。

哲学史の教科書の一般的記述では、当初、実念論が主流であったが、時代の発展とともに唯名論が主流になったとするものが多い。

果物について考えてみよう。果物というリアルなもの（実念）があって、梨、林檎《りんご》、苺《いちご》、メロン、栗などの個別の果物があるという考え方が実念論である。

これに対して、メロンは胡瓜《きゅうり》の仲間であり、一回で枯れてしまう苺と梨や林檎のような樹木になる果実を同一のカテゴリーに含めることに無理があると考えるのが唯名論だ。梨は梨、苺は苺であり、それをおおう名称は、後からつけた便宜的なものに過ぎないというのが唯名論の考え方である。

これを事前、事後という概念を用いて、もう少し論理的に整理すると次のようになる。

〈実在論（realism）とは、普遍とはもの（res）であり、実在すると考える立場で、換言すれば、普遍は個物に先立って（ante rem）存在する、と考える立場とされます。プラトン、スコトゥス・エリウゲナ、アンセルムスなどが代表者とされます。〉（山内志朗『普遍論争　近代の源流としての』平凡社ライブラリー、二〇〇八年、二一頁）

ここで、普遍について、暫定的な定義を与えておかなくてはならない。とりあえず、複数のものの術語となるものを普遍の定義としておく。例えば、猫は、チビにもタマにもミケにもあてはまる。従って、このコンテクストでは、猫が普遍なるものである。ヒトラーもソクラテスもフスも人間である。従って、このコンテクストでは人間が普遍なるものだ。先に進もう。

〈唯名論（nominalism）は、普遍は実在ではなく、名称（nomen）でしかない、したがって普遍はものの後（post rem）にあるとするものです。個々の人間は触ったり触れたりできますが、普遍としての人間では感覚可能ではなく、触ることも見ることも酒を飲ませることもできません。ですから、唯名論というのは、常識にかなった思想とされたりします。代表者は、ロスケリヌス、オッカム、ビュリダン、リミニのグレゴリウス、ガブリエル・ビールなどです。
概念論(conceptualism)というのは、実在論と唯名論の中間にくるもので、普遍とは個物から独立に、そして個物に先立って存在するものでもなく、かといって抽象物とか名称でしかないと考えるのでもなく、ものの内(in re)に存在し、思惟の結果、人間知性の内に概念として存すると考える立場です。代表者はアベラール(アベラルドゥス)とされています。
このように整理しますと、
実在論――個物の前(ante rem)
概念論――個物の中(in re)
唯名論――個物の後(post rem)
という図式を手に入れることができます。このような枠組みはかなり迂遠なものに見えますし、このような問題が一〇〇〇年以上続いた中世哲学における中心問題であって、しかも普遍をめぐる問題性が見えてこなければ、研究する意欲を引き起こさないとしても当然ということになります。〉(前掲書二一～二二頁)

一見すると、実在論が個物の前、概念論は個物の中、唯名論が個物の後と教科書的にきれいに整理されているようである。しかし、山内《やまうち》教授が『普遍論争』で詳細に説明しているように、この整理は、近代の視座から、かなり乱暴に中世を整理するために行われたものである。特に唯名論に関する従来の哲学教科書の通説に、問題の本質を取り違える瑕疵《かし》があると山内教授は強調する。普遍が名称でしかないと唯名論者が考えていたというまとめ方が相当乱暴なのである。唯名論者と呼ばれる人々は、普遍を音声とか言葉と考えていたに過ぎず、それを名称とまとめることは、誤解をともなった飛躍である。

〈唯名論（nominalism）とは、普遍が名称（nomen）でしかないとする考えであると述べられたりします。ところが、これは二重の仕方で間違っています。ロスケリヌスは普遍が音声・語（vox）であると述べていますが、名称（nomen）であるとは述べていません。中世の哲学者の中にも普遍は名称であると述べた人はほとんどいないと思われます（本当はいますが）。唯名論の代表者であるオッカムさえ、普遍とは名称であるとは述べていません。元来「唯名論」というのは特定の思想を指すというより、言葉の詮索に終始している姿勢を指すもので、論敵に対する罵詈雑言であった可能性も強く、その辺への顧慮がないと間違いを起こしかねません。とにかく、唯名論（nominalism）と名称（nomen）という表面的な連関にばかり目をやっていると、まさに nominalism という批判を浴びることになります。〉（前掲書三二頁）

もっとも論敵に対する罵詈《ばり》雑言であっても、論敵の内在的論理を正確にとらえているならば、大きな問題はない。しかし、唯名論の場合、音声・言葉と名称をとらえ違えるという決定的な間違いをしている。

山内教授は、普遍が事前か事後かという問題設定では、実在論（実念論）と唯名論という二項対立図式の罠《わな》から抜け出すことができないと考える。そして、根本的視座を「見えるもの」と「見えないもの」の二項対立に転換すべきと主張する。筆者も山内教授の見解に賛成する。キリスト教の本質は、見えない神が、いかにして見えるイエス・キリストになったかという受肉（incarnation）にあるからだ。

実念論と唯名論が対立する原因は、大学政治にもあったようだ。

〈独断的な見通しを述べると、実は論理学と形而上学が大学の制度の中でどのように位置づけられていたかを知らないと誤解が生まれます。論理学は学芸学部（教養学部）で教えられて、形而上学は専門課程の神学部で教えられていたわけですが、両学部の対立ということがあったらしいのです。学芸学部が唯名論で、神学部が実在論という傾向が見られ、どうもテキストからでは窺い知れないところがありそうです。学芸学部で論理学が教えられる場合、事態とか普遍の存在性格はカリキュラムの枠組みからして論じられないという事情があったようです。もっとも、感情的な対立や制度的な問題は措いておきましょう。

以上の制度的な面は度外視すると、実在論と唯名論の対立というのは、存在論上の立場の対立、つまり普遍の存在性格をめぐる見解の対立というより、学問論的な面での対立の面が強かったのです。本性（natura）や何性（quidditas）の存在性格を論じることは、論理学には属さないとされており、したがって事象の中の普遍を議論に登場させないこと、そして登場させれば誤謬に陥るというのが唯名論者の主張であったようにも思われます。こういうのは、十四世紀になって新しい道（via moderna）とか新論理学者（moderni）が登場してはっきりすることだから当分解凍しないでおきましょう。〉（前掲書六一〜六二頁）

神の存在は人間の目には見えない。また、神と人間は質的に異なる。人間の知を積み重ねていって、神に至ろうとしてもそこには限界がある。人間が神を知ることはできないのである。従って、神について人間が論じると、かならず誤謬を犯す。それを避けるためには、神についていっさい語らないことだ。神学的に整理すると、唯名論は神論を欠いている。他方、神によって創られた、目に見える、この世界について語ることは可能である。神について知るためには、被造物であるこの世界の法則性を知ることだ。従って、唯名論は唯物論への道ぞなえをしていくことになる。

これに対して、実念論は、語り得ぬことについても、人間は語らなくてはならないという実存的緊張に神学者は自らをさらすべきであると考える。人間は、原理的に神について語ることができないが、神について語らなくてはいけないという弁証法が、実念論の神認識の基本である。それしか、目に見えないものを人間が知る方法がないからである。

フスが活躍した一五世紀前半において、ヨーロッパ大陸のほとんどの大学において唯名論が主流であった。ところが、カレル大学は、実念論の孤塁を守っていた。ヨーロッパ大陸ではないが、イギリスのオックスフォード大学も実念論の拠点だ。そのような事情から、カレル大学とオックスフォード大学の知的交流は非常に活発で深かった。そのような背景事情があるので、一四世紀にオックスフォードで展開されたウィクリフの言説がカレル大学で急速に広まったのである。フスも当初は、ウィクリフテン（Vycliften、ウィクリフ主義者）の指導者と考えられた。

第Ⅱ部　ジョン・ウィクリフ

第五話　ウィクリフ

一五世紀初頭、ヨーロッパ大陸の大学では、唯名論（nominalism）が主流になっていた。ただ一つの例外が、フスが学び、その後、教鞭《きょうべん》をとることになるプラハのカレル大学である。ここでは実念論（realism）が主流だった。他方、ドーバー海峡を隔てたイギリスのオックスフォード大学でも実念論が主流であった。従って、カレル大学とオックスフォード大学は、地理的隔たりにもかかわらず、思想的同志として緊密な関係をもっていた。

フスは、当初、ウィクリフテン（Vykliften ウィクリフ主義者）と呼ばれていた。事実、フスの神学は、ウィクリフの業績を発展的に継承している。従って、ウィクリフの神学思想に関する理解が、フスについて考察する際の不可欠の前提になる。

ジョン・ウィクリフ（John Wycliffe）は、一三二〇年代（一三二八年以前）にイングランドのヨークシャーで生まれた。この時代は、黒死病（黒死病の実態はよくわからないが、一応、ペストとしておく）がヨーロッパ全域で猖獗《しょうけつ》を極めた時期だ。そのような苦難の時代にウィクリフは神学を学んだ。ウィクリフは、一三八四年一二月三一日に死去した。フスは一三六九年頃に生まれた。フスはウィクリフと直接面識をもっていないが、ウィクリフを継承する世代の神学者であることは間違いない。

フスとウィクリフの関係について、エドウィン・ロバートソンはこう述べている。

〈ボヘミアで出版された典礼用詩文一五七二年版に、宗教改革者の一人であるウィクリフを象徴的に表している一枚の絵がある。ウィクリフが火打石で火を切り、ボヘミアの弟子ヤン・フスがその火を石炭に点火し、ルターが火のついたトーチを振りかざしている絵である。これは三人の特徴をよく表している。フスはウィクリフの忠実な弟子であり、ウィクリフがイングランドのために行なったことを、自分の故郷ボヘミアで行なったのである。しかも彼の師ウィクリフの著書がイングランドで焼かれた後に、その著作を保存したのも彼であった。ドイツにおいて宗教改革が起こった時、それに大きな影響を与え、その速度を速めたのが、ほかならぬフス派の人たちだったのである。〉（エドウィン・ロバートソン［土屋澄男訳］『ウィクリフ　宗教改革の暁の星』新教出版社、二〇〇四年、一二五頁）

ウィクリフの履歴は、フスよりも不透明だ。オックスフォード大学に入学するまでの幼年、少年時代についての情報がほとんどない。裕福でない家庭の出身だが、勉学が好きで、成績もよかったのでオックスフォードのベイリオル・カレッジで学んだ。ちなみに雅子《まさこ》妃殿下が日本外務省の研修生として留学したのもベイリオル・カレッジである。

ウィクリフは、一三五八年に修士号をとり、一三七二年に博士号をとった。

イギリスは、ローマから遠く離れていたため、国家の教会に対して与える影響が強かった。ウィクリフは、常に国家によって庇護《ひご》されていたので、ローマ教皇庁から見れば許容の限度を超えた異端的言説をとなえたにもかかわらず、フスのように火あぶりにされることもなく、安楽に生涯を終えることができた。もっとも、フスの火刑後、ウィクリフの遺体も墓から掘り出され、焼却の後、遺灰は川に捨てられた。

ウィクリフは、イングランド王エドワード三世によって、レスターシャー州のラッターワースの聖職禄《せいしょくろく》を与えられる。この俸禄によってウィクリフは生涯、経済的に安定した生活を送ることができた。

一三七四年にウィクリフは、ブリージュ（現在のベルギーの北西部）に派遣されるイギリス政府代表団のメンバーに加えられた。ローマ教皇庁がイングランドに要求する税額を巡る交渉をブリージュの教皇庁代表と協議するためだ。この年にウィクリフは、一定の条件を満たせば、国家が教会財産を没収することが可能であるという立場を表明した。教権と王権の関係で、ウィクリフは王権を重視する立場をとったのだ。

ウィクリフは王権におもねってこのような見解を表明したのではない。地上の財産の支配権が究極的に神に属するという信念から、国家が教会財産を没収することが可能であると考えたのだ。ウィクリフの論理展開を見てみよう。

まず、地上におけるすべての支配権は神から生じるとウィクリフは考える。

〈ウィクリフの所説は、神はすべてにまさる最高の支配者であり、すべての支配権は神から生じると教えるもので、非の打ち所のないものである。また、神がその被造物である人間の一人に微小な支配権を授けるとしても、それによって神の支配権の至高性が失われたり、縮小されたり、無効にされたりすることはない。このような一時的な支配権の貸与は恒久的なものではなく、無限のものでもない。それは受け手の条件によるのである。

「かくて、そのような人が不当にも主人と呼ばれているが、むしろいと高き主の財産管理人と呼ばれるべきである。このことから明らかなことは、被造物である人間は主の僕だということだ。彼の持っているものはすべて、それを管理するために、ただ恵みのゆえに所有しているにすぎないのだ」〉（前掲書二一七〜二一八頁）

人間は、この世を支配するのではなく、神から与えられた権限のなかで、管理するのである。通常、このような理屈を立てると、国王が財産を不当に支配しているという理由で、教会が当該財産を没収することを指向するのであるが、ウィクリフは主権者を神として、この原則を国家と教会の双方に適用している。教会は、聖霊に基づく組織だ。この世の権力や財産を獲得しようという発想自体が間違っているのだ。

ここで重要なのは、人間はこの世の支配者ではなく、管理者であるということだ。このようなウィクリフの認識は、現代神学を先取りしている。「創世記」において、この世における人間の地位は次のように定められている。

〈神は言われた。

「地は、それぞれの生き物を産み出せ。家畜、這うもの、地の獣をそれぞれに産み出せ。」

そのようになった。神はそれぞれの地の獣、それぞれの家畜、それぞれの土を這うものを造られた。神はこれを見て、良しとされた。神は言われた。

「我々にかたどり、我々に似せて、人を造ろう。そして海の魚、空の鳥、家畜、地の獣、地を這うものすべてを支配させよう。」

神は御自分にかたどって人を創造された。

神にかたどって創造された。

男と女に創造された。

神は彼らを祝福して言われた。

「産めよ、増えよ、地に満ちて地を従わせよ。海の魚、空の鳥、地の上を這う生き物をすべて支配せよ。」

神は言われた。

「見よ、全地に生える、種を持つ草と種を持つ実をつける木を、すべてあなたたちに与えよう。それがあなたたちの食べ物となる。地の獣、空の鳥、地を這うものなど、すべて命あるものにはあらゆる青草を食べさせよう。」そのようになった。神はお造りになったすべてのものを御覧になった。見よ、それは極めて良かった。夕べがあり、朝があった。第六の日である。〉（「創世記」一章二四～三一節）

神が人間に海の魚、空の鳥、家畜、地の獣、地を這《は》うものすべてを支配させようとしたのは、これらの生物に神の祝福が行き渡るようにするためであるというのが、現代の聖書神学の標準的見解である。従って、人間の支配は、神によって与えられた限界の範囲内で行われる。それだから、人間はこの世の支配者ではなく、管理者なのである。教会と国家のいずれが管理責任を果たすかについては、その時代状況によって決まるのである。それでは、イギリスの現状においてはどのように判断されるべきか。ウィクリフは、イギリス国家の教会に対する優越を唱える。

〈ウィクリフによれば、教会の主たる病原は高位聖職者や修道士や司祭たちの所有する強大な富にある。彼は教会の腐敗を遠くコンスタンティヌス大帝の時代にまでさかのぼる。大帝が教皇にこの世の財産を与えたので、「教会に毒が注入された」のである。

それゆえ、尊敬に値しない司祭や高位聖職者は、恩寵に欠けた生活をするならば、その聖職禄は剝奪されるべきである。教会はこれをなすべきであるが、当時アヴィニオンに居住していた悪名高き教皇庁の腐敗や、教皇の座をローマとアヴィニオンで二人の競争者が争うというみにくい「大分裂」のために、国家が代って教会改革を推進しなければならなかったのである。〉（前掲、ロバートソン『ウィクリフ　宗教改革の暁の星』二九頁）

＊

当然、当時の政治状況において、ウィクリフの言説は、イギリスの国王や貴族に歓迎された。そして、当時の有力な貴族であったゴーントのジョンの支援をウィクリフは受けるようになった。ウィクリフは、国家によって教会財産を没収すべきであると積極的に説いた。この言説は、重い税負担に苦しむ一般国民や、教会財産の没収で裨益《ひえき》する貴族によって支持された。ウィクリフはロンドンでこの言説を主張して回った。これに対して、教会幹部は危機感を募らせた。特にロンドンのコートニー司教が、同司教の許可を得ずにウィクリフがロンドンで破壊的言説を触れ歩いていることに対して怒り心頭に発していた。そこで、一三七七年二月一九日にコートニー司教はロンドンのセント・ポール大聖堂にウィクリフを召喚し、宗教裁判にかけることにした。そこで騒擾《そうじょう》が発生する。ロバートソンの記述を見てみよう。

〈ウィクリフは大聖堂の入り口に到着し、キリスト教世界最長と言われる側廊の人ごみの中をゆっくりと歩んだ。オックスフォードから四人の托鉢修道士が彼の所説を弁護するために一緒にやって来た。それぞれが四つの修道会の一つを代表していたのである。しかし被告人は論理と学識だけで弁護されるのではなかった。彼の傍らには、かのランカスター公爵ジョン・オヴ・ゴーントが歩いていた。先頭には、王の高官でロンドン市に北方の国境法（ボーダー・ロー）を施行しようとしていたパーシー卿が歩いていた。彼はパーシー独特の傲慢な態度でロンドン市民たちを押しのけ、自分の支持者や友人を通そうとしていた。彼らがレイディーチャペルに到着するまでこの高慢な態度が持続した。〉（前掲書三一〜三二頁）

ゴーントのジョンやパーシー卿《きょう》の無礼な態度がロンドン市民の感情を逆撫《さかな》でした。そして、ウィクリフが立つべきか座ってもよいかについての見解の対立が、またたくまに先鋭化し、暴力の応酬になった。ロバートソンは、トレベリアン『ウィクリフ時代のイギリス』を下敷きにして説明している。

〈この時（引用者註＊騒擾が始まった時）の様子をトレヴェリアンは実に活き活きと描いている。

「彼らは今やお偉方たちの居並ぶレイディーチャペルに到着した。ランカスター公とパーシー卿がそれぞれ着席し、パーシー卿がウィクリフに着席するように命じ、『あなたはたくさん答えなくてはならないから、それだけ柔らかい椅子が必要であろう』と言った。コートニーは入場の時に男たちが無礼をはたらいていたので、すでに苛立っていた。『それは見当違いだ』と彼は叫び、被告人は立って応えるべきだと主張した。二人の貴族は座るのがよいと主張して譲らなかった。〉（前掲書三二頁）

被告を座らせるということは、裁判官とウィクリフを対等の立場に置くことを意味する。ゴーントのジョンとパーシー卿がウィクリフを座らせることに固執したのは、この二人がウィクリフの無罪を信じていたからである。裁判長のコートニー司教は、この裁判で異端の烙印《らくいん》をウィクリフに押すことを考えていた。それだから、ウィクリフを立たせようとしたのだ。

ここで殴り合いが始まった。

〈ランカスター公は自分の主張が通らないと知って罵り、脅しにかかった。彼はイングランドじゅうのすべての司教たちの誇りを叩き潰そうとした。『コートニー、お前はお前の親がデヴォンの伯爵夫妻だからといって頼りにしちゃいけないぜ。彼らは彼らで自分たちの面倒をみるだけで精一杯なのだから』と。コートニー司教ははっきり答えた。『わたしは、高貴な家柄などより神を信頼している』と。次の瞬間、ロンドン市民が激しい叫び声をあげて会場になだれ込んだ。引き続いて市民とランカスター公の護衛との間に乱闘が起こった。集会は混乱のうちに散会となり、ウィクリフ被告は支持者たちによって連れ去られた。勝ったのか負けたのか全く分からなかった。ウィクリフのそこでの役割について言えば、彼は何も目につく妨害行為をしなかったということだけである。ランカスター公について来てほしいと思ったのかどうかも謎である。彼はのちに起こった迫害については彼の著作にいろいろ述べているが、この場面については全くふれていないからである。激昂した貴族、司教、市民たちの喧騒の中にあって、彼は黙って立っていた。そして今もなお黙しているのである」。

(引用者註＊ここまではトレベリアンの引用。以下よりロバートソンの記述)

続いて起こったのは大聖堂内の大騒動であった。ランカスター公とパーシー卿捜しが始まり、ロンドンじゅうに混乱が起こった。この騒ぎはウィクリフとは何の関係もなかった。市民たちはウィクリフの教会改革を弁護もしなかったし、攻撃もしなかった。彼らは危機に瀕している自分たちの自由を守りたかったのである。ランカスター公もパーシー卿も命からがら逃れ出た。ジョン・ウィクリフには危険が及ぶことは全くなかった。〉（前掲書三一〜三三頁）

ウィクリフを断罪しようとしたコートニー司教の目的は達成できなかった。この召喚は、グレゴリー教皇（グレゴリウス一一世）の了承を得て行われたものではない。コートニーがイギリスの個別事情に応じて行ったものである。しかし、聖パウロ大聖堂の騒擾事件で、ウィクリフがもつ政治的影響力を看過してはならないと教皇は考えた。同年五月、グレゴリー教皇はウィクリフに対する逮捕状を公布した。逮捕状は、ウィクリフが神学的な異端言説を述べたことが理由にされているが、〈グレゴリー教皇が本当に心配したのは、ウィクリフがはっきりと公言していたことの政治的影響であった。ウィクリフが異端とされたのは、彼がイングランドに味方してローマに敵対したからである。つまり国家に味方して教会に敵対したからである。〉（前掲書三四頁）。

この観点からすると、一八世紀後半から世界的に流行するナショナリズムの源流の一つをウィクリフに求めることも可能と思う。

第六話　ウィクリフにおける教会と国家

人間は常に複合的な帰属意識をもっている。中世においては、宗教的な帰属意識が第一義的に重要であった。それゆえ、政治的権力者、宗教的権力者の中でどのように深刻な対立が生じようとも、普遍的（公同的）な教会（すなわちカトリック教会）から離脱することは、誰も考えなかった。それだからこそ、二人、三人と現れた教皇も異なる教会をつくるのではなく、それぞれカトリック教会の正統な代表者であることを主張したのである。

ウィクリフは、イギリス的コンテクストにおいて思索し、発言した。ここでは言語が重要になる。ウィクリフは、当時の知的世界の標準言語であるラテン語で思索し、著述するとともに英語でも思索し、著述した。そして、イギリスの状況においては、神からの権力の委譲が恒久的に教会に対してなされたものではないと主張した。このことが結果として、イギリスの王権を擁護することになった。

また、ウィクリフは、教会の長はローマ教皇ではなく、イエス・キリストであると考えた。こうして、古くからキリスト教徒がもっている「見えない教会」の伝統を取り戻そうとした。言い換えると、われわれが帰属するのは「見えない教会」であるので、現存するカトリック教会の権威を無前提に認めることはできない。カトリック教会が「見えない教会」の長であるイエス・キリストに服従する限りにおいて、ローマ教皇の権威は正当化されるのである。

ウィクリフは、ローマ教皇庁と対峙《たいじ》する過程で、イングランドの国王、政府と民衆の支持を得た。結果から見るならば、一八世紀末に花開くことになるナショナリズムという流行現象の起源の一つがウィクリフに求められるのだ。

一三七七年五月に、グレゴリー教皇はウィクリフ逮捕の指令をイングランドに送った。この結果、ウィクリフはローマ教皇庁から一層距離を置くことを余儀なくされるのである。

〈ウィクリフは民衆と政府を味方につけていた。民衆は彼を反教皇の国民的戦士とみた。政府は一三七七年十月に会合を開き、激しく教皇庁に反対した。ウィクリフはまた教会の悪習に対する国民的感情をはっきりと述べた。彼が民衆をどこまでリードしたかは言えないが、大多数は彼の提案する改革の方向性を喜んでいた。国王はジョン・オヴ・ゴーントに影響されて無視していたが、その改革議会の政策をイングランド議会がゆり戻した時、ウィクリフは自ら出頭し、反教皇を励まされるような歓迎を受けたのだった。彼は議員たちに向かって、自分に対する「異端」の罪状を弁明し、多くの人は尊敬の念をもって聴いたのであった。しかし彼の弁明はきわめて専門的で難しかったので、彼の話を理解しようとした地方の名誉ある代表者たちも大いに面食らったことであろう。しかし、ともかく、彼はその当時のチャンピオンだったのである。〉（エドウィン・ロバートソン［土屋澄男訳］『ウィクリフ　宗教改革の暁の星』新教出版社、二〇〇四年、三四～三五頁）

イギリス議会では、誰もウィクリフの言説が異端であると思わなかった。もっともウィクリフの実念論（リアリズム）に基づくスコラ学的議論を議員たちが理解できたとは思えない。「状況はよくわからないが、ウィクリフの言っていることは絶対に正しいと思う」というような気運が醸成されたことが重要なのである。

ただし、イギリスの高位聖職者たちは、政治エリートとは異なる対応をとった。グレゴリー教皇の意向を忖度《そんたく》して、ウィクリフを異端として告発する準備を始めたのである。

〈司教たちは何もしなかった。彼らは愚かにも教皇に従って、イングランド王国を治める人たちのお気に入りを告発することにした。この一三七七年に起こったもろもろの出来事は、教皇の税制の不当なことを痛切に感じさせた。議会の議事録は次のような苦情を記録している。すなわち、「イングランドに聖職禄を保有するフランス人聖職者が、フランスにいるイングランド軍と戦うために、彼らの聖職禄を用いている」というのである。さらにひどいのは、教皇の直接課税によって金を持ち出すことであった。若い国王リチャードは、彼を補佐する顧問たちの忠告により、教皇がイタリアでやっている戦争に使う金を支出しないようにしようとした。ウィクリフは教皇の勅命で禁止されていたのであるが、国王から次の質問に答えるように要請された。すなわち、「イングランド王国が侵略を防ぐ緊急の必要ある時に、教皇が咎めの苦痛を与え従順を要求するとしても、王国の財宝を外に持ち出さないように阻止することは合法なりや？」

もちろん、ウィクリフはこの機会をとらえてそれに答えた。他の質問に対しても、適当に沈黙し、深入りしすぎないようにして答えた。しかしウィクリフが教皇の勅命による禁止にもかかわらずこのような質問をされたということは、彼の所説がいかに人々に人気を博していたかを示している。その質問に関しては、彼の主張は、教皇にはチャリティーの金品を集めるだけの限定された権限しかないというのであった。彼はまた、ローマから独立した国教会というものを提案している。司教たちは何もしなかったが、ウィクリフは十九項目にわたる彼への異端の告発に対して回答を行なった。彼は教皇の権力をすべて否定はしなかったが、悪い教皇の権力は断固として拒否した。彼によれば、グレゴリーは悪い教皇の最たるものであった。〉（前掲書二三五〜二三六頁）

当時は、同一の土地から、世俗権力と教会の双方が租税を徴収していた。高位聖職者はこのような聖職禄によって生活していたのである。ウィクリフは、教会と国家は棲《す》み分けるべきであると考える。教皇は、地上の戦争に、政治的プレイヤーの一人として参加すべきではない。従って、教皇が徴収する租税は、慈善目的で使用されるべきだ。裏返して言うならば、慈善目的以外の租税を教会が徴収することがあってはならないのだ。教皇の権威は、イエス・キリストによって付与されたものではない。人間が作りあげたものである。人間は原罪をもつ。従って、教皇も原罪から免れることができない。悪を体現した教皇が現れる可能性を否定できないのである。その場合、キリスト教徒は、悪を体現した教皇の権力を拒否しなくてはならない。ウィクリフは、ローマ教皇庁の指揮命令系統に属さないイギリス国教会を設立する必要があると考える。

*

一三七七年一二月一八日にオックスフォード大学にウィクリフの逮捕状が届いた。しかし、大学は、教皇の命令によってイギリス王の臣民を逮捕することは、イギリスの慣習法（コモン・ロー）に反するので、逮捕しなかった。そして、大学の評議会はウィクリフがブラックホールの寮にとどまることを命じ、外出を禁止した。外出すると逮捕される危険があったからだ。

〈大学の暖かい支持を得て、ウィクリフは教皇の委託を受けた人たち（コートニー司教とサドベリー大司教）の前に出頭することに同意した。それは一三七八年初めのランベスであった。この時には力強い味方であるジョン・オヴ・ゴーントはいなかったが、彼がいなくてもウィクリフの立場ははるかに強固なものとなっていた。しかし問題となっている事柄はウィクリフが異端かどうかではなくて、教皇がイングランドの法律に勝る裁判権を有しているかどうかであった。国王の補佐官たちはウィクリフを反教皇派のチャンピオンとみなし、その意見を求めていたのである。

裁判が始まる直前、ルイス・クリフォード卿が黒太子の未亡人である皇太后のメッセージを携えて到着した。「被告人に対する最終決定」をしてはならないというものであった。裁判が始まるとすぐにロンドンの群集がランベスの礼拝堂になだれ込み、彼らのチャンピオンへの猛烈な支持を口ぐちに叫びながら審理を中断してしまった。トーマス・ウォルシンガムという記録係の修道士は憤慨して書いた。「かくてかの狡猾なるジョン・ウィクリフは尋問者たちを幻惑し、司教たちを笑い者にし、ロンドン市民のひいきと保護のもとに逃れ出たのである」と。

ランベスにおけるこの裁判は、この回限りで（メアリー女王の時代を除いて）イングランド王国における教皇の権限に関する問題に決着をつけ、スペインやイタリアをたいそう苦しめた異端審問を締め出すことになった。税の徴収や免罪符売りは続いた

が、教皇による異端審問はイングランドからはなくなったのである。〉（前掲書三七頁）

ウィクリフが異端であるか否かについての審理に踏み込む前に、裁判管轄権が問題にされた。その結果、管轄権はローマ教皇ではなくイギリス国王にあるという結論が出た。この結論によってイギリスにおいては、教会が恣《し》意的に異端告発を行うことができなくなった。こうして、一五〜一六世紀にスペインやイタリアを襲った異端審問の嵐からイギリスは逃れることができたのである。

翌一三七八年にウィクリフは教会の聖域侵犯に関する論争に巻き込まれる。ロンドン塔に勾留《こうりゅう》されていた二人の騎士が脱走し、ウェストミンスター寺院に逃げ込んだ。教会の領域内は、世俗の権力が及ばない聖域になっていたからだ。八月一一日、ロンドン塔の長官が、ウェストミンスター寺院を訪れた。二人の騎士の名は、シャッケルとホーリイといった。シャッケルは簡単に逮捕されたがホーリイは礼拝堂でミサに出席していた。兵士たちが礼拝堂に入ってホーリイを捕らえようとしたので、もみ合いになった。ホーリイは剣を抜いて兵士を追い払った。兵士たちも剣を抜いてホーリイを追跡した。結局、ホーリイは殺害され、その死体がウェストミンスター寺院の外に投げ出された。聖域である教会内に世俗権力に属する兵士が乱入し、剣を抜いて、殺人を犯すという深刻な聖域侵犯事案が発生した。

〈サドベリー大司教は、いつもは臆病な人であったが、めずらしく行動を起こした。彼はロンドン塔の長官と、彼をそそのかし援助した者全員を破門にした。ただし国王、その母、およびランカスター公は特別に除外した。政府は係官らがその義務を遂行する権利があると弁護した。国王は破門の執行を停止するように命じた。ウェストミンスターの院長は礼拝堂を聖なる目的に再使用することを禁じ、修道士たちがそこで礼拝を行うことを禁じた。院長は国王の前に呼び出され、コートニー司教は聖パウロ大聖堂において破門の宣告を読み上げた。かくてこの事件は教会と国家の間に深刻な反目を引き起こしたのであった。

十月に、ウェストミンスターではなくグロスターで議会が開かれ、聖域の問題が討議された。政府は、騎士と偶然そこに居合わせた教会関係者を殺害したことを非としながらも、国王の役人に教会内で罪人を逮捕する権限があると主張した。そもそも聖域権というのは、一般の人々には困ったものになっていた。殺人などの重罪を犯した者が、裁判から逃れるために、近くの教会に逃げ込みさえすれば完全に安全だったのである。グロスターで開かれた議会では神学者や民法の専門家を招いて意見を徴したのであるが、その中の一人がジョン・ウィクリフであった。幸いにして彼の発表した論文が保存されている。〉（前掲書三八〜三九頁）

ウィクリフは、国王側を擁護するために巧みな論理構築をした。教会内での殺人と聖域侵犯を本質的に異なる事案であるとして切り離した。そして、聖域に対する特権が本来不法であることを論証する。

〈ウィクリフは、ホーリイ自身が教会内で剣を抜いたのであったが、この騎士の殺害を弁護するものではないと言明した。彼が弁護しようとしたのは、役人たちが逮捕のために教会内に入った行為であった。聖域の特権は長い間の慣習によって守られているが、彼はそれが本来不当なものであることを示そうとした。

例によって彼は聖書から説き始めた。神は偶発的殺人のための避難所を設けられた（出エジプト二、一二―一四）。しかしそれは身勝手な犯罪のためではない。聖域権というのは明らかに正義への挑戦である。正義なしに国家は成り立たない。「情け」うんぬんという議論は偽善である。債権者から彼が支払うべきものを奪い取るのは情けでもなんでもない。聖職者は人々が支払うべき負債を免除しはしない。偽りの敬虔と不正な憐憫は非難さるべきである、と。

ウィクリフの論文は、その大部分を、教会自体の観点から聖域の特権を考えることに当てられている。このような特権は、神に仕えることを聖職者に忘れさせてしまう。聖職者がこの世の金品を失うことによって霊的に向上するということは、すでに彼が以前に述べていたことであった。今や彼は、この世の特権を失うことが金品に劣らず有益だと主張するのであった。

この議論の結果はあまり感心したものではなかった。それは最終的に、一三七九年、穏やかな法令となってウェストミンスター議会を通過した。それによると、聖域に逃げ込む詐欺的債務者は、教会の戸口に呼び出される。これは週に一度行なわれ、三十一日が経過するまで行なわれる。最終的にその者が現れない場合には、判決はその者に不利となり、その持ち物は没収される、というのであった。このやんわりとした方策が聖域権に干渉することはまずあり得ないことであった。〉（前掲書三九〜四〇頁）

ウィクリフが根拠とした、「出エジプト記」の記述を見てみよう。

〈モーセが成人したころのこと、彼は同胞のところへ出て行き、彼らが重労働に服しているのを見た。そして一人のエジプト人が、同胞であるヘブライ人の一人を打っているのを見た。モーセは辺りを見回し、だれもいないのを確かめると、そのエジプト人を打ち殺して死体を砂に埋めた。翌日、また出て行くと、今度はヘブライ人どうしが二人でけんかをしていた。モーセが、「どうして自分の仲間を殴るのか」と悪い方をたしなめると、「誰がお前を我々の監督や裁判官にしたのか。お前はあのエジプト人を殺したように、このわたしを殺すつもりか」と言い返したので、モーセは恐れ、さてはあの事が知れたのかと思った。ファラオはこの事を聞き、モーセを殺そうと尋ね求めたが、モーセはファラオの手を逃れてミディアン地方にたどりつき、とある井戸の傍らに腰を下ろした。〉（「出エジプト記」二章一一～一五節）

モーセは、ファラオ（エジプト国王）の宮廷で、王女の一人に育てられていたので、エジプトによって奴隷にされたヘブライ人（ユダヤ人）がどのような抑圧を受けているかを知らなかった。宮廷の外に出て、ヘブライ人が重労働を強要され、そこでエジプト人がヘブライ人の一人を鞭《むち》で打っている現場を見た。モーセの同胞としての血が騒いだ。そして、周囲に誰もいないことを確認して、そのエジプト人を殺し、砂に埋めた。誰にも見られていないはずであったが、翌日、この殺人が露見していることをモーセは知る。奴隷であるヘブライ人が、主人であるエジプト人を殺害したことが明らかになれば、モーセは死刑に処せられる。そこで逃げ出した。モーセはシナイ半島を越えて、アラビア半島の北西端にあるミディアン地方にたどりついた。ここがモーセにとっての避難所になる。

ウィクリフは、モーセの殺人は、神の意思に反さないと考える。それ故に例外的に避難所が設けられたのである。この避難所の概念を聖域に拡張することは不当だ。不当な特権は信仰を堕落させる。信仰の観点から、聖域を含む特権を教会は放棄すべきとする。そもそも三一三年のミラノ勅令によって、キリスト教がローマ帝国によって公認されたときから堕落が始まったのだ。当時の伝承では、コンスタンティヌス皇帝に洗礼を授けたシルベステル教皇が、皇帝から土地を寄進されたことがローマ教皇領の起源とされている。しかし、「コンスタンティヌスの寄進」に関する文書が後世の偽造で、そのような事実はなかったことが現在では証明されている。ただし、ウィクリフは、同時代の他の人々と同様にコンスタンティヌスの寄進が事実であったと信じていた。そのうえで、このような寄進を教会が受け容《い》れたことが間違いであったと考えていたのだ。

*

一三七九年にウィクリフは『王の職務について』という神学書を執筆する。そこで、教会と国家の関係についての理論を完成させた。

まず、イエス・キリストに従うという観点から、キリスト教徒は世俗の国王に従うべきであるとする。

〈キリストは、皇帝が最も栄えていた時に生まれることを選ばれた。また、三人の王によって礼拝され、支えられることをも選ばれたのである。キリストはまた、皇帝に税を納めたし、皇帝のものは皇帝に帰すように教えられたのである。キリストは、騎士が荘厳に葬られることを選ばれたし、ご自分の教会を騎士の支配にゆだねられたのである。だから、ペテロはキリスト者が全き柔和さのうちに人間のあらゆる作法に従うべきことを教えている。つまり、王や大公たちは、悪人に罰を与え、善人をたたえるべくその仕事を行っているのであるから、王が通る時、また、王の下にひかえている大公たちが通る時には、作法に従って礼を尽すべきなのである。〉（アンソニー・ケニー［木ノ脇悦郎訳］『ウィクリフ』教文館、一九九六年、一三二～一三三頁）

ウィクリフは、宗教改革の先駆者であるので、革命に親和的な世界観をもっていると受けとめられることが多いが、それは誤解だ。ウィクリフの国家観はきわめて保守的で、既存の政治体制の擁護者なのである。

国王と比較し、教皇に対するウィクリフのまなざしは厳しい。

〈神の言葉は、王について多くのことを語っている。しかし、善くも悪くも教皇については何も語ってはいない。ところで、教皇という名は、財産という毒が教会に投入された時に出来たものである。それはおどろくべきことと思われる。なぜなら、生活のしかたにおいて、正反対の方向にある人間を、キリストが後継者にすることがおどろかずにおれようか。また、私は教皇がペテロとは何の親族関係もありはしないことを知っている。しかし、もしペテロがそうであったように、教皇が貧しい生活をし、柔和であり、福音の教えでもってキリストの羊を養いつつ生きているとすれば……〉

（前掲書一三三～一三四頁）

引用の末尾の、〈教皇が貧しい生活をし、柔和であり、福音の教えでもってキリストの羊を養いつつ生きているとすれば〉は反語だ。教皇が贅沢《ぜいたく》な生活をし、戦争好きで凶暴で、かつ福音から離れキリスト教徒に対する責任を放棄しているという現状にウィクリフは異議を申し立てているのだ。すでにフス、ルター、ツビングリ、カルバンと共通する宗教改革者の魂がウィクリフにおいて完成している。

ウィクリフは、その後、聖餐《せいさん》論の研究に没頭する。そして、カトリック教会における公認教義である実体変質説と全面的に対峙することになる。この事情について、ロバートソンはこう記す。

〈危機が去り、ウィクリフは二年間沈黙した。一三七九年と一三八〇年の間、彼は理論を組み立てていた。そして、オックスフォードの講義室で、実体変化の教理が新約聖書の教えに反していると教えていた。ここにおいて、彼はその時代のカトリック教会の中心的教義を攻撃することになったのである。祭壇の上のパンとぶどう酒がキリストの体と血に変わるという奇跡、当時司祭だけに与えられていたこの超自然的な力を、教会がそれまで常に教えていたわけではなかった。ウィクリフは、それが初期のキリスト教会の教父たちに信じられていたものではなく、また新約聖書の教えに反するものであることを発見したのだった。

彼はこの教義が教会に都合のよいものであることを知った。教会はキリストの体と血を与えないようにすることによって、一般信徒の上に立つことができるわけである。彼らは信仰の時代にあって、もっとも奨励すべきことを抑制したのである。ウィクリフは、これまでのユーカリスト（ローマカトリック教会における聖体拝受）の「正統的」見解は偶像礼拝であると言った。人々は聖餐のパンを神としているのだ、と。彼はさらに、ミサを行う司祭がみなキリストの体を創り出すなどという考えは、実に恐ろしいことだと断言したのである。彼の見方では、ミサというのは、人々を支配する権力を教会に与えるというこの世的な目的のために考案された偽りの奇跡であった。〉（前掲、ロバートソン『ウィクリフ　宗教改革の暁の星』四一～四二頁）

現代人の常識からすれば、パンと葡萄酒《ぶどう》がキリストの肉と血に実際に変化するということは、迷信として斥《しりぞ》けられる。もっとも神学的にカトリック教会と正教会は現在も実体変質説をとっている。ウィクリフは、近代的合理主義の観点から実体変質説を忌避したのではない。実体変質説では、パンのすべてがキリストの肉、葡萄酒のすべてがキリストの血に変化してしまうので、もともとあったパンと葡萄酒が消滅してしまう。パンと葡萄酒という形（偶有性）が残っているのにもかかわらず、パンと葡萄酒の本質が消滅することはないというスコラ学的観点からウィクリフはこの問題について論じたのだ。

聖餐における実体変質説を否定することは、当時の基準で神学的大スキャンダルだった。たちまちウィクリフを非難する嵐が起きた。ウィクリフの庇護者であるゴーントのジョンもオックスフォードを訪れ、「聖餐論に関しては沈黙するように」と伝えた。しかし、ウィクリフはその要請を拒絶し、ゴーントのジョンの庇護を失うことになった。それでもウィクリフはひるまなかった。

〈彼（引用者註＊ウィクリフ）は実体変化の教理を非難する以上のことはしなかった。ユーカリストは彼にとっても謎であった。彼はキリストの体が何かの形でそこにあると考えたが、パンもまたそこにあると考えたのである。彼は、彼の信奉者たちのように、教会の他のサクラメントを攻撃することはしなかった。儀式や祈禱や免罪の救済的価値についてはあまり述べていないが、救いに至る別の道――神を敬う敬虔な生活――があると指摘した。彼の見るところ、宗教界は形式的な儀式や告白文によってあらぬ方向にさまよい出て、キリスト教の本質を忘れていたのである。彼の教えの中心は、それらに妨げられることなく、個人が神と直接に関わることが大切だということであった。エレミヤ三一章の新しい契約が、ミサの不思議よりも、キリスト教の本質にずっと近いのである。〉（前掲書四二頁）

聖餐はウィクリフにとって人知で説明できない神秘だった。そこにはキリストの体もパンもある。しかし、そのからくりをうまく説明できないのだ。聖餐は人知を超えた秘跡（サクラメント）なのである。聖餐によって、人間がイエス・キリストを通じて神と出会うことが重要なのである。

＊

ここで、一三八一年頃に書かれたウィクリフの「祭壇の秘跡について」と題された論考について考察したい。

〈パンの実体もその偶有的な形姿（forma accidentalis）も、実際にはキリストの体ではないからである。この点で、古代教会の人々も近来の人々も同意せざるを得ない。それ故に、『聖書註解』〔Glossa ordinata. 一二世紀に遡る〕はベレンガリウスの告白をそのままで理解しなければならないと言う。そうでないと、一番新しい誤謬は、教会によって異端的と断罪された以前の誤謬よりも、もっと邪悪なことになってしまうからである。今日では、かつて教会が異端的として断罪したベレンガリウスの三つの論点、すなわち、第一に〔パンの〕白い部分は聖別の後は単にしるしとしてのみ残留する、第二にそれはキリストの体ではない、そして第三に、それを五感で認知するかぎりでは、キリストの体は人間の感覚によっては裂かれたり、感知されたりすることはないという三つの論題は、すべて容認されなければならないことになる。教令によるならば、この三つの論点すべてにおいて、ベレンガリウスは誤謬を訂正した。そうだとすれば、当時の教会は信仰の事柄において、あたかも誤った推理によったかのごとくに誤りを犯したが、今ではより賢明な教会の判断によってこの誤りは正されたと主張することは、信仰の事柄に関する結論全体を中傷する結果になるという疑いを招きかねない。換言すれば、聖書そのもの、あるいは聖なる教父たちが、これらの論点で誤りを犯していたと言うにも等しいことになる。しかし、このような言葉を信ずる者が果たしているだろうか。それでは、信仰内容を利得のために勝手に変造することが出来るということにならないだろうか。それ故に、当時と現在の二つの教会の立言は、聖書という信仰の規範（regulam fidei scripture）に従って解釈されなければならない。聖書と聖なる教父たち、及び教会の教令そのものであるベレンガリウスの告白をこのように理解することこそ、古代および現代の教会とより良く合致し、また双方を立てることになる。〉（ジョン・ウィクリフ〔出村彰訳〕「祭壇の秘跡について」『宗教改革著作集　第一巻』教文館、二〇〇一年、一二八頁）

中世的世界観を前提に書かれているので、二一世紀に生きるわれわれにはウィクリフの主張を皮膚感覚でとらえることがなかなか難しい。できるだけ、わかりやすく解きほぐしてみたい。スコラ哲学の煩瑣《はんさ》な議論にはなるべく踏み込まないようにしたいが、どうしても記述が細かくならざるを得ない部分がでてくる。辛抱してつきあっていただきたい。

まず、当時の人々は、質料と形相によって世界ができていると了解していた。質料と形相は関係概念だ。机が形相とすると、机にとって、材木は質料である。材木が形相であるとすると、材木にとって樹木が質料である。このようにして、世界は質料と形相の連鎖によって成り立っている。あらゆる物には、目に見える形（偶有性 accidens）が存在する。この偶有性は、質料と形相の連鎖の中であらわれる。

実体変質説によって、前に述べたようにパンのすべてが肉、葡萄酒のすべてが血に変わっても、目の前にはパンと葡萄酒が存在する。パンと葡萄酒という形（偶有性）があるのだから、全体が変化してしまいパンと葡萄酒が消滅することは背理であるとウィクリフは主張する。

〈しかし、偶有性は本質なしにも残るというのが聖餐の標準的説明にとって一般的な内容であった。秘跡の聖体の色や形はパンの中に含まれている偶有性とはちがうものである。なぜならば、そこに存在しているものはもはやパンではないからであり、しかもまた、キリストの身体の偶有性でもない。そうではなく、聖餅のように白く丸いものでなければならない。ウィクリフが典型的不条理と見なしたのは、本質を持たない偶有性というこの教説だったのである。そして、彼はその不条理を明らかにするために、様々な論議を工夫したのである。

本質を持たない偶有性について語ることは自家撞着に陥る。形の上で本質に帰属するいかなる偶有性も、その本質が偶然的なしかたで、これこれのものであるという現実以外のいかなるものでもない。しかし、このような現実は本質なしにはありえないものである。

つまり、神なしにはいかなる被造物もありえないのと同じなのである。そのように、聖別された聖体というような実体なしに、様々な偶有性だけが存在するということはない（W1892・63）。

どんな白さであろうとも、それは何かの白さでなければならない。Xの白さというのは、単にXは白いということである。それは、主語なしに「……は白い」などという叙述が現実的でありえないようなものである。

ウィクリフは次のようにも説明している。仮に、徳性というものがバラバラに存在しうるものであるならば、聖人自身よりも聖人の徳性のみを崇拝しなければならなくなる。というのは、私たちが聖人たちを誉めたたえるのは、何といっても彼らの徳性のゆえだからである。信仰、希望、愛、それに至福は、私たちがそれに対して祈ることの出来る聖なる処女ということになろう。彼女たちは、聖人たちだけが取得した特性をその本性上持っているということになるのかもしれない。ところで、もし特性がそれ自身で存在しうるとすればなおのこと、それは一般化されない物自体の中に存在しうることになる。全能の中にある神は、最も名状しがたい知性や至高の幸福を丸太や石ころに賦与することさえ出来たのである。〉（前掲、ケニー『ウィクリフ』一四〇〜一四一頁）

聖餐は、人間を救済するために必要である。それはイエス・キリストという歴史的に存在した人間の個性から離れて存在するのではない。主語なしに、「……は白い」などという叙述が具体性を欠くように、実体変質説をとると実体がない救済が一人歩きしうることになる。この危険性をウィクリフは恐れたのだ。

言い換えるならば、ウィクリフは、言葉の正しい使い方を問題にしているのである。それは、救済は、言葉を正しく用いることによってもたらすことができるとウィクリフが確信しているからだ。ここで、同定的叙述と比喩《ひゆ》的叙述の差異を正確に理解することが重要とウィクリフは考える。聖餐論との関連で、ウィクリフはこう述べる。

〈すでに述べたように、「同定的」叙述（predicacionem ydempticam）と「比喩的」叙述（predicacionem tropicam）の二つの間の区別に注意することが特別に必要となる。既述のように、「同定的」と言うのは、述語が主語と同一のものであると主張する時である。例えば「キリストは人である」という文章がそれである。しかるに、「比喩的」あるいは「暗喩的」（figuratica）と言うのは、ある一方の極が他の部分によって指示される場合で、上でも説明したように、例えば「岩とはキリストである」という文章がそれである。そこで私はこのような解釈を証示するため三つの例を引用することにしよう。第一は使徒の言葉〔Iコリ一〇・一—四〕である、「兄弟たち、次のことはぜひ知っておいてほしい。わたしたちの先祖は皆、雲の下におり、皆、海を通り抜け、……皆、同じ霊的な食物を食べ、皆が同じ霊的な飲み物を飲みました。彼らが飲んだのは、自分たちに離れずについて来た霊的な岩からでしたが、この岩こそキリストだったのです」。この聖書箇所、あるいは同じような他の箇所の意味について明瞭であるように、ある箇所の真意が、比喩的あるいは暗喩的であるかどうかに留意することが大切となる。その意味では、このような言い方は聖書の他の箇所でも同様に妥当する。父祖たちすべては神の保護のもとにあり、神の報復である酷暑から逃れることが出来たし、彼らはすべてこの世の危険、敵対する諸民族の中を通り抜けたからである。信仰というものは時が経過するにつれても変化することがない以上、彼らもまた、後にキリスト信者が養われたと同じ信仰によって養われたことは明瞭である。約束の地に達するまでの四〇年間の荒れ野の放浪によって暗示されているのは、このことにほかならない。そこでエジプトからの脱出者たちに起こったことで、その後継者が父なる神の国に到達するまでの旅で経験することの比喩でないものは、一つもない。モーセが杖で二度打った岩から流れ出た水を民らが飲んだ〔出一七・六他〕と同様に、キリストがユダヤ人たちによって不名誉にも打たれた後に、キリスト者はイエス・キリストへの信仰という玄妙さを、霊的に飲むのである。キリストが挺打によって汚名とそしりを浴びせられたように、汚名はユダヤ人のものとなった。キリストを処刑台の上で打ったからである。使徒パウロは「この岩こそキリストである」と言う。すなわちこの岩は神秘的にキリストを暗示しているのである。しかもこのような表現は、二重の意味で、掛け値なしに理解されなければならない。すなわち、このような比喩（figura）は比喩される事物を指し示しているにすぎず、その時、字句どおりの意味（sensus litteralem）は放擲されて、曖昧にしか指し示されていない事物を比喩的に指し示す。どちらの場合も何の誤りもなしに、カトリック教会の解釈と合致する。〉（前掲、ウィクリフ「祭壇の秘跡について」一二九～一三〇頁）

ウィクリフは、比喩、暗喩（隠喩）が神学において重要と考える。

第七話　神と民族の契約から、神と個人の契約へ

キリスト教は、紀元前にパレスチナに生まれ、処刑されたイエスという男が、人間の救済主であるキリストと信じる宗教だ。キリストとは、油を注がれた者を意味し、それはユダヤ教の伝統では、王であり、同時にメシアである。このことを示すために、イエスは比喩、隠喩を用いたとウィクリフは考える。しかし、時が経つにつれて神学者たちは、比喩や隠喩に関する感覚を失ってしまった。そして、イエスの発言を字面通り受けとめるようになってしまった。ここでイエス・キリストの使信（メッセージ）が疎外されてしまったのである。そのため、キリスト教徒が救済に関する確信を得られなくなってしまったのである。

聖餐を巡る混乱も、比喩、隠喩に関する感覚を失ってしまったからだ。聖餐で、パンを食べ、葡萄《ぶどう》酒を飲む前に述べたイエスの言葉にウィクリフは注目する。

〈もう一つの箇所はこうである、「この杯は、わたしの血によって立てられる新しい契約である」〔Iコリ一一・二五〕。ちょうど牡牛の血が古い契約を確証するしるしであるように、新しい契約は杯の中の葡萄酒によって指し示される。……このように、初代教会の聖徒たち及びその後継者たちは、パンと葡萄酒を通してキリストの体と血とを比喩的に理解したのである。使徒はコリント教会の人々が主の晩餐に共にあずかることを承認し、それぞれが自分のパンと葡萄酒を持参したこと、しかしある者らは満腹し、他の者らは空腹のままだったことを物語る。使徒はこの点に関して彼らを穏やかに問責し、このしるしについて教えを付け加える。それは当時の教会にとって必要かつ十分であった。すなわち、これにあずかる者らは秩序正しく教会に集まって飲食するか、病気の者らは家であずかるか、という定めがそれである。そうでないと、豊富で華美かつ上等なパンと葡萄酒を用意することによって、そうでない兄弟たちを辱しめる結果となる。そこで、このしるしに関して使徒が教える次のことで十分である。「わたしがあなたがたに伝えたことは、わたし自身、主から受けたものです。すなわち、主イエスは、引き渡される夜、パンを取り、感謝の祈りをささげてそれを裂き、『これは、あなたがたのためのわたしの体である。わたしの記念としてこのように行いなさい』と言われました。……だから、あなたがたは、このパンを食べこの杯を飲むごとに、主が来られるときまで、主の死を告げ知らせるのです」〔Iコリ一一・二三―二六）。ここから明らかなのは、使徒がパンと葡萄酒に関して四重の意味で語っていること、したがって、これはキリストの体と血だと言うとき、比喩を用いているということである。この杯が新しい契約だと言い、キリストを記念するためこのように行なうべきだと言うときも同様である。〉（ジョン・ウィクリフ〔出村彰訳〕「祭壇の秘跡について」『宗教改革著作集　第一巻』教文館、二〇〇一年、一三〇～一三一頁）

イエス・キリストを救済主と信じるという一点においてキリスト教徒はまとまっている。ここでウィクリフは、旧《ふる》い契約との比喩として聖餐を理解している。ここで言う旧い契約とは、旧約聖書の「エレミヤ書」の三一章二七～四〇節を想定している。少し長くなるが、神と民族との契約が、神と個人との契約に転換していく重要な箇所なので省略せずに引用し、解説することにする。

〈見よ、わたしがイスラエルの家とユダの家に、人の種と動物の種を蒔《ま》く日が来る、と主は言われる。

かつて、彼らを抜き、壊し、破壊し、滅ぼし、災いをもたらそうと見張っていたが、今、わたしは彼らを建て、また植えようと見張っている、と主は言われる。

その日には、人々はもはや言わない。

「先祖が酸いぶどうを食べれば
子孫の歯が浮く」と。
人は自分の罪のゆえに死ぬ。だれでも酸いぶどうを食べれば、自分の歯が浮く。〉
（「エレミヤ書」三一章二七～三〇節）

これまで、神と人間の契約は、イスラエル民族の指導者であるモーセがシナイにおいて行った十戒が基本となっている。この契約が更新されるときが来る。それは、神と民族ではなく、神と個人の契約になる。神の民としてのイスラエルは滅びざるをえない。エレミヤが預言者として活躍したのは紀元前七世紀終わりから前六世紀初めのことだ。エルサレムの神殿は、バビロニア軍によって前五八六年に焼かれてしまった。ユダ王国は滅んで、人々は捕囚になった。国家と結びついた民族としてのイスラエルは消滅した。そのような状況で、神とイスラエルとの関係は、神と一人一人のイスラエル人が新しく契約を結び直すことによって更新されるとエレミヤは考えた。

国家が滅ぼされて、土地は荒廃した。そして、その荒廃した土地にも、いつか必ず人と動物の種がまかれ、ぶどうの樹をはじめとする果樹が植えられる日がやってくるとエレミヤは預言する。〈人は自分の罪のゆえに死ぬ。だれでも酸いぶどうを食べれば、自分の歯が浮く〉というのは、現代的表現をすれば自己責任論である。この自己責任論を前提として新しい契約が生まれる。

〈見よ、わたしがイスラエルの家、ユダの家と新しい契約を結ぶ日が来る、と主は言われる。この契約は、かつてわたしが彼らの先祖の手を取ってエジプトの地から導き出したときに結んだものではない。わたしが彼らの主人であったにもかかわらず、彼らはこの契約を破った、と主は言われる。しかし、来るべき日に、わたしがイスラエルの家と結ぶ契約はこれである、と主は言われる。すなわち、わたしの律法を彼らの胸の中に授け、彼らの心にそれを記す。わたしは彼らの神となり、彼らはわたしの民となる。そのとき、人々は隣人どうし、兄弟どうし、「主を知れ」と言って教えることはない。彼らはすべて、小さい者も大きい者もわたしを知るからである、と主は言われる。わたしは彼らの悪を赦し、再び彼らの罪に心を留めることはない。〉（「エレミヤ書」三一章三一〜三四節）

今度の契約は、神とイスラエル民族との契約ではない。神とイスラエル人との個人的契約である。個人の心の中に律法が授けられる。そして、すべての人が神を知るようになる。従って、〈人々は隣人どうし、兄弟どうし、「主を知れ」と言って教えることはない〉という状態になる。既に人間が罪を犯さなくなっているからだ。

ここでエレミヤは、新しい契約によって強力な人々が生まれると預言する。

〈主はこう言われる。
太陽を置いて昼の光とし
月と星の軌道を定めて夜の光とし
海をかき立て、波を騒がせる方
その御名は万軍の主。
これらの定めが
　わたしの前から退くことがあろうともと
主は言われる。
イスラエルの子孫は
永遠に絶えることなく、わたしの民である。
主はこう言われる。
もし、上においては、天が測られ
下においては、地の基が究められるなら
わたしがイスラエルのすべての子孫を
彼らのあらゆる行いのゆえに
拒むこともありえようと
主は言われる。〉（「エレミヤ書」三一章三五～三七節）

太陽、月、星の運行を支配する法則が機能しなくなっても、イスラエルの子孫が絶えることはないとエレミヤは預言する。当時の世界像では、個人、民族、国家の運命は、天体の運行に支配されていると考えるのが常識であった。その常識を覆すような強力な契約を神はイスラエル人の一人一人とするというのだ。

そして、エルサレムの再建についてエレミヤは預言する。

〈見よ、主にささげられたこの都が、ハナンエルの塔から角の門まで再建される日が来る、と主は言われる。測り縄は更に伸びて、ガレブの丘に達し、ゴアの方角に回る。死体と灰の谷の全域、またキドロンの谷に至るまでと、東側の馬の門の角に至るまでの全域は、主のものとして聖別され、もはやとこしえに、抜かれることも破壊されることもない。〉（「エレミヤ書」三一章三八～四〇節）

「馬の門」がどこにあるか、正確にはわからない。キドロンの谷はエルサレムの南東にある。いずれにせよ、神が個人と契約を更新することによって、聖なる都のエルサレムを拡張するのである。

が新しい契約に更新されると考える。この血の比喩として、葡萄酒が用いられる。従って、葡萄酒がキリストの血になるなどという解釈は、比喩を理解しない誤った解釈になる。

＊

ウィクリフは、イエス・キリストが十字架につけられ、流された血によって、旧い契約

ウィクリフは、イエスが最後の晩餐を行ったときの状況について、〈使徒はコリント教会の人々が主の晩餐に共にあずかることを承認し、それぞれが自分のパンと葡萄酒を持参したこと、しかしある者らは満腹し、他の者らは空腹のままだった〉と理解する。ウィクリフを含め、当時、神学部を卒業した者は、聖書を全文暗誦《あんしょう》している。従って、聖餐についての聖書の記述を正確に理解しておかないとウィクリフが前提としている事項がわからない。ここでウィクリフが念頭においているのは、「コリントの信徒への手紙一」一一章一七〜三四節の記述である。正確に引用し、解説を加えるので、おつきあい願いたい。

〈次のことを指示するにあたって、わたしはあなたがたをほめるわけにはいきません。あなたがたの集まりが、良い結果よりは、むしろ悪い結果を招いているからです。まず第一に、あなたがたが教会で集まる際、お互いの間に仲間割れがあると聞いています。わたしもある程度そういうことがあろうかと思います。あなたがたの間で、だれ

が適格者かはっきりするためには、仲間争いも避けられないかもしれません。それでは、一緒に集まっても、主の晩餐を食べることにならないのです。なぜなら、食事のとき各自が勝手に自分の分を食べてしまい、空腹の者がいるかと思えば、酔っている者もいるという始末だからです。あなたがたには、飲んだり食べたりする家がないのですか。それとも、神の教会を見くびり、貧しい人々に恥をかかせようというのですか。わたしはあなたがたに何と言ったらよいのだろう。ほめることにしようか。この点については、ほめるわけにはいきません。〉（「コリントの信徒への手紙一」一一章一七〜二二節）

初期のエルサレムの教会において、信者は自らの財産に固執せずに、「これが欲しい」という仲間がいれば、分け与えていた。また状況によっては、財産を競売し、それによって得たカネで必要な物資を購入し、信者の間で分け合っていた。それが、少し時間が経過したコリントの教会においては、経済的格差がかなり大きくなり、教会内で軋轢《あつれき》が生じている。それをパウロは「仲間割れ」という言葉で表現している。当時、教会での聖餐はかなりの量のパンと葡萄酒をとる食事会（愛餐）だったようだ。貧しい者は家で食事をとることができずに教会にやってくる。金持ちは、家で腹一杯パンを食べ、たらふく葡萄酒を飲んでからやってくる。こういう状態では、教会での連帯意識は薄れてくる。そのことをパウロは、〈神の教会を見くびり、貧しい人々に恥をかかせようというのですか〉と手厳しく批判する。

それではどうすればいいのだろうか？　食事会でいきなりパンを食べるのではなく、パンを取り、祈りを捧《ささ》げ、それからパンを裂いたイエスとの最後の食事会について想起させる。

〈わたしがあなたがたに伝えたことは、わたし自身、主から受けたものです。すなわち、主イエスは、引き渡される夜、パンを取り、感謝の祈りをささげてそれを裂き、「これは、あなたがたのためのわたしの体である。わたしの記念としてこのように行いなさい」と言われました。また、食事の後で、杯も同じようにして、「この杯は、わたしの血によって立てられる新しい契約である。飲む度に、わたしの記念としてこのように行いなさい」と言われました。だから、あなたがたは、このパンを食べこの杯を飲むごとに、主が来られるときまで、主の死を告げ知らせるのです。〉（「コリントの信徒への手紙一」一一章二三〜二六節）

パンを食べる前に「これは、あなたがたのためのわたしの体である。わたしの記念としてこのように行いなさい」、葡萄酒を飲む前に「この杯は、わたしの血によって立てられる新しい契約である。飲む度に、わたしの記念としてこのように行いなさい」と唱えることによって、比喩の世界を作り出すのだ。

イエスの精神を無視するような会食は有害である。まず、人々がパンを分かち合わないため、一部の人々は飽食し、別の人々は飢えているような状態だ。パウロはコリント教会の人々に次の警告をする。

〈従って、ふさわしくないままで主のパンを食べたり、その杯を飲んだりする者は、主の体と血に対して罪を犯すことになります。だれでも、自分をよく確かめたうえで、そのパンを食べ、その杯から飲むべきです。主の体のことをわきまえずに飲み食いする者は、自分自身に対する裁きを飲み食いしているのです。そのため、あなたがたの間に弱い者や病人がたくさんおり、多くの者が死んだのです。わたしたちは、自分をわきまえていれば、裁かれはしません。裁かれるとすれば、それは、わたしたちが世と共に罪に定められることがないようにするための、主の懲らしめなのです。わたしの兄弟たち、こういうわけですから、食事のために集まるときには、互いに待ち合わせなさい。空腹の人は、家で食事を済ませなさい。裁かれるために集まる、というようなことにならないために。その他のことについては、わたしがそちらに行ったときに決めましょう。〉（「コリントの信徒への手紙一」一一章二七〜三四節）

貧富の差を放置していたために死者まで発生している。このような状態でキリストが救い主であるという自己主張をコリントの教会はしてはならない。ウィクリフはこの状況をイギリスに引き寄せ、比喩的に考えている。聖餐というシンボルをどう理解すれば個々の人間の救済に役立つかと考えた。

〈一三八〇年から死に至るまでの間、ウィクリフは、聖餐を表題としているパンフレットを少なくとも六つ以上公けにしている。そして、彼の神学的集大成の第一〇論文は『背教について』というものであるが、その表題にもかかわらず、そこでは聖餐の誤（ママ）ちに関する論議がなされている。しかし、彼の理論についての十分な記述ということになると『聖餐について』という論文に詳しいというべきであろう。それは、彼をオックスフォードから追放せしめた重大な講義の公けにされた版である。それは、ウィクリフの最も精力的な著作であり、同時に彼の哲学的明敏さや聖書、教父についての博識を示しており、教会教義問題への徹底した歴史的なアプローチをも示すものである。敵対者に対する批判の論調は、比較的抑制されたものであり、たとえば木馬のような聖職者の所有物についてというような脱線も存在している。〉（アンソニー・ケニー［木ノ脇悦郎訳］『ウィクリフ』教文館、一九九六年、一三八〜一三九頁）

聖餐を救済の根拠と考えたウィクリフの視座は正しい。また、イエスは真実を比喩と隠喩で語っていたとする解釈も正しいのである。そして、これらのウィクリフの言説は、一五世紀のヤン・フス、一六世紀のマルティン・ルター、フルドリッヒ・ツビングリ、ジャン・カルバンに継承されていくのである。

＊

それではウィクリフ自身のテキストに即して、同人の聖餐論を見ていこう。

〈第三の論点については次のように答えるべきである。……近年の教会はパンと葡萄酒がキリストの体と血とに「実体変化」(transsubstanciacionem) すると主張するが、初代教会はこのようには理解しなかった。そこで意見が分かれることになる。『教会法令』第一巻の前提は明白である。「祭壇のサクラメントにおけるパンと葡萄酒の姿のもとに示されるキリストの体と血とは、実体変化によって体へと変えられたパン、神的力によって血に変えられた葡萄酒の中に真実に存在する」〔Decretales Gregorii IX, I, t. 1〕。しかし、もしもパンと葡萄酒が聖別の後にもそのまま、変わることなく残るとすれば、司祭の聖別の言葉によって実体は変化したなどと、どうして言えるだろうか。〉（前掲、ウィクリフ「祭壇の秘跡について」一三一頁）

パンがイエス・キリストの肉になり、葡萄酒が血になるという実体変質説がカトリック教会の教義になるのは、一六世紀の宗教改革に危機意識をもったカトリック教会が行ったトリエント公会議の決定においてだ。従って、この時点でウィクリフが異端的教義を展開したわけではない。

ウィクリフは実体変質説が、初代教会の伝統になかったことを強調する。ここにもウィクリフの下降史観がある。時間の経過とともに人間は堕落し、悪くなっていくのだ。

〈私が思うには、初代教会はこのようには教えなかった。しかるに、近年の教会はこのように教えているが、それはある人々が不信仰で何の論拠もない空想にこのような呼び名を与え、多くの虚偽に満ちた事柄をでっち上げ、教会の重荷にしたからである。第一に、上述のような教会法学者たちの言説を、ベレンガリウスに対する教会の教令よりも優先させるようなことがあってはならない。上でも述べたように、教皇とその公会議は（この方が我々にとってより信憑性が高いのであるが）、その聖さと知識において優っていた。彼らは聖書並びに聖なる教父たちと合致したことを教えたからである。彼らの教えは理性ともより良く合致するし、そもそも我々が信ずべき事柄をより正確に、分かりやすく説明した。「実体変化した」（transsubstanciari）という語句はスコラ学の用語であって、祭壇の秘儀に関するカトリック教会の信仰内容を指し示すのには、曖昧かつ不完全である。そこで信仰者はそれぞれ自分の流儀でこれを解釈する結果となる。〉（前掲書一三二頁）

例えば、トゥール生まれの初期スコラ学者のベレンガリウスは、聖餐におけるパンと葡萄酒を象徴と考えた。これに対して、ローマ教皇グレゴリウス七世は教会の統一という政治目的のためにベレンガリウスに象徴説を撤回するように要求した。ウィクリフは人間の救済に直接関係する問題を教皇が政治的に処理したことに異議を唱えた。

パンや葡萄酒という形が目の前にある以上、その実体であるパンや葡萄酒がなくなり、パンの姿、葡萄酒の姿という偶有性だけが残るということはあり得ないのである。ここでウィクリフは徹底した実念論（リアリズム）をとっている。

それでは、カトリック教会はなぜ実体変質説などという誤った教説に魅力を感じているのだろうか？　それは聖書に書いてあることを比喩や隠喩で解釈することをやめて、アリストテレス哲学に頼るようになったからである。

〈教令の言葉が聖書そのもの、聖なる教父たち及び理性と良識に合致することが多いのは、大部分の賢明で聖なる司教たちが教令を文字どおり取るか、その意味するところを別の方法で説明するのが常だったからである。教令は繰り返しパンがキリストの体である、すなわちそれがキリストの体のしるしとしての秘跡（signum sacramentale）であるという事実を、どのように理解すべきかについて説明している。このような語り方は聖書の中でも良く知られており、その後の人々にも受け入れられてきたのであるが、さらに後になると、「同定的叙述」という謬見に陥ってしまった。〉（前掲書一

三三頁）

ここで哲学から聖書に回帰することをウィクリフは志す。

〈ところが今日では、我々は上記のような解釈に迎合して発言しなければならなくなり、根底にある信仰そのものにまでつまずきを招くに至った。キリストご自身がこの種のつまずきについて語ることを差し控えられなかった（ヨハ六・六一―六七）。キリストご自身が微妙な言葉で説明されたことを、アウグスティヌスはこう註釈している、「私が語ったことを霊的に理解しなさい。あなたがたが口にしようとしているのは、目の前にしているこの〔私の〕体ではないし、飲もうとしているのは、私を十字架に掛けようとしている者たちが流させるであろう血そのものではない。私が命じるのはサクラメントであり、それを霊的に理解するならば、あなたがたは活かされることになるだろう」（前記二七・三及び詩編五四、九八編参照）と。ユダヤ人たちが考えたのとは別な仕方で理解させるために、キリストはご自身の体を捧げ尽くされたのである。アウグスティヌスは言う、「キリストが天に昇るだろうと言われる。あなたがたが人の子が天に昇るのを目にするとすれば、キリストは以前はどこにおられたことになるのだろう。人を活かすのは霊である」（前記二七・四。前掲書六〇―六一頁参照）。我々はむしろ教父たちの昔の教説を信ずべきである。「公会議の議決の中にどれほどの不一致が存するとしても、我々が受容すべきなのは、より古い、より権威ある公会議の見解である」。信仰の事柄に関しては、聖書という源泉（fonti scripture）により近い教令に示された見解を保持すべきだと思われる。〉（前掲書一三三〜一三四頁）

アウグスティヌスは、聖書の立場から離れていない。従って、キリスト教の教義はアウグスティヌスの立場に基づいて展開されるべきとウィクリフは考える。ルター、カルバンもアウグスティヌスを尊重したが、この点でもウィクリフと共通の地平に立っているのだ。サクラメントとは秘跡のことである。秘跡は、比喩と隠喩によって霊的に信じる事柄なのである。これを理屈で納得しようとするから、アリストテレス哲学に頼りたいという誘惑が生じるのだ。聖書がキリスト教の教義に関して最終的にその正邪を判定する基準なのである。

より正確に言うと、ウィクリフは実体変化に反対しているのではない。パンと葡萄酒の実体が完全な変化によって、なくなってしまうことに反対しているのだ。少し長いが、フス、さらにルター、ツビングリ、カルバンの宗教改革を理解する場合にも重要なので、関連部分を引用しておく。

〈さらに「実体変化」について言うならば、これを（事実、我々の論敵も承認するように）誤解する危険があるように思われる。すなわち、この転換はパンの無化（anichilacionem）あるいはキリストの体との同一化（ydemptificacionem）を意味しないと考えがちな危険である。なぜならば、すべての偶有性は主語を持つはずであり、このような実体変化はすべて偶有性に関わるからである。それ故に、すべてのこのような実体変化は主語を持つはずである。彼らは偶有性が主語なしにでも存在すると強弁するが、しかも彼らでさえも、偶有性が最初は主語を持たなければならないと言う。反対に（全く理解不可能な仕方で彼らの言うところでは）、それは実体変化のあらゆる時点で主語であり、それ故に主語なしというわけではないことになる。すべての個別的な偶有性は何かの種類に変転（mutacio）する。そこで彼らは実体変化が主語なしでは生起しないことは容認せざるを得ない。それだから、受動的に実体変化させられる何物かが存しなければならないことになるが、それは偶有性ではない。偶有性は実体変化しないままに残続するからである。それはまたパンあるいは葡萄酒でもない。実体変化はある基盤を持たなければ意味がないので（そうでないと、キリストの体あるいは聖体は、順次に形作られたことになってしまう）、実体変化の瞬間において、変化したパンと葡萄酒とは、どの部分にも存在しないことは明白である。したがって、いかなる偶有性もそこでは潜在しないことになる。この事実は〔私の〕『無化について』という論述において、哲学者たちがいかにして根本実在が産出に先行すると断定したか推論しておいた。何物かが、それまで聞いたこともなく、基盤も持たないのに存在すると考えるのは、幻想にすぎないからである。そこで「実体変化」などというものを想定するには、それが何であり、どこで起こり、いかにして保持されるかを立証しなければならないことになる。そもそもある形が存在するためには、ある主体が形と美とを付与するのでなければ、かくも奇跡的に造出されることはないはずである。私はかつては実体変化をもっと古い時代の教会の解釈と調和させようと努力したけれど、今では彼ら自身も相互に矛盾しており、後の教会は誤りに陥っていることは明瞭と思うに至った。もしも「実体変化」という言葉が意味するのが、ある物体が場所に関しては同じでありながらも別の物体となり、しかも実体変化したある物体は以前と同じ場所に現存し、もっと価値のある物体が以前と同じ場所に現出するということであるならば、それはサクラメントとして、すなわち以前の物体が従属するしるしとして存在することであり、そこからパンは実体変化の瞬間に変化するのではなく、聖別の後も偶有性についてはパンとして残続するということを意味することになる。このような言い方は『教令集』の観点を疑問に付することだと言われる。そこで私としては今ではこれらの原則と合致させることを放棄し、「実体変化」とは、種子が生き生きとした身体に転化し（convertitur）、人が土に帰ると同じように、ある実体が他の実体へと転化することであり、一般的にはある肉体が他から産出されると同様のことを意味すると理解する。〉（前掲書一三四～一三五頁）

繰り返すがウィクリフは徹底した実念論の立場をとる。それだから、偶有性は主語をもつはずだと固く信じている。単なる白さ、美しさという類《たぐい》の概念は存在しない。白い実体をもっていなくてはならない。頭の中で、単なる白という概念は存在しない。「白いウサギ」、「白いパン」、「白い雪」のような実体を必ずもっている。

さらに踏み込んで、実際はイエス・キリストの肉になっていないパン、血になっていない葡萄酒を神の子イエス・キリストであると崇拝することは、モーセの十戒の第一戒で禁止されている偶像崇拝であるとウィクリフは非難する。

〈さらに「偶像崇拝」について言うならば、人々は彼らが五感によって受領する偶有性がキリストの体と同一であると信じたりしないように教えられなければならない。このことが必要なのは、この事柄に関する後世の教会のすべての見解が、〔変化の後も〕何かしら白く、丸く、固い物が残続して、それはキリストの体ではあり得ないことを容認しているからである。実際、この方がもっと理に適い、人々はパンがキリストの体であると信じたり信じなかったりするならば、もはやどんな色も残っておらず、パンはどの部分に関しても存在を止めたと考えるように強いられるとすれば、パンをキリストの体として崇敬することは偶像崇拝の罪を犯すと異ならない。同じ理由から、五感で感受される偶有性が取り去られるならば、主体とその偶有性に関する幻想が付加されるだけのことになる。こうして大多数の人々は不信仰かつ不敬虔にも、彼らが偶有性という名で教えられている残存物を、キリストの体と同一であると信じ込む結果となるだろう。実際、偶有性はキリストの体と血の本性に比すれば、パンと葡萄酒の本性に比する以上に異質的であることは明白である。「実体変化」については後にもっと詳しく明らかにしよう。〉（前掲書一三五～一三六頁）

聖書を類比的に読む訓練を怠ると哲学に頼りたいという誘惑が生まれる。その誘惑を放置しておくと、信仰が偶像崇拝に転化してしまうのである。このキリスト教の中にある反キリスト教的要素を除去することが神学の課題なのだとウィクリフは考える。

第八話　目に見えない存在

当時の教会が主張する聖餐に関する言説に反対することは、神学者として大きなリスクを負うことだった。当時のカトリック教会で主流であった実体変質説をとるならば、パンや葡萄酒はほんもののキリストの肉や血に変化する。しかし、パンはパン、葡萄酒は葡萄酒としての形をもつ。パンや葡萄酒という物を神の子であるイエス・キリストとして崇拝することで、キリスト教徒が偶像崇拝に陥ってしまうことがウィクリフには看過できなかった。なぜなら、このような偶像崇拝を重ねていると、イエス・キリストは救いであると唱えながらも、実際には偶像崇拝を行って、信徒が救済から遠ざかってしまうからだ。キリスト教は救済宗教である。この観点から、ウィクリフはカトリック教会の聖餐論を批判したのだ。

繰り返すが、ウィクリフは、パンと葡萄酒がキリストの肉や血に変化するということに反対しているのではない。変化の結果、パンと葡萄酒が消滅してしまうというドクトリンに反対しているのだ。そもそも消滅が成り立たないとウィクリフは考える。ウィクリフの聖餐観は、パンと葡萄酒に、物質的なパン、葡萄酒とキリストの肉、血が共在しているとする一六世紀ドイツの宗教改革者マルティン・ルターの共在説（混淆《こんこう》説）に近い。

倫理的観点からもウィクリフの聖餐観は重要だ。徳性、処女性、愛、希望などの概念も抽象的には存在しない。具体的な人間と結びついた、具体的行為においてあらわれるのである。別の言い方をすると、人間と人間の関係性からこれらの倫理的概念が生まれるのである。ウィクリフの実念論的視座から、われわれは具体性を回復することができるのだ。

歴史は反復する。キリスト教神学は、一世紀のパレスチナに生きた大工の青年イエスの約三三年の生涯に、すべての歴史の基本形が凝縮されていると考える。そこにはイエスが出現した以降の歴史が含まれるだけではない。イエスが生まれる前の歴史も含まれるのである。従って、ユダヤ民族の歴史を記す旧約聖書は、新約聖書の光に照らして読まれなければならない。歴史はすべて、イエスの生涯に集中しているのである。

一六世紀のルター、ツビングリ、カルバンの宗教改革は、歴史を画する重要な意義をもった。この転換によってキリスト教にプロテスタンティズムという運動が生まれた。プロテスタンティズムは、人間の内面から力を引き出すことが得意だ。そして、一八世紀後半から一九世紀にかけて、プロテスタンティズムは啓蒙主義と共存することに成功した。中世までの形而上的な「上にいる神」を人間の「心の中」に転換することによって、コペルニクス以降の宇宙観とキリスト教信仰が矛盾しない仕組みをつくりだした。その結果、世俗化を基調とする近代を形成する上で、プロテスタンティズムが重要な役割を果たした。しかし、プロテスタンティズムの力は、近代の枠組みに収まりきらない。それはそもそもプロテスタンティズムが中世的世界観の上で構築された、原始キリスト教への回帰を求める復古運動という性格を帯びているからだ。従って、近代以降の世界においてもプロテスタンティズムは生き残るのである。

プロテスタンティズムの起点をルターの宗教改革に求めても、その本質をとらえることはできない。ルター自身も認めているように、ドイツの宗教改革は、一五世紀にヤン・フスの指導下で行われたボヘミア（チェコ）宗教改革の反復現象なのである。そして、フスはイングランドのウィクリフの教会改革思想を反復したのである。それだから、宗教改革を理解するためにはウィクリフに遡行《そこう》しなくてはならないのだ。

＊

ウィクリフには、存在に関する確固たる了解がある。これをとりあえずウィクリフの存在論と名づけておこう。二一世紀に生きるわれわれにウィクリフやフスの思想が理解しにくいのは、両人の存在に関する了解がわれわれには追体験しにくいからである。それだから、まずウィクリフの存在論を押さえておくことにしたい。ケニーの著作から引用する。

〈ウィクリフにとって、在るものは何であれ実在するもの（ens）であり、実在するものはすべて存在（esse）を持つ。存在とは、実に実在の現実態である。つまり、存在とは実在が為していることである。それは、ちょうど走るということが、走者が行為するのと同じである。存在は現存と同一ではない。存在するある事物は、在る、または存在を持っているのであるが、それでも現存しているのではない。ウィクリフにとって、存在は四種類あるが、現存はそのうちの一種のみである。〉（アンソニー・ケニー［木ノ脇悦郎訳］『ウィクリフ』教文館、一九九六年、三四〜三五頁）

ここで注意しなくてはならないことがある。ウィクリフは「存在とは何か」という近代の哲学者や神学者の行うような問題設定をしていないことだ。「在りて在るもの」である神の存在は、疑いの余地がない事実である。このような存在には、目に見えるものもあるし、目に見えないものもある。この存在の基本形について、ウィクリフはまったく疑念をもっていないのである。そして、存在を四種類に区分する。

第一は、神に内在するイデアとしての存在である。

第二は、被造物の原因としての存在である。

第三は、現実存在としての存在である。

第四は、本質の偶有的な存在である。

いずれにせよ、現代人であるわれわれにはわかりにくい存在論だが、ケニーの記述に沿って、理解につとめたい。

第一の神に内在するイデアという発想は、現代のわれわれには追体験がきわめて難しい。

〈被造物が所有している存在の第一の種類は、神の心の中にあるイデアとしての存在なのである。被造物の最も高い存在について、ウィクリフは次のように言う。それは、被造物が神において所有している永遠の精神的存在である。このような存在はすべて神的生命の一つの現われであり、神自身のリアリティーの中に存するのである。ヨハネ福音書第一章のテキストによれば「造られたものは、神によって命を持つ」のである。(U126)〉(前掲書三五頁)

「ヨハネによる福音書」の関連部分を見てみよう。

〈初めに言があった。言は神と共にあった。言は神であった。この言は、初めに神と共にあった。万物は言によって成った。成ったもので、言によらずに成ったものは何一つなかった。言の内に命があった。命は人間を照らす光であった。光は暗闇の中で輝いている。暗闇は光を理解しなかった。〉(「ヨハネによる福音書」一章一～五節)

ここでいうリアリティーは、目に見えるものだけではない。「ヨハネによる福音書」の冒頭では、神のロゴス（言葉）が、人間になったというロゴス・キリスト論が展開されている。ロゴスは目に見えないリアリティーなのである。神の言葉によって命が与えられるのであり、命なくして人間は成り立たない。また命は光によってとらえることができる。イエス・キリストによる救済を「ヨハネによる福音書」の著者は、永遠の命を得ることと考える。この永遠の命のことを、ウィクリフはイデアという言葉で表しているのだ。この永遠の命も目に見えない。

第二の被造物の原因としての存在は、ウイルスに罹患《りかん》してインフルエンザが発症したという直接的因果関係とは異なる。ここで田邊元《たなべはじめ》とのアナロジーで考えると、ウィクリフの考え方が明確になる。田邊は個の原因を種に求める。日本民族という種があるから、個々の日本人が存在する。個体は滅びるが、種は永遠に生きるのである。ここから個々人の命は有限であるが、悠久の大義、すなわち日本国家のために命を捧げるならば、その個体は永遠に生きると主張した。種こそが本質的存在だ。

ただし、田邊が種を関係概念として理解したのに対し、ウィクリフにとって種は関係概念ではなく、実体的な根拠をもつ。神がアダムを創造することによって、同時に人類という種も創造した。種の起源において、個別と普遍は一体になっているのである。

〈ウィクリフは言っている。第二に、被造物は、一般的なものであれ特殊なものであれ、それぞれを原因として存在を持つのである。これは本質的存在と呼ばれる。世界が始まった時、神は異なった種類、あるいは種をお造りになった。つまり、まず種が創造され、その種のそれぞれ個々のものは存在の形を持つのであるが、その普遍的原因として種があるというのである。さらにまた、キリスト教の教えによれば、すべての人間は同じ種に属するというだけではなく、同じ幹から生じてきたのであるから、人類はすべてその特殊な原因として、最初の人間の中に一種の存在を持つのである。彼の言葉によれば「この意味で、聖人たちは最初のアダムが全人類であったと言っているのである」（U127）ということになる。このように、かつて生きており、またこれから生きるようになるであろうすべての人間は、この第二の種類の存在を、（一）人類において、（二）アダムにおいて、持つのである。〉（前掲、ケニー『ウィクリフ』三五〜三六頁）

第三の現実存在としての存在は、目の前に具体的に存在するものである。目の前にリンゴがある。このリンゴを食べてしまった後も、われわれはリンゴという存在が何であるかを認識している。裏返して言うと、現実に、具体的にここに在る存在以外にも存在があるということだ。リンゴの本質が目に見えないリンゴを存在させるのである。現代人には少しわかりにくいが、ケニーの説明を見てみよう。

〈第三の種類の存在だけが現存に相当する。つまり、

第三に、被造物は個の存在としての現存を持っている。個々のものは、それぞれの時に従って存在し始めるし、また存在することを止める。現代の学者たちが受容するのはこの存在だけである。しかし、最近の著者たちでさえ第二の存在に関して、実際にはバラが現存していなくても、バラが花であるということは承認している。……というのは、一方は存在するということであり、他方は現存するということである。(U127)〉（前掲書三六頁）

そして、第四の偶有的存在は、以下の様式である。

〈存在の第四の様式は、本質の偶然的（引用者註＊偶有的）な存在である。すなわち、非本質的所有物の本質による所有ということである。人間が「陽焼けしている」というのは、彼の存在様式の一つである。この例が示すように、このような偶然的存在は、主体が生きている間、移り変わりうるような何かであるが、第三の意味での主体の存在、つまりその現存はまさにその生きている期間そのものなのである。〉（前掲書三六～三七頁）

本質なくして偶有性は存在しない。前に見た聖餐において、パンと葡萄酒という偶有が現実に存在する以上、パンや葡萄酒の本質が消滅してしまって、キリストの肉と血にすべて実体が変質してしまったというカトリック神学に異議を申し立てたのである。

＊

ウィクリフにとって重要なのは、存在に至る方法論だ。この方法論はスコラ的である。真理は外部から与えられている。正しい命題を立て、それに対する真の答えを見いだしていけば真理に到達することができる。ここで真理は存在と前提されている。この存在は、現在、目に見えるものだけでなく、目に見えないものも含む。命題の真偽を判定する基準となる存在は、見えない存在をも含む本質的存在なのである。

ウィクリフは、本質（essence）と個別性の間に通性原理（quiddity）が存在すると考える。通性原理は、何性と訳されることもあり、中世の存在論を理解する重要概念だ。水田《みずた》英実《ひでみ》氏はこう説明する。

〈トマス・アクィナスは「在ること」との関係を考慮に入れることによって本質の多様なあり方を統一的に説明している。トマスに従えば事物における本質と存在は区別される。そこで事物の本質は、それを事物の何であるかを示す定義によって表示されるものとしてみれば、何性（quidditas）と呼ばれ、知性によって認識されるものあるいは固有の働きに関係づけられたものとしてみれば、本性（natura）と呼ばれるけれども、それが事物の本質（essentia）であるかぎり、存在（esse）を伴うことによってはじめて現実に存在するものとして実在するにいたると言わなければならない。〉（『岩波哲学・思想事典』岩波書店、一九九八年、一五〇七頁）

本質によって通性原理が成り立つのである。ウィクリフも同様の認識をしている。

〈事物がある種類の何かであるより前に実在し、人間がある本質である前に実在しているのと全く同じように、「そのようなものは存在するのか」という単純な問いを立てる本質とは、存在に類を与える通性原理に先立っていると思われる。（U130）〉（前掲、ケニー『ウィクリフ』四〇頁）

人間の本質とか猫の本質という概念は、ウィクリフの理解では通性原理に過ぎない。このような通性原理を類概念（あるいは種概念）と言い換えることも可能だ。ウィクリフにとっての存在とは、この類概念を造り出す根源的力のことである。当然、これを神に置き換えることもできる。

〈もし神が存在するとして、神が在るというのは何かが在るということである。しかし、これは神だけが存在すべきである、つまり、神以外にどんな本質、本性も存在すべきではないという前提と一致する。それ故、これはまた、神の存在は存在する何かであるという結論とも一致する。しかし、神だけが存在するという仮定の上には神的存在の背後に残されている他のいかなる本質も存在しないことになる。従って、この場合には、存在そのものが神的本質となるのである。(U117)〉(前掲書四五頁)

ウィクリフにおいて、神の存在と神の本質は同一だ。この点について、ウィクリフに存在論的疑問はいっさいない。神はイデアであり、最高の存在であるから、そこで存在と現存の矛盾を意識することはなかったのであろう。

このことを言語分析の観点からウィクリフは考察する。この点についてもケニーがじょうずにまとめている。

〈神だけが存在するものだとすれば、「神的存在の背後には他のいかなる本質も残されてはいない」のである。再度言うが、ウィクリフは命題を真ならしめているのは何であるかを探求するのである。「神は存在する」「神はずっと存在していた」という命題を真ならしめているのは神的本質である。そして、神的本質とは「神」という言葉によって表わされることである。つまり、神という言葉が神の存在を意味しているのである。すなわち、「神」という言葉が言及しているのは「神在り」ということを真ならしめている現世の同じ事態である。〉（前掲書四六頁）

平たく言うと、神的本質としての神とは、神の存在であるという表現で意味されていることなのである。「金は存在する」ということは、現実に「金と同じようなものが存在する」という命題を真とすることとまったく同じことだ。「雪が存在する」というのは、現実に「雪と同じようなものが存在する」という命題を真とすることとまったく同じである。ウィクリフはこのような文章を「本質的述語づけ」と呼んでいる。これ以外にも「形式的述語づけ」、「習慣的述語づけ」がある。述語については、この三種類がすべてであるとウィクリフは考える。

〈形式的述語づけというのは「雪は白い」というような文章の中にある簡潔なものであり、雪という実体が持つ形相の固有性を白いと指示するがゆえに形式的と呼ばれる。習慣的叙述というのは、主語にはいかなる変化もなく、しかも主語の真たることが立ちあらわれてくる場合に見出される。たとえば、ダンテがベアトリーチェを愛するようになる。すると「ベアトリーチェはいとしい」ということは真となる。しかし、変化が生じるとすればそれはダンテに生じるのであってベアトリーチェではない。だから、ベアトリーチェにはどんな新しいリアルな述語づけも関わりはないのである。〉

（前掲書四七頁）

「形式的述語づけ」も「習慣的述語づけ」も、物事の存在の本質には触れない。ここで重要なのは、目に見える世界だけでなく、目に見えない世界の本質をつかまえるという気構えがウィクリフにあったということだ。

〈本質的述語づけは次のように規定される。「たとえ述語の概念と主語の概念がちがっていたとしても、同一実体が主語でもあり、述語でもあるような述語づけ」であると（U30）。例えば次のようなことである。「蒸気は氷（と同じようなもの）である」という場合、蒸気であるということは氷であるということと同じではないし、あるものが同時に両方のものではありえない。しかし、ウィクリフの言うように、ある場合には蒸気になる同一実体が他の場合に氷になるということはありうることである。〉（前掲書四七頁）

「本質的述語づけ」の中に含まれている本質が真であるならば、この文の内容が真であるような事柄が現実の歴史においてもあらわれるとウィクリフは考えた。逆にすべて現実に存在する物は存在をもっているとしても、その中には本質をもっていないものもある。

〈ウィクリフの理論は、おどろくべき結果へと導いていく。すべての存在物は存在を持っているとしても、そのすべてが本質を持っているのではないし、本質であるのでもない。欠如（例えば目が見えない）とか罪（例えば姦通のような）という否定的な事柄は、それ自身の本質を持ってはいない。それは欠けであって、積極的なリアリティーではない。それでは「ダビデは姦通の罪を犯した」という述語づけに含まれている本質は何であるのか。ウィクリフは答える。

形式的述語づけにおいて、存在が本質よりももっと広い範囲のものであるとしても、それでもあらゆる存在は、形式的述語づけにおいてであれ本質的述語づけにおいてであれ、いずれも本質である。かくして似たような意味において、罪とは罪を犯す主体を意味するかもしれないし、あるいは形式的にそう呼ばれている罪が、それに根ざしているそのものを意味しているのかもしれない（U49）。

こうして、引用された文章に含まれている本質は、ダビデその人自身ということになる。そうしたければ交合というダビデの行為、あるいはその異常な性格のゆえに罪といわれるような肉体的行為であると言ってもよい。〉（前掲書四八～四九頁）

このようにして、ウィクリフは悪が本質をもっていないと考える。善の欠如態を悪とするアウグスティヌスの見解をウィクリフはより精緻《せいち》にしている。

＊

いずれにせよ、ウィクリフの存在論は、存在と本質を区別するところにその特徴がある。ウィクリフ自身、〈たとえ、仮にすべての存在が本質であるとしても、その反対であるとしても、あらゆる被造物において存在と本質はそれぞれ互いに区別されるものである（U49）。〉（前掲書五一頁）と述べている。現実に存在するからといって、本質をもっているとは限らない。「本質的述語づけ」ができる場合にだけ、存在と本質は一致するのである。

存在にはさまざまな種類がある。しかし、個々の存在が本質をもっているとは限らないのである。ウィクリフはこう強調する。

〈あらゆる被造物は様々な種類の存在を持つのであり、少なくともその一つは本質とは異なるものである。仮にピーターをとりあげてみる。その観念上の存在はその個別的本質とは異なっている。また、その個別的な現存は種や類における通性原理的本質とは異なっているのである（U128）。〉（前掲書五一頁）

このような、煩雑な議論を展開して、ウィクリフは何を主張したかったのであろうか？　ウィクリフの存在論は救済と結びついている。筆者の理解では、ウィクリフは、無に本質がないことを主張したかったのである。普遍が実体をともなわず、単なる観念的な操作であるとする唯名論者の思考を突き詰めていけば、真実の普遍は「存在しないこと」すなわち無であるということになってしまう。存在が無の力に引き寄せられて消滅してしまうことはないとウィクリフは考える。世界は、見えるものと見えないものを含む体系を形成している。この体系は、神の意思が働くことなしに破られることはない。消滅という概念を認めることは、この体系が破壊されることを承認するのと同義とウィクリフは考えた。この点についてもケニーがじょうずにまとめている。

〈消滅という概念の中には何か論理的に一貫しないものがあるというのがウィクリフがこの存在論からひき出してきた最重要な結論の一つであった。個人は確かに実在から出て行き、同じように実在に入ってくるのである。しかし、出来事の通常の流れからいえば、彼らの存在がなくなるのは、破壊されたり死滅したりすることによるのであって、消滅によるのではない。つまり、それは他のものに変化するのであって、無の中に消えていくわけではない。ウィクリフの同僚たちは共通の地盤を多く持っていたが、ある者たちは神が全能の力で本質を消滅させうると主張していた。そして彼らは、もし普遍論が消滅の可能性とは相容れないものであるならば、そのこと自体によ

って論破するには十分であると論じる教説に重要性を加えていたのである（U301）。〉

（前掲書五二～五三頁）

ウィクリフは、神を恣意的存在とは考えない。神は、神自身の中にある本質に基づいて行為する。神が神自身の本質を消滅させることはできないとウィクリフは考える。この根源有の立場から、消滅が成り立たないという主張が展開される。

現実に存在する個人は、身分が高くても低くても、金持ちでも貧乏でも、一人一人が存在の本質をもっている。だから、お互いに尊重し合わなくてはならない。それとともに、死者たちも、目に見える世界から姿を消してしまったが、その本質は残っている。死者は消滅してしまったのではなく、目に見えない形で存在する。世界はこのような存在の相互連関によって成り立っている。存在のどれか一つを欠いてしまっても、世界を理解することはできない。ウィクリフが貧しい人々に対する共感を強くもったのも、このような存在論に裏づけられているからだ。

普遍論争の関連でいうと、ウィクリフのこのような存在論は、実念論に属する。一四世紀において、実念論は既に主流派ではなかった。特にヨーロッパ大陸では、唯名論の影響が強まっていたが、例外的地域がボヘミアだった。一四世紀末にイングランドの王位についていたリチャード二世がボヘミアの王女（アン・オブ・ボヘミア）と結婚していた関係で、イングランドとボヘミアの関係は緊密だった。チェコ人神学生がオックスフォード大学に留学し、ウィクリフの影響を受けるようになる。

〈ウィクリフの著作は彼ら（引用者註＊チェコ人留学生）によってボヘミアにも持ち込まれていた。これらの著作から、初め、彼の哲学的見解に関する方法論をめぐりプラハ大学で論争が巻き起こった。チェコ人とドイツ人の間で分裂状態にあった大学の現状が、ただちに彼の哲学への見解の対立にも反映された。チェコ人が彼の哲学に賛成したのに対して、ドイツ人はそれが時代遅れだという理由で反対に回った。やがてドイツ人教員が、彼の正統性に対する疑問を論争の中に持ち込んできた。このことは、チェコ人をきわめて困難な立場に立たせることとなった。すなわち、彼ら自身が神学的正統性について疑問を持ち、神学的に完全に同意しているわけではない人物の著作を弁護しなければならないという立場に立たされたからである。〉（フスト・ゴンサレス［石田学訳］『キリスト教史　上巻　初代教会から宗教改革の夜明けまで』新教出版社、二〇〇二年、三七四頁）

ボヘミアの神学者は、ウィクリフの見解に全面的に同意していたわけではない。しかし、ドイツ人がウィクリフを異端であるという攻撃を開始したことを受けて、ウィクリフの教説を擁護せざるを得ないという状況に追い込まれてしまったのである。ウィクリフが強調した実体変質説に対する忌避感覚をヤン・フスは共有していなかった。ゴンサレスはこう言う。

〈特にフスは、ウィクリフの著作を読んで議論するという学者としての権利は擁護しつつも、聖餐におけるキリストの現存についての教えには反対し、伝統的な実体変化説の立場をとっていた。この確執は、チェコ王の支援もあって、次第にチェコ人のほうが優勢になり、ドイツ人教員はライプツィヒに自分たちの大学を設立するためにプラハを去っていった。しかし、そこを去るにあたって彼らは、自分たちがそうするのは、プラハがウィクリフ主義をはじめとする異端の温床となったからだと公言してまわった。そのために、ウィクリフの著作をめぐる論争から始まった確執は、チェコ人が異端者であるかのような印象を世界中に与える結果となった。〉（前掲書同頁）

フスに対する弾劾は、風評に基づいてなされたのである。もっとも歴史において、事実に基づかない非難が一人歩きすることはそれほど珍しい現象ではない。フスは、自らが同意していないウィクリフの言説に対する責任を追及され、火刑に処せられることになる。

第Ⅲ部

宗教改革

第九話　大分裂

歴史には、その流れを大きく変化させる節目がある。一六世紀の宗教改革が世界史における大きな節目であったことについて異論を唱える人はいない。ただし、宗教改革のもつ意義が、非キリスト教文化圏で生活する日本人にはよくわからない。それをわかりやすい物語として描くことが筆者の目的だ。

中学校や高校の歴史教科書では、宗教改革は一五一七年にウィッテンベルク市でマルティン・ルターが贖宥状《しょくゆうじょう》（いわゆる免罪符）の販売に反対する「九五カ条の論題（テーゼ）」を発表したところから始まる。それでは、宗教改革の内在的論理はわからない。

宗教改革は、ルターがあらわれる約一〇〇年前に、チェコのヤン・フスたちによる改革運動で始まっている。このフスの宗教改革運動は、近代的な民族の起源でもあったし、キリスト教がカトリシズムの殻から蟬脱《せんだつ》する契機となった。フスによって始められた宗教改革運動は、中世の異端運動の枠組みを超える革命運動でもあった。このフス派の運動が、当初、ウィクリフテン（ウィクリフ派）と呼ばれていたことからも明らかなように、チェコ宗教改革運動に一四世紀のイギリス、オックスフォードで活躍したジョン・ウィクリフの神学思想の与えた影響がきわめて大きい。だからこの本では、フスがカレル（プラハ）大学神学部で学び始めたところで、一旦《いったん》、筆をとめて、ウィクリフの神学思想について詳しく説明した。フスがウィクリフの影響を強く受けたことは間違いない。しかし、フスはウィクリフの模倣者ではない。独自性をもった神学者だ。

さらにウィクリフとフスの社会に与えた影響は決定的に異なる。この点について、山中《やまなか》謙二《けんじ》がこう述べている。

〈ウィクリフの立場について考えるに、彼が個人として身を挺して教会に反抗し、しかもローマ教会の教義に反対したのは、宗教改革運動史上確かに特異なものであった。しかし、この運動には政治的活動が結びつかないでもないが、概して思想的意義が最も重きをなすもので、彼が学者としての立場からものした学究的著述が当時に非常な影響を及ぼしたものであり、彼の意見を奉じたロラードも要するに宗教上の新思想によろうとする一派の精神運動であって、ウィクリフが各地に派遣したプーア・プリーストPoor Priestsの活動も宗教的のもので、これと関係づけて考えられる一三八一年の農民の叛乱のごときは決してウィクリフの狙ったところではなかった。さればウィクリフの事業の意義は重要ではあるが、思想方面を除いては、社会に大きい影響を及ぼすところがなかった。しかるにこれについで起こるフス及びフシーテンの運動は思想的にはウィクリフの感化によるが、内容はすこぶる複雑で、その歴史的意義には、はるかに重要なものがあるのである。〉（山中謙二『フシーテン運動の研究―宗教改革前史の考察―』聖文舎、一九七四年、二〇頁）

ウィクリフ派が、精神運動にとどまったのに対し、フス派が政治革命をともなう宗教改革運動という大きなうねりを起こした差異がどこから生じたかについて、考察しておく必要がある。

そこで考えなくてはならないのは、ウィクリフが活躍した一四世紀とフスが活躍した一五世紀の間にある社会、政治情勢の変化だ。

＊

社会情勢については、一三四七年の疫病の大流行が重要だ。黒死病と呼ばれるこの疫病は一般にペストと考えられている。しかし、黒死病がペストであったかどうかについては、異論もあるので、確定的なことは言えないが、ここでは多数説に従ってペストと考えておく。ペストはもともと内陸アジアの風土病だった。貿易が盛んになるとともにこの風土病がイタリアを経由して、ヨーロッパ北部にも及んできた。そして一三四七年に爆発的流行をもたらす。

〈三年にもわたってペストは大陸全体で大流行し、人口を激減させた。ある統計によると、人口の三分の一が、ペストか、それに関連した原因で死んだという。三年後には疫病は一応沈静化したが、以後、十年から十二年の周期で疫病は繰り返し流行することとなった。〉（フスト・ゴンサレス［石田学訳］『キリスト教史　上巻　初代教会から宗教改革の夜明けまで』新教出版社、二〇〇二年、三五一頁）

疫病の流行は、人々の死生観に影響を与える。〈疫病によって死んだのは、おもに、まだ免疫力の発達していない若年層であったので、死の使いは若い犠牲者を好むようになったのだと思われた。しかも、この病気の特徴として、全く健康な人が突然病気に倒れたので、多くの人々にとって、宇宙は合理的に秩序だてられているという、かつて人々が抱いてきた考えを、もはや共有することができなくなった。〉（前掲書同頁）

死は、各家の戸口に立っている。人生は死の準備に過ぎないという思いが強くなった。死後の世界の安楽を祈願する巡礼が行われるようになった。人々が迷信にとらわれるようになった。恐怖と迷信にとらわれた人間は排外主義的になる。そして、反ユダヤ主義が台頭した。

〈多くのユダヤ人にとって、疫病は暴力的な死をもたらすこととなった。当時、同じ地域に住んでいるにもかかわらず、ユダヤ人のほうがキリスト教徒の住民よりも疫病にかかる率が低かった。キリスト教徒にとってこの事実は不可解なことであった。今日でこそ、ユダヤ人居住区では猫が多くいたおかげで、ねずみの数が少なかったのが原因であろうと推測することができる。当時は、キリスト教徒の間では、猫は魔術と関係があると見なされたので、好まれなかったのである。

いずれにしても、疫病が流行すると、ユダヤ人がキリスト教徒の井戸に毒を入れたのだという手っ取り早い説明をする者たちが現れ、その結果、ユダヤ人に対して暴力と殺戮が行われることとなった。当時は恐怖の時代であり、恐怖は何らかの犠牲者を要求したのである。〉（前掲書三五二頁）

黒死病による恐怖の時代を経験した上で、不安感をもった人々がフスの教えに惹《ひ》きつけられていくのだった。

＊

疫病による社会的混乱と並行して、カトリック教会の大分裂が起きた。この前提として、一三世紀末、一二九四年のボニファティウス八世の即位に遡《さかのぼ》る必要がある。この時代になって、ようやくカトリシズムは現在のエストニア、ラトビア、リトアニアにあたる沿バルト地域にまで浸透し、ヨーロッパ社会とカトリック教会が完全に一致するようになった。従って、教会から破門されることは、社会から追放されることを意味した。破門されても、処刑されるわけではない。破門された者とキリスト教徒は交流をもつことができなくなる。それだから破門された者は、森や山に逃げ、そこで静かに生活することになる。狼男伝説には、破門された者が人間から動物に変身するのではないかという恐れが反映されている。同時にこの時期にはイギリスとフランスの間で百年戦争（一三三七〜一四五三）が行われていた。百年戦争といっても、近現代の戦争のように日常的に戦闘が行われていたわけではない。傭兵《ようへい》集団は、陣形を見て、敗北が必至であると認識すると、逃亡してしまう。国家間は交戦状態にあるが、ときどき戦闘が行われ、それ以外の時期は冷たい平和が続いていた。

教会は、国家と別の支配体制を敷いていた。近代的国家主権概念が成立する前は、同じ領域に国家と教会の双方が支配を及ぼしていることがむしろ普通の状態だったのである。ボニファティウス八世は、政治的能力に秀でた教皇だった。それ故に敵も多かった。ボニファティウス八世は、十字軍を組織して、イタリアの反対派を鎮圧した。それ故に敵も多かった。一三〇〇年になると教皇はこの年を「大ヨベルの年」であると宣言した。そして、〈聖ペトロの墓所を訪れるすべての人々に対する罪の赦免を約束した。〉（前掲書三五五頁）。カトリック教会の理解では、ローマ教皇はペトロの後継者である。従って、ペトロの権威を向上させることは、ボニファティウス八世の個人的権威を強化することにつながった。

この過程で、教皇とフランス国王の関係が悪化した。フランス国王フィリップ四世が、ボニファティウス八世がイタリアから追放したスキアラ・コロンナの亡命を認め、支援したからである。ボニファティウス八世は、フィリップを破門しようとした。一三〇三年九月八日付で、ボニファティウス八世は、イタリアのアナーニで破門の勅書を公布することにした。

〈しかしフランス側は、対決がクライマックスに達しつつあることを悟っていた。すでにスキアラ・コロンナとギヨーム・ノガレはイタリアにいて、このような事態に対処する体制を整えていた。彼らは、イタリアの銀行にあるフィリップの預金から資金を引き出して、小規模の軍隊を組織した。破門状が布告される予定になっていた日の前日である九月七日、教皇は彼らによってアナーニで捕らえられ、その生家と親族は暴徒に襲撃された。

ノガレの目的は、ボニファティウスを強制的に退位させることにあった。しかし、この年老いた教皇は断固として拒み、もし自分を殺すつもりなら「ここにわたしの首と頭がある」とさえ言いきった。ノガレは彼を打ち叩いた上、後ろ向きに馬に乗せて町中を引き回して侮辱した。

スペインのペトルスとニッコロ・ボッカシーニの二人の枢機卿だけがアナーニに来ていて、侮辱された教皇の側に最後まで立ち続けた。ようやく味方となる人々を動員することに成功したボッカシーニは教皇を解放して、フランス人とその手先を市内から追い払った。

しかし、受けた被害は甚大であった。ボニファティウスはローマに戻ったものの、もはや以前のような威信を発揮することはできずに、アナーニ事件からほどなくして死んだ。ボニファティウスの敵対者たちは彼が自殺したという噂を流したが、実際には、最も親しい側近たちに囲まれて静かに死んだようである。〉（前掲書三五六頁）

一三〇三年にボニファティウス八世が死去した後、ベネディクトゥス一一世が教皇になった。ベネディクトゥス一一世は、ボニファティウス八世と敵対した人々との和解を追求した。しかし、フランス国王フィリップ四世は、ボニファティウス八世を断罪するための教会会議の開催を要求したために、和解は実現せず、翌一三〇四年にベネディクトゥス一一世は死去した。一三〇五年に後継の教皇に就任したクレメンス五世は、極端な親フランス政策をとった。

〈クレメンス五世は一三一四年に死んだ。彼の教皇としての働きは以後の時代を象徴している。彼は一三〇九年から、フランスとの国境に位置する教皇の所有地アヴィニヨンに移り住んだ。以後およそ七十年あまりの間、教皇はローマ司教としての名称を保持したままで、そこに留まり続けた。この時期のことを、一般に「アヴィニョン教皇庁時代」、あるいは「教会のバビロン捕囚」と呼ぶ。この時代の特徴は、ただ単にローマから教皇がいなくなっただけではなく、教皇たちがフランス政治の道具として奉仕したということにある。〉（前掲書三五八〜三五九頁）

ゴンサレスは、プロテスタントの立場から、アビニョン教皇庁時代を見ている。政治権力である教皇庁が、フランスとの提携を深めたという認識に基づいてこの時代を考察している。筆者も基本的にそれと同じ見解だ。ただし、カトリックの教会史家は、この時代を別の切り口から見ているので、紹介したい。ベネディクト会に属する教会史家ディヴィッド・ノウルズはこう記す。

〈アヴィニョンの教皇たちは、その多くが――というより、むしろそのほとんどが、個人的には敬虔な生活を送った人びとであり、そのなかには、教皇庁そのものについても、教会全体に関しても、真剣に改革を試みた人びとのあったことが、疑問の余地なく立証されたのである。同時に明らかになったのは、アヴィニョン時代の歴史の教皇がつくりあげた行政・財政機構は、その効率のよさにおいて、当時のヨーロッパのあらゆる王国の機構をしのぐものであったことである。最も激しい批判の的となった教皇税や聖職叙任でさえ、その理由を説明する学者や、さらには、このような措置を弁護する学者まで現れている。フランスへの依存に関しては、独立に向けた行動や方針の例が数多く発見されている。教皇庁自体にも、つねにフランス以外の出身者がいたし、フランスの政治情勢のなかでアヴィニョンに教皇庁があったということは、現代において教皇庁がイタリア内にあることがそうであるように、かえって独立の精神を培う役に立つことがあったに違いない。しかしやはり、豊かな財力に恵まれた強力な教皇とその官僚機構が、いままでたえず信仰の中心であったローマ、使徒伝承の帝国の都からまったく離れて、防備を固めた宮殿に住んでいるという光景は、それ自体が絶えざる醜聞の種であったし、また、アヴィニョンにとどまった長い期間のあいだに、教皇も教皇庁も世俗的な規準や目的と妥協し、その結果は組織の性質にまで影響して、それまでに見られた個人的な行き過ぎよりも、いっそう教会にとって不利益をもたらしたことは否定できないであろう。

しかし、贅沢ではあったにしても、アヴィニョンで行われた機構上の改革は本物の改革であり、永続的なものでもあった。会計院（カメラ Camera）では、財務はもとより外交上の事務も行われた。この形式を完成させたのは、ヨハネス二十二世の業績である。尚書院（カンケラリア Cancellaria）は、多くの部局を通じて、教皇庁と世界各地の教会との通信に当たった。司法制度を確立したのは、なかんずくクレメンス五世、ヨハネス二十二世、ベネディクトゥス十三世（Benedictus XIII 在位一三九四―一四〇九年）の業績である。〉（上智大学中世思想研究所編訳／監修『キリスト教史4　中世キリスト教の発展』平凡社ライブラリー、一九九六年、四三六・四三八頁）

カトリック教会において、ローマという場は特別の意味をもつ。ローマという場を離れて、教皇の権威を維持することはできない。アビニョンの教皇が、人間として敬虔《けいけん》であり、アビニョン教皇庁の行政システムがいかに効率的にできていようとも、ローマという場を離れたこと自体が、カトリック教会の伝統からの逸脱である。当時の教皇庁が伝統よりも政治的な権力バランスを重視していたことの証左だ。その意味で、ゴンサレスの見方が正しいのである。

＊

クレメンス五世が一三一四年に死去すると、後任人事を巡って意見が収斂《しゅうれん》せずに、結局、一三一六年に当時七二歳のヨハネス二二世が教皇に就任した。教皇を選んだ枢機卿《すうきけい》たちはヨハネス二二世の任期が短いであろうと想定し、時間稼ぎをして、親フランス派と親ローマ派の統一を可能にする人物を次の教皇に選出しようと考えていたようである。〈しかし、ヨハネス二十二世として即位した教皇は、予想に反して活力に満ち、長い在位期間（一三一六―三四年）を過ごすこととなった。彼はフランスの助力を得て、イタリアに対する教皇の権限を主張した。おかげで教皇は、絶え間なくイタリアでの戦争に関わることとなった。これらの戦争の財源と、アヴィニョンの宮殿の維持費をまかなうために、ヨハネスは教会税を徴収するための制度を発展させた。こうしたやり方は多くの人々を憤慨させ、中でも教皇が親フランス政策をとることに反対している人々の間で著しかった。〉（前掲、ゴンサレス『キリスト教史　上巻』三五九頁）

一三三四年にヨハネス二二世が死去すると、ベネディクトゥス一二世が教皇に就任した。ベネディクトゥス一二世は、ローマに戻ることを約束していながら、アビニョンに宮殿を増築し、ローマの教皇庁文書庫をそこに移した。一三四二年にベネディクトゥス一二世が死去すると、クレメンス六世が教皇に就任した。この教皇は、当時、百年戦争の最中であったイギリスとフランスを仲裁しようとした。しかし、イギリスがクレメンス六世をフランスの手先であると考えたために、仲裁は成功しなかった。〈彼（引用者註＊クレメンス六世）が教皇であった間、縁故主義がはびこり、アヴィニョンの宮廷は、世俗の大領主たちに匹敵する豪華さと贅沢《ぜいたく》をむさぼっていた。多くの人々は、当時の疫病の流行を、教皇がローマに不在であることに対する神の罰だと信じた。〉（前掲書三五九～三六〇頁）

一三五二年にクレメンス六世が死去するとインノケンティウス六世が教皇に就任した。この時代に教皇のローマ帰還が計画されたが、一三六二年にインノケンティウス六世が死去したために実現しなかった。後任のウルバヌス五世は、一三六七年にローマに帰還したが、三年後に再びアビニョンに戻り、一三七〇年に死去した。そして、その後任の教皇に選出されたグレゴリウス一一世がローマに帰還する。

この帰還にあたっては、シエナの聖カタリナが大きな役割を果たした。〈カタリナは少女時代に「聖ドミニコの懺悔《ざんげ》姉妹会」に入会した。この会は厳格な修道会とは異なり、会員はそれぞれ自分たちの家で暮らしながら懺悔と瞑想の生涯を過ごす制度であった。入会してから二年後、彼女は、イエスとの神秘的結婚と、イエスから人々に仕えるようにとの命令を受ける幻を体験した。この時から新しい生涯が始まり、彼女は困窮者や病人の世話に専念するようになった。〉（前掲書三六〇頁）

中世では、教会指導者や神学者とは別にカタリナのような女性の神秘家が、社会に対して大きな影響を与えた。当時の人々の存在論に基づけば、目の前に存在する人や物も夢や幻にでてくる人や物も、同じ現実として受けとめられた。目に見えない現実（リアルなもの）が夢や幻になって現れると当時の人々は考えたのである。

グレゴリウス一一世が教皇に就任した一三七〇年にカタリナは不思議な体験をした。〈四時間もひっそりと横たわっていたので、友人たちは彼女が死んだに違いないと考えたほどであった。ところが、目が覚めるやいなや、新たな幻を見たと主張し、教皇庁をローマに帰還させるための運動を展開し始めた。〉（前掲書三六〇頁）

カタリナは、イタリアに蔓延《まんえん》していた反教皇感情を沈静化させなくてはならないと考えた。カタリナがイタリア各地を訪れると、彼女が奇跡を起こすという噂が広がり、イタリアの民衆感情も好転した。カタリナは、グレゴリウス一一世に手紙を書いて、送り続けた。

〈これらの手紙の中で彼女は、教皇に対して常に「わたしたちの甘美な尊父様」と呼びかけながら、同時に、教皇がアヴィニョンにこんなに長く留まっていることで「神がないがしろにされている」と指摘している。聖カタリナがグレゴリウスの決断に対してどの程度の影響を与えたかを正確に知ることはできない。しかし、一三七七年の一月十七日に群衆の歓呼の声に迎えられた教皇グレゴリウスがローマに帰還したことは事実である。〉（前掲書三六〇〜三六一頁）

このときグレゴリウス一一世は四七歳の働き盛りだった。しかし、翌一三七八年に死去してしまう。もっとも、ローマにおける諸政治勢力の抗争があまりに激しいので、死去する直前にグレゴリウス一一世は、アビニョンに再度移動することを考えていたようである。このような状況で、次期教皇の選出が行われた。

〈教皇の座が空白になった時、ローマの人々は、次の教皇も、アヴィニョンに戻ることを願ったり、フランスの利益を優先したりするような人物が選出されることを恐れた。そして、このような恐れには根拠がないわけではなかった。というのは、枢機卿団はイタリア人よりもフランス人のほうが人数が多く、フランス人枢機卿の中には、ローマよりもアヴィニョンのほうがいいと言う者たちがいたからである。枢機卿たちがローマを離れ、どこか別の場所に、おそらくフランス王の保護の下に集まり、アヴィニョンに住むことに賛成するフランス人教皇を選出する可能性も考えられた。枢機卿の間で争いがあるらしいという噂は、人々の間に暴動を引き起こした。教皇選挙会議（コンクラーベ）の場所を占拠した暴徒は建物全体をくまなく調べて、枢機卿たちが逃げ出すことができないことを確認して回り、その間中、暴徒は建物の内外で、ローマ人か、せめてイタリア人を教皇に選出するようにと叫び続けたのであった。

こうした状況の中では、教皇選挙会議（コンクラーベ）もあえてフランス人を教皇に選出するようなことを避けた。長い討議の末に、枢機卿たちはイタリア人であるバーリの大司教を選出し、新教皇はウルバヌス六世と名乗った。フランス人、イタリア人の両方を含むすべての枢機卿が列席する中で選出されたウルバヌスは、一三七八年の復活祭に壮麗な就任式を挙行した。〉（前掲書三六二〜三六三頁）

中世におけるキリスト教共同体意識が壊れ始めていた。そのかわりに、フランス人、イタリア人という帰属意識が、政治的意味合いを帯びるようになってきたのである。ウルバヌス六世が教皇に就任したのは、ある種の妥協人事である。この教皇は、バルトロメオ・プリニャーノという名のイタリア人であるが、アビニョン教皇庁に長く住んでいた能吏である。温厚な性格と思われていたこの人物は、教皇になると豹変《ひょうへん》した。

ヘウルバヌス六世が教皇に就任したことは、新しい時代の幕開けかと思われた。彼は低い身分の出身で、厳格な生活を守ってきた人物であり、多くの人々が望んできた教会改革を遂行するであろうことは明らかであった。しかし、その地位を、豊かさと一族の権力強化のための道具だと見なしている、贅沢に慣れきった多くの枢機卿たちと、彼が衝突せざるをえないであろうということもまた明白であった。このような状況の中では、たとえ、最も用心深く思慮に富んだ教皇であったとしても、必要な改革を実行することはきわめて難しかったことであろう。

しかしウルバヌスは、用心深さも思慮深さも持ち合わせていなかった。彼は不在司教制度を廃止しようとする熱意に燃え、「教皇庁にいてウルバヌスに仕えている司教たちは、自分たちの教区にいないので、キリストを裏切る者であり、誓約違反を犯している」と非難し始めた。また説教壇からは、枢機卿たちの派手な生活を攻撃し、何であれ贈り物を受け取った高位聖職者は、聖職売買を行う者として破門されると宣言した。さらに、フランス人の手から権力を取り戻すため、おおぜいのイタリア人を枢機卿に任命して多数派を確保しようとした。おまけに、彼は無分別にも、これらの計画を実行に移す前に、フランス人枢機卿たちに通告したのであった。

これらすべては、多くの人々が待望していた改革にほかならなかった。しかし、ウルバヌスが枢機卿たちに対してあまりに敵対的な行動をとったため、彼は正気を失ったという話がまことしやかに広まり、それに対する彼の反応が、いっそうこの話に信

　憑性を増し加えることになった。しかも彼は、一方では教会の改革を主張しながら、身内を要職に任命し続けたため、彼自身が縁故主義の批判にさらされることとなった。〉（前掲書三六三頁）

カトリックのキリスト教史も、ウルバヌス六世の人格的欠陥を厳しく批判する。〈就任後ほとんどすぐに、地味な官僚と思われていたこの人物は、粗野で尊大で、横暴な独裁者の性格をあらわにし、枢機卿たちを叱りつけ、態度を改めよと要求し、頭ごなしにどなりつけ、反抗する者を拷問にかけた。〉（前掲、上智大学中世思想研究所編訳／監修『キリスト教史4』四五五頁）

よい意味でも、悪い意味でもポストが人間の性格を変えることがある。霞《かすみ》が関《せき》（中央官庁）でも、若い事務官や課長補佐の頃までは、温厚で他人を思いやる気持ちがある官僚が、課長や局長のポストに就くと横暴な性格を剝《む》き出しにする例はよくある。注意深く観察すれば、そのような性格を事前に見抜くことは可能だ。政治的観点の妥協ばかりをイタリア系枢機卿、フランス系枢機卿が考えていたため、ウルバヌス六世の人間的資質に関する考察が不足していたのだと思う。

イタリア系、フランス系双方の枢機卿がウルバヌス六世に対して忌避反応を示した。そして、ウルバヌス六世が就任した一三七八年のうちに別の教皇を選出した。

＊

〈かくして圧倒的多数の枢機卿が反ウルバヌスの立場をとるようになった。初めはフランス人枢機卿、次いで多くのイタリア人枢機卿がローマを脱出してアナーニに集合し、自分たちは強制されてウルバヌスを教皇に選出したのであり、したがって先の教皇選挙は無効であると宣言した。彼ら全員が教皇選挙後に行われた彼の就任式に参列し、その時にだれ一人として反対の声をあげなかったという事実は都合よく無視された。また、彼ら全員がウルバヌス選出の有効性を疑うこともなしに、数ヵ月間にわたって教皇に仕えていた事実も黙殺された。

これらの反対行動に対抗するためにウルバヌスは、熱心な支持者の中から、新たに二十六人を枢機卿として任命した。こうして枢機卿団の中で彼の支持者が多数派を構成することとなった。それに対して離脱した枢機卿たちは、偽りの教皇によって任命された枢機卿は真の枢機卿ではないと宣言し、改めて正当な教皇選挙を行うことを明らかにした。〉（前掲、ゴンサレス『キリスト教史　上巻』三六三〜三六四頁）

ウルバヌス六世は、自らを選んだ枢機卿たちと徹底的に戦うことにした。教会法ではこのような事態が発生することを想定していなかった。これが大分裂につながっていくのである。

〈かつてウルバヌスを選出し、しばらくの間彼に仕えていた同じ枢機卿たちが、再び教皇選出会議を開いて新しい教皇を選出し、この教皇こそ聖ペトロの正統な後継者であると宣言したのである。その場に列席していたイタリア人枢機卿たちは、選挙こそ棄権したものの、だれも抗議の声をあげることはしなかった。

状況は全く初めての事態へと進展していった。過去にも複数の者が教皇であると主張して争った出来事はあったが、同じ枢機卿団によって二人の教皇が選出されたというのは史上初めてのことであった。二人の教皇の内、ウルバヌス六世は、かつて彼を教皇に選んだ枢機卿たちによって拒絶され、今では自分自身の枢機卿団を新たに任命していた。もう一人はクレメンス七世と称して、過去からの継続性を持っている枢機卿団によって支持されていた。いまや西方キリスト教世界は、どちらの側に立つかの選択を迫られることとなった。〉（前掲書三六四頁）
結果として、同じ枢機卿団が二人の教皇を選んだのである。二人とも教会法的には、使徒ペトロの後継者であり、天国の鍵《かぎ》を預かっていることになる。ウルバヌス六世は新しい枢機卿団を任命した。カトリック教会に二つの完全な司令塔ができてしまった。ウルバヌス六世に対抗する教皇は、クレメンス七世と名乗り、アビニヨン教皇庁に本拠を据えた。対立する教皇の二人とも人格的に欠陥があった。

〈ウルバヌスは、このような困難な時代に教会を指導するのに必要な賢さを持ち合わせているとは思われなかったのに対して、クレメンスは有能な外交官としての手腕を発揮していた。もっとも、彼が敬虔さを欠いていることは、その支持者たちでさえ認めるほどであった。

クレメンスは教皇に選出されると、ただちにウルバヌスに対する軍事行動を起こしてローマを攻略したが、撃退され、アヴィニヨンに居住した。こうしてローマとアヴィニヨンに別々に二人の教皇が存在することとなった。それぞれの教皇は自分たちの教皇庁と枢機卿団を持ち、互いにヨーロッパの権力者たちによる認知を求めて争った。〉（前掲書同頁）

双方の教皇庁はともに軍隊をもっている。当時の教皇は、ペトロの後継者としての宗教的役割のみならず、国家元首としての政治的、軍事的機能も果たしていた。この内紛に百年戦争で対立しているイギリスとフランスとの関係とが絡まっていく。

〈当然のことながらフランスはアヴィニヨンの教皇を承認し、対イングランド戦争でフランスと手を組んでいたスコットランドがそれに続いた。このことは、アヴィニヨンの教皇庁がイングランドの利益と対立することを意味したので、イングランドは必然的にローマの教皇を支持するようになった。スカンディナヴィア、フランドル、ハンガリー、ポーランドなどもウルバヌスの側についた。ドイツでは、皇帝は対フランス政策のためにイングランドと同盟関係にあったのでウルバヌスを支持したが、皇帝と対立関係にあった多くの貴族や司教たちは、クレメンスを支持した。ポルトガルは何度も立場を変え、カスティーリャとアラゴンは初めウルバヌスを支持していたが、やがてクレメンス支持に変わった。イタリアでは、各地の都市や支配者ごとに支持が異なり、主要な王国の一つであるナポリ王国はしばしば同盟の相手を変えた。〉（前掲書三六四〜三六五頁）

教皇庁のローマ帰還で重要な役割を果たしたカタリナは、一三八〇年に死去したが、最後までローマのウルバヌス六世を支持した。しかし、それは無条件の支持ではなかった。ウルバヌス六世が、自らの甥《おい》に統治させる公国を建設するために戦争を次々と引き起こしたからである。

ローマとアビニョンの対立は、構造的性格を帯びていった。事態は、ウルバヌス六世、クレメンス七世の死去によっても収拾できなくなってしまった。

〈この教会分裂は、単に二人の教皇の争いというだけではなかったので、両者が死んだ後も、それぞれに後継教皇が選ばれることとなった。一三八九年にウルバヌスが死ぬと、彼の枢機卿の一人が、ボニファティウス九世として教皇に選ばれた。ボニファティウスという名称を使うことによって新教皇は、フランス王室の敵対者であったボニファティウス八世の政策を受け継ぐことを表明したのである。彼はウルバヌスの改革政策を放棄して、聖職売買をいっそう進めた。実際、教会分裂はそれ自体が聖職売買の温床となった。というのは、対立教皇が互いに競い合うためには多額の資金が必要であり、聖職者の地位を売ることは、必要な資金を調達する最も手軽な方法の一つだったからである。〉（前掲書三六五頁）

教皇が世俗権力の論理で動くようになり、その資金として聖職売買が行われるようになった。双方の教皇庁が、イエス・キリストの名によって相手を殺すことを命じるようになったのである。民衆からすれば、教皇庁が人間の救済に従事しているとは思えないようになってきた。もちろん、この大分裂を修復しなくてはならないと考えた人々も少なからずいた。例えば、パリ大学の神学者たちは、フランス国王の仲裁によって、大分裂の解決を考えた。

〈一三九四年には、パリ大学の神学者たちがフランス王に対して、教会分裂を修復するための三つの方法を提案した。第一の方法は、両方の教皇が辞任して、新たに一人を選出すること。第二の方法は、交渉と調停によって問題の解決をはかること。第三の方法は、この問題に決着をつけるために公会議を召集するというものである。これら三つの可能性のうち、神学者たちは第一の方法が望ましいと考えていた。というのは、第二、第三の方法では、だれが調停役になるか、あるいは、だれが公会議を召集するかという点が問題として残されていたからである。フランス王シャルル六世は彼らの意見を受け入れて、クレメンス七世が死んだ時、アヴィニヨンの枢機卿たちに新しい教皇を選ばないようにと求めた。この時シャルルは、ローマの教皇が引退の説得に応じるであろうと期待していた。〉（前掲書三六五頁）

しかし、枢機卿たちは、フランス国王とは異なる論理をもっていた。その結果、事態はより悪化する。

第一〇話　公会議運動

歴史において、特定の人物の個性が、決定的に重要な役割を果たすことがある。低い身分の出身で、それまで温厚な性格で、敬虔な生活をしていた人物が、教皇に選出されウルバヌス六世となると、暴君のような性格に豹変するとは、誰も思わなかった。また、ウルバヌス六世が、極度にイタリア寄りの立場を取ったことも想定外だった。フランスに隣接するアビニョンの教皇庁は、フランスの利益を反映するようになる。そして、クレメンス七世を教皇に選出した。二人の教皇は、正統性をめぐって武力に訴えた。教会内に敵と味方の線が引かれるようになった。

当時、近代的な民族という意識はなかった。土地に結びついた同郷の意識と、世俗言語の共通性に基づく同胞意識はあった。ただ、聖職者たちの公用語はラテン語であり、単一の普遍的なキリスト教会に所属するという意識の方が圧倒的に強かった。しかし、大分裂により、二人の教皇が出現することによって、近代的な民族の萌芽《ほうが》が生まれた。戦争は民族の母なのである。

ゴンサレスは、クレメンス七世が死去した後の過程について次のように述べている。

〈しかし、初めはフランスの利益のために作り出された分裂は、いまや独自の歩みを始めていた。アヴィニヨンの枢機卿たちは、もし新教皇を選出しなければ自分たちの立場が弱くなるであろうことを恐れて、大急ぎでスペイン人枢機卿ペトルス・デ・ルナを教皇に選び、ベネディクトゥス十三世と名乗った。そのために、もしフランス王が先の解決方法にこだわるなら（引用者註＊対立するローマ、アビニヨンの二人の教皇が辞任し、新たな教皇を選出すること）、いまやローマの教皇と、教皇のいないアヴィニヨンの枢機卿団とを相手にするのではなく、それぞれに教皇を擁する二つの勢力に立ち向かい、二人の教皇を辞任させなければならなくなった。シャルル六世は手法を変え、ヨーロッパ中の宮廷に特使を派遣して、教皇の辞任を求めるようにと呼びかけた。フランスはさっそくベネディクトゥスを支持することを取りやめ、フランス軍がアヴィニヨンを攻略した。しかしベネディクトゥスは、政治情勢が変化して、シャルルが計画を放棄し、アヴィニヨンの教皇庁を支持すると宣言せざるをえなくなるまで持ちこたえることができたのである。〉（フスト・ゴンサレス［石田学訳］『キリスト教史　上巻　初代教会から宗教改革の夜明けまで』新教出版社、二〇〇二年、三六五～三六

六頁)

　とりあえずアビニョンの教皇庁は持ちこたえたが、フランスによる攻撃は、国家と教会の間に存在した従来のゲームのルールを変更した。国家の武力によって、大分裂を解決することが可能になったのである。仮に特定の国家の力によって、大分裂が解決するならば、教会は国家に従属してしまう。現実的に考えた場合、その能力をもつのはフランス国家しかない。アビニョン教皇庁、ローマ教皇庁の双方が、フランスの軍門に降ることを恐れ、独自の外交活動を精力的に行うようになった。ゴンサレスはこう記す。

〈これらの出来事は、キリスト教世界が分裂に倦《う》み疲れて、もし対立教皇が自ら大分裂を終わらせることができないなら、ほかの人々が決着をつけるであろうことを明らかにした。そこで、ベネディクトゥス十三世とローマの教皇(初めはボニファティウス九世、次いでインノケンティウス七世、そして最後にグレゴリウス十二世)は互いに、自分たちの側は分裂を終結させようとしているのに、相手陣営のほうが交渉に反対しているかのような印象を与えようとする企てを試みた。その結果、ベネディクトゥス十三世とグレゴリウス十二世は、一四〇七年の九月に会談を持つことで合意したが、この会談は翌年の五月になっても開催されなかった。この時、両者はわずか数キロメートルしか離れていない所まで来ていた。最終的にベネディクトゥスは約束の会談場所に行ったが、グレゴリウスはその場を動くことを拒否して終わった。この決裂に先だって、ヨーロッパが教会分裂に辟易《へきえき》していることに気づいたローマの枢機卿たちは、教皇と断絶して、独自にアヴィニョン派との交渉を開始していた。フランスもベネディクトゥス陣営を支持することをやめて、再度、分裂を終わらせる努力を始めた。こうして、何年にもわたって続けられてきた和解の動きは、ようやく日の目をみる時が近づいてきたのであった。〉（前掲書三六六頁）

この和解の動きが、公会議主義という流れを生みだす。この公会議主義に対する評価は、カトリック神学者とプロテスタント神学者で著しく異なる。プロテスタント神学者は、公会議主義に好意的である。これに対して、カトリック神学者は、ローマ教皇の首位権を脅かす危険性がある公会議主義に関しては慎重だ。フスの物語においては、公会議主義をどう評価するかによって見方がまったく異なってくる。筆者としては、この過程をできるだけ、立体的に描きたい。そこで、大分裂について、カトリックの立場からの評価について紹介することで、公会議主義に関する評価の差異が奈辺《なへん》にあるかを明らかにしたい。

＊

カトリック教会は、ローマのウルバヌス六世の系統のみを正統な教皇と見なす。そこで、ウルバヌス六世が死去した後の状況を、ベネディクト会に属する教会史家デイヴィッド・ノウルズはこう記す。

〈一三八九年、ローマ側の教皇ウルバヌス六世が世を去ると、ただちにボニファティウス九世（Bonifatius IX　在位一三八九―一四〇四年）が無事にそのあとを継いだ。しかしアヴィニョンでは、一三九四年、クレメンス七世が没すると、フランス王は、教皇選出を阻止しようと決意して執拗に努力したが、その努力は失敗に帰した。枢機卿たちは皆、もし選ばれてもかならず辞退すると誓っていたにもかかわらず、スペイン人のペドロ・デ・ルーナ（Pedro de Luna）は、教皇に選挙されてベネディクトゥス十三世となると辞任の気配はまったくみせず、フランス王がさらに彼の罷免を画策し、またローマ側の教皇が彼の辞任をはかろうと努力したが、彼はこれらの試みに抵抗し続けた。こうした状況のもとで、スペイン人の教皇が、あらゆる手段を動員してフランスからの歳入の増加をはかっていたとき、フランスの聖職者たちは、パリ大学と共謀して、新しい運動を組織した。一三九六年の会議で、ベネディクトゥス十三世の退位を強制するために、教皇に対する服従を拒否するという提議を行ったのである。このときには、この動議は可決されるに至らなかったが、一三九八年に再び開かれた会議では、大学は、政府の支持を得て、その意志を貫くことができた。会議は、きわめて長い伝統をもつ自由が教皇によって侵害されたと主張し、聖職者に課税する権利、空席の聖職禄の歳入を得る権利、フランス教会内のあらゆる聖職への叙任の権利は、すべて国王のみに属するものであると主張して、教皇には、ただ純粋に信仰上の至上権だけを認めたのである。この動きは、後にガリカニズム（Gallicanism）と呼ばれることになる運動の最初の現れであったが、これは元来、二つの考え方の動向が一つに結びついたものであった。すなわち、まず第一には、フィリップ・ル・ベルの時代以来、フランスの王家内に増大していた世俗主義的・民族主義的精神であり、第二に、托鉢修道会が大学や司教たちと対立したとき、教皇が修道会を支持して以来、大学が次第に強く教皇に対して抱いてきた敵意である。両者ともに、経済的動機が計算に入っていた。国王は、教皇税や徴収金を国王自身の利益のために振り替えたいと望んでいたし、大学はまた、教皇が握っている管理権をわがものにしたいと望んでいたからである。しばらくはこの運動は成功を収めるかにみえた。枢機卿たちはベネディクトゥス十三世のもとを離れ、自ら教会を統治すると主張したし、教皇は逃亡を余儀なくされたからである。しかし、それにもかかわらず教皇はもちこたえた。フランスのあらゆる人びとは、政府に対しても、また教皇代理人に新しくとって代わった人びとの行動と強欲に対しても、たちまち不満を抱くに至ったし、また何人かの忠実な司教たちは、最初から教皇への不服従に抗議し続けていたからである。こうしてフランスは、一四〇三年、再び教皇への服従に戻った。〉（上智大学中世思想研究所編訳／監修『キリスト教史4　中世キリスト教の発展』平凡社ライブラリー、一九九六年、四六二〜四六四

頁）

ノウルズは、アビニョンの教皇庁とフランス王国の利害関係は、一致していなかったという認識にたつ。その理由は、後にフランス・ナショナリズムに発展するガリカニズムの台頭だ。ガリアとは、フランスの古名を指す。この地域の教会の人事も、フランス国王に属すべきであるという考え方をガリカニズムという。アビニョンの教皇がスペイン人のベネディクトゥス一三世になったことに対するフランスの民族的反発が、フランス国王がアビニョンの教皇庁を攻撃した理由であるとノウルズは見ている。

しかし、この見方は間違えている。一四世紀末から一五世紀初頭の時点で、民族的感情は成立していなかった。民族とは、一八世紀後半から西ヨーロッパで流行になった近代的な現象である。学術的に見るならば、民族が近代的現象であるのは明白であるが、常識的には民族は一〇〇〇年以上にわたって存続していたように観念される。ノウルズは、近代人の視座から、中世史を整理している。これは、方法論的に間違っている。

むしろ、フランス国王シャルル六世は、民族という観点ではなく、王家の財産を殖やすという視点からアビニョンの教皇庁を見ていたのである。ベネディクトゥス一三世が教皇に就いている限り、シャルル王の目的は達成されない。そこで、フランスはアビニョンの教皇庁に対して武力攻撃を行ったのである。しかし、ベネディクトゥス一三世は、フランス軍の攻撃に屈しなかった。

フランス国王は、自国に有利な形で、アビニョンとローマの教皇庁の合同を真剣に考えていた。そのために、対立する二人の教皇を廃位し、新たな教皇を選出することを主張した。

このフランス国王の考え方は、パリ大学の神学者たちによって支持されていた。正統性を主張する二人の教皇が対立するという変則自体を解決するためには、二人のうちの一方を退位させるか、両方を退位させるしかない。

〈二人の教皇の支持者が、それぞれ、伝統的な方式に従って効果的にその職務を果たしている教皇庁をもち、それぞれ普遍的な司法権をもつと主張して、ヨーロッパの上に釘づけになってしまったことが明瞭になると、この行き詰まりを打開しようとする試みは二つの形をとった。一つは「譲位による方法」(via cessionis)、つまり、一方または両方の教皇を退位させる方法であり、第二は「会議による方法」(via concilii)、つまり、公会議を開いて両者を退位させる方法である。しかし、第一の方法は見込みがないことが明らかとなった。最初の二人はどちらも動こうとはしなかったし、しかもその方針は、死が訪れても変わる気配はなかったからである。退位の約束や申し出はあったがすぐ破られ、結局のところ三〇年たった後でも、あいかわらず二人の教皇が在位し続けていたのであった。〉(前掲書四五九〜四六〇頁)

この「会議による方法」が、公会議主義につながっていくのである。そして、教会の統一を目指して行われたコンスタンツの公会議で、フスは火刑に処せられることになる。

＊

ところで、現在のカトリック神学の立場からするならば、公会議主義は是認されない。歴史的には、宗教改革（カトリックの立場からは、信仰分裂）を経て、カトリック教会はトリエントの公会議によって、本格的な改革を行う。その結果、カトリック教会は、教皇の至上権を強化する方向に向かっていく。しかし、ノウルズは、そのような後知恵によって大分裂の時代を評価することは、適切ではないと戒《いまし》める。

〈現代の歴史家は、トリエント公会議後の状況、あるいは一八七〇年、教皇領を併合してイタリアが統一された後の教会の状況に長く親しんでいるし、また、教会分裂時代よりは、中世盛期のグレゴリウス七世やインノケンティウス三世の時代のほうをよく知っていることが多いので、もし、一〇七六年から一三七八年のあいだに、輝かしい教皇支配の正統に代わるものがあったとすれば、衰微し、最後には敗北する皇帝権至上主義的な立場以外にはなかったと決めてかかっているのが普通である。しかしながら実際には、この時期の社会的背景や教会の事情、それに教会法学者の反省から、

君主制的な理論と並行して、一種の共同体としての教会という理論が生まれていたのである。〉(前掲書四六〇頁)

教会から世俗権力へと、力の移動があったことは間違いない。それと同時に、「共同体としての教会」という神学が発展していたのである。これは、後のプロテスタント運動をつくりだす土壌となっている。もっともノウルズは、「共同体としての教会」という概念は、カトリック教会のヒエラルキー(階層制)と矛盾せず、「階層制をとった共同体」と言い換えることができると考える。

〈あるいはむしろ、階層制をとった共同体というべきかもしれない。その最下層は一般信徒の集団であり、枢機卿会議がその最高層を構成するのである。この見方に従えば、教皇は神によって定められる教会全体の頭《かしら》であるが、しかしその他のさまざまな集団はそれぞれ、抹殺されることのない権利をもっている。それがどのような権利であるかは、教会法学者によって表現が異なるが、しばしば教皇制擁護論者と呼ばれてきたあの偉大なホスティエンシスは、実は枢機卿会議を、教皇も加わった一つの共同体的組織をなすものとみなしていた。さらに、教皇の空位のときは枢機卿が一切の権威をもち、また万一、もし枢機卿がすべて死亡した場合には、その権威は、公会議によって代表される教会全体に帰するというのである。この立場からすれば、パリのヨハネス（Johannes de Paris〔Jean Quidort〕一三〇六年没）も主張したように、教皇の権力は教会の必要に応じて制限されると考えることは容易である。つまり、無能な教皇も、異端的な教皇や罪を犯した教皇同様、廃位することができると考えるのである。この考え方は、クレメンス七世を選挙した枢機卿や、キリスト教世界の分裂という難問に直面した思想家たちが、さまざまな形で展開することのできる考え方であった。しかし、これは、当時利用できた唯一の考え方というわけではなかった。さらに急進的で個人主義的なマルシリウスやオッカムの意見もあったからである。これらの意見も、それぞれの形で、信徒全体を代表する「全体会議」（general council）を、教皇に対立するものとして高く評価する見方であったが、学者のあいだには、一三七八年よりずっと以前からすでにひろく浸透していた理論であった。〉（前掲書四六〇～四六一頁）

公会議主義は、「共同体としての教会」という神学理論によって担保されているのである。当時、ヨーロッパ大陸における神学的英知は、パリ大学神学部に結集していた。公会議主義を正当化するにあたっても、パリ大学神学部の神学者たちが重要な役割を果たした。それと、同時に、英仏百年戦争によって、結果としてパリ大学神学部とフランス国家が接近するのである。この点に関するノウルズの考察が興味深い。

〈実際、諸大学、特にパリ大学は、そのとき始まっていた論争で主導的な役割を果たすことになる。パリ大学は、すでにほぼ二世紀にわたって、ヨーロッパの知的世界の女王であり、ほかの大学、ことにオックスフォード大学がほとんど同等の地位に迫ってからも、なおパリの名誉を奪うことはできなかった。しかし、十四世紀の中頃になって、一つの変化が生じる。イングランドとフランスとの大戦争によって、オックスフォードとパリとの関係が断たれ、またこの三〇年後の教会分裂によって、パリ大学は、イングランド以外の地域からも人材を補充する道を奪われた。こうしてパリ大学は、ほとんど完全にフランス一国のものとなり、同時にその卒業生には、この国の指導的な聖職者をすべて網羅し、また多くの法律家を擁していた。見解が狭くなると同時に、かつての名声を失ったという気持に刺激されて、大学は知的な闘争の時代に入り、続々と著名な人物を輩出した。この闘争場裡に入った最初の人物はゲルンハウゼンのコンラート（Konrad von Gelnhausen 一三二〇頃―九〇年）で、一三八〇年、『調和の書翰』（Epistola concordiae）を発表して、「全体会議」の召集を要求した。その理由は、全教会は教皇や枢機卿にまさるものであり、「すべての者に関係あることはすべての者により、あるいはすべての者のために処理されねばならない」からであるというのである。さらに、公会議を召集する権利は教皇にしかないという公理に対して、コンラートは、オッカムの追随者の面目を発揮して「必要は法律をもたず」と説き、教会の分裂などという事態は、教会法をつくった人びとの予想もしなかった事態であ

るという議論を用いた。〉（前掲書四六一〜四六二頁）

「必要は法律をもたず（necessitas non habet legem）」というのは、既成の秩序を破壊するときに役に立つ格言だ。二〇世紀になってもこの格言が用いられたことがある。一九一四年、第一次世界大戦が勃発《ぼっぱつ》した際にドイツはベルギーの中立を侵犯した。国際社会から、「国際法違反だ」という非難が起きたのに対して、ドイツ帝国宰相ベートマン・ホルウェークは、「必要は法律をもたず」とこの非難に対応した。公会議主義の背後には、教会分裂という想定外の事態を解決するためには、「必要は法律をもたず」という精神に基づく政治決断が必要である、という思想が隠れている。

さらに、公会議では、有害な教皇を取り除くことができるという主張も生まれた。〈コンラートのあとを継いで、ランゲンシュタインのハインリヒ（Heinrich von Langenstein 一三二五—九七年）も一三八一年、『平和の書翰』（Epistola pacis）を発表し、教会は、誤って選んだ有害な教皇を取り除く権利があると主張した。〉（前掲書四六二頁）のである。

神学者は、真理はもっぱら過去にあると考える。公会議によって、教会が危機を回避したのは、四世紀の三位一体（三一）論争のときだ。アレイオス（アリウス）は、父と子が同質（ホモウシオス）ではなく、差異がある近似（ホモイウシオス）であると主張した。父なる神のイエス・キリストに優位を説くので、父、子（イエス・キリスト）、聖霊の同質を前提とする三一（三位一体）論をとらない。この立場は、正統派のアタナシウスによって異端であると断罪された。この断罪は、ニカイア公会議、コンスタンチノポリス公会議によって、確定された。このような形で、教会を分裂の危機から救い出したひな形を念頭に置きながら、神学者たちは、アビニョンとローマの大分裂を解決しようとした。

少し別の見方をしてみよう。アレイオス派という異端に対する危機意識によって教会は団結したのである。分裂を克服し団結を回復するためには、それを上回る危機が存在しなくてはならない。一五世紀において、フスがアレイオスの役割を引きうけさせられたのである。

＊

再びゴンサレスに依拠して、公会議主義の成立について見てみたい。

〈四世紀のコンスタンティヌス大帝は、アレイオス主義論争のために教会が分裂の危機にさらされていた時、公会議を召集して事態の収拾をはかった。それ以後、何世紀もの間、教会は危機に直面するたびに、公会議を開いて問題を解決してきた。やがて教皇が権力を持つようになると、公会議は、教皇の政策や計画を実現するための手段となった。その代表的な例が第四ラテラノ公会議である。すでに見たとおり、この公会議において、教皇インノケンティウス三世が示した諸規定が公認された。しかし、いまや何十年にもわたる教会のバビロン捕囚と大シスマのために、教皇の道義的権威は失墜してしまった。そこで、諸悪を取り除いて教会の改革を遂行し、一致を取り戻す方法として、多くの人々は公会議に望みを託すようになった。公会議運動を支持する人々の間では、全教会を代表する公会議の権限は教皇の権限を上回るという理論が展開されるようになった。もしそうであるなら、だれが正当な教皇かという問題は、この点をめぐって対立している教皇たちにではなく、教会会議の決定にゆだねられることになるので、最も適切に解決できるはずである。このように、問題の解決自体は簡単なように思われた。最大の問題は、だれが公会議を召集する権限を持っているかということであった。もし、どちらか片方の陣営が公会議を召集したとしても、会議の結論は一方的なものとなる危険性が高く、したがって分裂の解消とはなりえない。〉（前掲、ゴンサレス『キリスト教史　上巻』三六七〜三六八頁）

教皇は枢機卿によって選出される。ローマの教皇庁、アビニョンの教皇庁は、それぞれの枢機卿を擁する。どちらか一方の教皇庁の枢機卿に偏った公会議が行われても、そこでの決定は実効性をもたない。公会議の召集は、通常、教皇のイニシアティブによって行われる。しかし、互いに対立する教皇の権限を認めることはできないので、教皇によって公会議を召集することは不可能になった。その結果、対立に疲れ果てた二つの教皇庁に属する枢機卿たちの総意によって、一四〇九年にイタリアのピサで公会議が開かれることになった。

〈この問題が解決されたのは、両教皇が交渉を拒否し続けることに耐えられなくなった双方の枢機卿たちが、一四〇九年にピサに公会議を召集したことによってであった。どちらの教皇も、ピサの会議に先んじて自分たちの教会会議を開催しようとしたが失敗し、自分が正当な教皇であることを主張しながら、それぞれ城塞に引きこもった。ようやくピサで開催された教会会議は、両方の枢機卿団と、ヨーロッパのほぼすべての宮廷の支持を得た。この公会議は、どちらの教皇が正当かということを議論するのではなく、たとえどちらが正当な教皇であるにせよ、両者とも教皇にふさわしくないので、廃位されるべきであると宣言した。次いで公会議は聖職売買その他の弊害を非難し、廃された二人の教皇に代えて、新たにアレクサンデル五世が枢機卿団によって教皇に選出された。こうして、教会分裂に終止符を打つことができたと考えた彼らは、公会議を解散した。〉（前掲書三六八頁）

新教皇アレクサンデル五世の選出により、大分裂は回避されるはずであった。しかし、事態は一層悪い方向に向かっていった。ローマの教皇もアビニヨンの教皇も退位せず、結果として三人の教皇が鼎立《ていりつ》することになってしまったのだ。

〈ところが、実際には状況は、前よりもいっそう悪くなった。先の二人の教皇が公会議の決定を受け入れなかったために、今や教皇が三人になってしまったのである。アレクサンデル五世はヨーロッパの大部分から承認されていたが、他の二人の教皇も、彼らの権利を主張し続けることができる程度の支持は受けていた。アレクサンデルは教皇に選出されてから一年もしない内に死んだので、枢機卿たちは後任にヨハネス二十三世を選出した。結局、アレクサンデルもヨハネスも大シスマに終止符を打てなかったばかりか、ヨハネスは政治的混乱のためイタリアから逃亡し、ドイツ皇帝ジギスムントのもとに避難しなければならなかった。そこで皇帝はこの分裂を収拾するため、再度、公会議を召集することを決めた。〉（前掲書三六八〜三六九頁）

ちなみに教会史でヨハネス二三世というと、二〇世紀に第二バチカン公会議を行った改革派の教皇を思い浮かべる。一五世紀のヨハネス二三世をカトリック教会は、教皇僭称《せんしょう》者《しゃ》とみなしている。現在のカトリック教会は、大分裂の時代にローマの教皇庁が選出したウルバヌス六世の後継者だけを正式の教皇と認定している。アビニヨンの教皇庁、さらにピサの公会議で選出された「教皇」は自称で、僭称者に過ぎないのである。

さて、ここでも英仏百年戦争が影を落としている。フランス国王は、イギリスとの戦争に忙殺されているので、ピサの公会議で選出されたヨハネス二三世を庇護《ひご》する余裕はない。そこで神聖ローマ帝国皇帝（ドイツ国王）ジギスムントの庇護を求めた。ジギスムントは、ヨハネス二三世が新たな公会議を開催すると約束することを条件に庇護を与えた。その結果、一四一四年にコンスタンツの公会議が行われる。こうして、フスの火刑への道が整えられた。

＊

コンスタンツの公会議に至る過程について、カトリック教会の見方は次のようなものだ。

〈ついに一四〇八年の春、二人の対立教皇の言い逃れに業を煮やした両派の枢機卿たちは、一致して行動を開始した。彼らは、翌一四〇九年三月二五日、ピサで公会議を開くと宣言し、二人の教皇に出席を求めたのである。これに対して、ベネディクトゥス十三世はペルピニャン、グレゴリウス十二世はチヴィダーレでそれぞれ自らの公会議を召集するという策に出た。しかしピサ公会議は、規模においては特に大きくはなかったにしろ、ひろく各層の代表を網羅して開会し、二人の教皇の廃位を決め、フランシスコ会士のアレクサンデル五世（Alexander V 在位一四〇九—一〇年）を新教皇に選んだ。彼は改革のための施策を与えられていたが、それを実現するまもなく、一年後にこの世を去った。次にバルダッサーレ・コッサ（Baldassare Cossa 一三七〇頃—一四一九年）が教皇に選挙され、ヨハネス二十三世（Johannes XXIII　在位一四一〇—一五年）となったが、道徳的・宗教的資格にはまったく欠けた人物であった。彼の枢機卿のなかには、ザバレラ（Francesco Zabarella　一三三九頃―一四一七年）やピエール・ダイイがいた。こうしてヨーロッパのキリスト教世界は、いまや三人の教皇をもつことになってしまい（しかもこの三番目の教皇は、個人的には明らかにその任にふさわしくなく、また教会法上も、多くの人びとの目には闖入者と見えた）、完全な行き詰まり状態に陥ってしまったのである。この状態を打開したのは、ジギスムント王（Sigismund　一三六八―一四三七年）の行動であった。この君主は、以後三〇年間、ヨーロッパ史の舞台で中心的な役割を果たすことになる人物で、皇帝カール四世の王子の一人であり、ブランデンブルク選帝侯、ハンガリー王（一三八七―一四三七年）、神聖ローマ皇帝（一四一一―三七年）、そしてベーメン王（一四一九―三七年）となる人物である。有能で、活動力に満ち、野心家で、多面的な能力に恵まれた彼は、事態を把握し、ヨハネス二十三世を説得して、一四一四年一一月、コンスタンツに公会議を召集することに同意させた。ジギスムント自身の努力と、教会の分裂を終わらせたいと望む一般の期待の力で、この公会議はひろく同意を得ることができ、かくして開かれたコンスタンツ公会議は、最初のうちは平静であったが、やがて出席者の数もふくれあがって、独特の性格を帯びるに至った。教皇や枢機卿に不信を抱いていたこと、当時強くなっていた民族的・国民的感情、しかもそれが、当時のイングランドとフランスとの敵対関係によって拍車をかけられたので、この公会議では、二つの重要な革新が行われたのである。第一は、討議や投票を国民単位で行うこと、第二は、司教以外に多数の神学者の出席を認めたことである。この結果、大学人は影響力の大きい地位を獲得することになったが、彼らは公会議が教皇にまさる権威をもつという立場に立っていたし、また公会議を定期的に開く必要があると主張していた。ピエール・ダイイは、このときすでに枢機卿となっていたが、急進的な公会議至上主義者(conciliarist)の立場をとっていた。ジェルソンはもっと保守的で、一定の限度内の改革を主張していた。ザバレラは条件つきの公会議至上派、そしてニームのディートリヒ(Dietrich von Niem 一三四〇―一四一八年)は、教会全体の至上権を執拗に主張する急進的改革派であった。この公会議は、出席者全員が到着したとき、非常に大きな、ひろく各層を代表する会議となり、また教皇庁の事務も帝国の事務もともにこの地で行われることになったので、コンスタンツは三年間、ヨーロッパの首都の観を呈した。〉(前掲、上智大学中世思想研究所編訳/監修『キリスト教史4　中世キリスト教の発展』四六四〜四六六頁)

ゴンサレスが、ピサの公会議について、ローマとアビニョンの双方の教皇庁に属する枢機卿のほぼすべてが支持した重要な会議であるのに、教皇が公会議の決定を受け入れなかったと位置づけるのに対して、ノウルズは、小規模な会議で、それぞれの教皇は独自の公会議を開き、ピサの公会議の権威を認めなかったとする。中世史に関しては、評価に関する見解の相違だけでなく、事実認定についても見解が異なる場合が多い。自らの教派的立場による偏見から、過去の出来事のどの断片が大きく見え、別の断片が小さく見えるかが異なってくるからだ。さらに、ヨハネス二三世については、道徳的、宗教的資質に欠けていたことをノゥルズは強調する。むしろ、ヨハネス二三世のように、道徳的、宗教的資質に欠けた人物が何故に教皇に選出されたのかという問題を設定してみると面白い。ヨハネス二三世の政治力が教皇の座を射止めたと考えるのが妥当であろう。また、ヨハネス二三世が選んだ枢機卿にはピエール・ダイイのような優れた神学者もいる。少なくとも、一部の優秀な神学者たちが、大分裂を解決するためには、ヨハネス二三世の政治力に頼るしかないと考えたことは間違いない。

ヨハネス二三世が、現実政治を見る目に長《た》けていたことは、当時、もっとも政治力をもったジギスムント皇帝の庇護を仰いだことからも明らかだ。

ダイイは、公会議主義を掲げる急進改革派である。ダイイの思想は、フスの教会改革路線と親和的であるが、そのダイイたちが、フスの火刑に積極的に関与するようになることは、歴史の皮肉である。

さて、前に述べたように、ジギスムント皇帝は、公会議を召集することを条件にヨハネス二三世を庇護した。この公会議では、教会の統一を実現するとともに異端の根絶が目的とされた。異端という負の表象をつくりだして、教会に危機が迫っているという形でしか、大分裂を解決する術《すべ》がないとジギスムント皇帝は考えたのであろう。

ここで、少し先回りして、鼎立した教皇たちのその後の運命を見ておこう。

〈当時、フランスは百年戦争で不利な状況に立たされていたので、ヨーロッパで最も強力な権力者は、ヨハネスが保護を求めた皇帝ジギスムントであった。彼は、亡命してきたヨハネスが公会議開催を呼びかけるという条件で保護を約束した。こうして一四一四年、コンスタンツにおいて公会議が開かれた。ヨハネス二十三世は公会議が自分を支持してくれることを期待したが、ほどなくして、彼の野心と生活態度が、改革をめざす公会議の目標とは相容れないものであることが明らかとなった。そこで彼は、公会議の結論に楽観的でいられなくなった。やがて公会議がヨハネスに辞任を要求した時、彼は逃亡し、数ヵ月にわたって亡命を続けたが、支持者がみな彼を見捨てたために捕らえられ、コンスタンツに連れ戻されて強制的に辞任させられたうえ、再び教皇だと自己主張することがないようにするため、終身刑を宣告された。それから間もなく、対立教皇が辞任するなら自分も辞任すると約束していたローマの教皇グレゴリウス十二世も辞任した。公会議は改革のためにいくつかの規定を採択した後、新教皇の選出を行った。出席していた枢機卿および公会議によって指名された委員会は、マルティヌス五世を選出した。アヴィニョン派の最後の教皇ベネディクトゥス十三世は、城塞に逃れながら自分が正当な教皇であることを主張し続けたが、もはやだれからも相手にされず、彼が一四二三年に死んだ時、その後継者が選ばれることはなかった。〉

（前掲、ゴンサレス『キリスト教史　上巻』三六九頁）

結局、三人の教皇とも、教皇職から去ることによって、問題は解決されたのである。ここで、当時の異端と言われた人々の状況に目を転じてみたい。

第一一話　事後預言

中世において、カトリック教会は、巨大な政治権力であるのみならず、経済力ももっていた。ローマ教皇庁は、教皇領をもち、独自の傭兵集団を擁していた。また、ヨーロッパ各地は、それぞれの王や領主に帰属していたが、カトリック教会の支配権も及んでいた。教会は、住民から租税を取り立てた。また、教会は神父に聖職禄《せいしょくろく》を支給した。さらに修道院は、経済的に大きな利権構造をもっていた。

カトリック教会は、聖職者の独身制を説く。これを宗教倫理からではなく、社会的機能の観点から見てみよう。独身制をとっていれば、権力を自分の子に継承することができない。実際には、神父が禁を破り、子どもをつくることはあった。神学者のアベラールが、教え子のエロイーズをはらませたことは有名だ。しかし、独身制を建前とする以上、聖職者でありながら、子どもがいることを、公言することはできない。カトリック教会が独身制をとらざるを得なかった理由については、英国の社会人類学者アーネスト・ゲルナーの言説が参考になる。

〈中央集権国家の観点からすると、主要な危険は、ずっと以前にプラトンが気づいていたように、軍事または書記の官職保有者が、特定の血縁集団と結びついて政権を獲得したり保持したりすることである。これら血縁集団の利害のために、官僚たちは義務の厳格な軌道から逸れがちになり、また同時に彼らの支援によって官僚は時にあまりにも多くの権力を帯びがちになるのである。

　この広まりやすい危険に対抗するために採用される戦略は、細部においては異なっていても、一般には去勢化として特徴づけられる。これは戦士・官僚・聖職者からその幼少のうちに先祖か子孫、またはその両方との関係を奪うことによって血縁的なつながりを切断しようという考え方に立っている。利用されるテクニックには次のようなものがある。宦官のばあいは、肉体的に子孫を所有することが不可能になる。聖職者の場合、その特権的地位は独身制に条件づけられ、そのため子孫の存在を公言することは防止される。外国人の場合、その血縁的つながりは遠く離れているので安全であるとみなされることが多い。〉（アーネスト・ゲルナー［加藤節監訳］『民族とナショナリズム』岩波書店、二〇〇〇年、二五～二六頁）

宦官《かんがん》と聖職者の独身制は、基本的に同じ機能を果たしているのである。現代における国家公務員試験や司法試験などの国家試験の制度も、官僚のもつ権力が、親から子に引き継がれることがないようにする一種の去勢化である。親が高級官僚であっても、子の能力が基準に達せず、国家試験に合格しないならば、権力は継承されないのである。官僚の権力は公共財だ。公共財が簒奪《さんだつ》されることを防ぐためには、去勢化が不可欠なのである。

プロテスタントには、聖職者という概念はない。ルターは、万人司祭説を唱えた。万人が司祭であるということは、キリスト教徒の中に特に聖なる人はいないということだ。聖なるものは神のみに帰属するからである。それだから、プロテスタント教会では、聖職者という言葉を用いず、牧師とか教会教職者と呼ぶのである。牧師が結婚し、家庭をもち、子どもをつくることも当然とされる。裏返して言うと、カトリック教会と比較して、プロテスタント教会がもつ政治的、経済的権力が圧倒的に低いから、牧師が結婚しても、それが国家にとって脅威とならないのである。日本でも江戸時代に仏教僧侶《そうりょ》の妻帯が広く認められるようになったことも、仏教教団がもつ政治権力、経済利権が、国家を揺るがすほど大きくなくなったからである。

＊

フスの時代、ローマ教皇庁が分裂した原因も、政治的、軍事的権力が強大で、経済利権が大きかったからである。信仰のあり方をめぐる分裂ではなかった。権力闘争、利権抗争がローマとアビニョンに教皇庁が並立した原因だ。このような時代状況の中で、フスは神学を学んだ。フスの近親者には高位聖職者がおらず、教会の内部事情に通暁していなかった。また、フスは農民の出身だったので、貴族や高位聖職者の腐敗についても、まったく免疫がなかった。

フスがカレル大学で学び始めたのは一三八九年以降とされる。フスの生年は一三七〇年頃と推定されているので一九〜二〇歳頃のことである。当時の大学入学年齢としては、若すぎることはない。大学で、フスはボヘミアの「ナツィオ（同郷団）」に参加した。ここでも、偶然がフスの運命に大きな影響を与えた。前にも述べたが、カレル大学には、ボヘミア、ザクセン、バイエルン、ポーランドの四つのナツィオがあった。この内、ザクセン、バイエルンのナツィオは、世俗語としてドイツ語を話す人々が多かった。もっとも当時のドイツ語は、地域において差異が相当大きかった。現在でもバイエルン訛《なま》りのドイツ語は、ベルリンの標準語とは、発音や表現がかなり異なる。従って、ザクセンとバイエルンのナツィオに所属する学生や教授は、それぞれ別の集団であるという自己意識をもっていた。

当時、チェコ語、ポーランド語は、それほど分化していなかった。現在でも、ゆっくり話せば、チェコ人とポーランド人の間ではかなり意思疎通ができる。カレル大学のボヘミア、ポーランドのナツィオは、そもそもスラブ系だった。しかし、フスがカレル大学で学んだ頃、ポーランドのナツィオはドイツ系になっていた。それは一三六四年にクラクフ大学が開設されたからだ。ポーランド人をはじめスラブ系の学生はクラクフ大学で学ぶようになり、カレル大学のポーランドのナツィオにはドイツ語を常用する学生たちが残った。その結果、スラブ系のボヘミアのナツィオとドイツ系のザクセン、バイエルン、ポーランドのナツィオが大学内政治で対立するようになった。

この状況にフスは巻き込まれてしまったのだ。人間は、誰しも複数のアイデンティティーをもっている。フスの時代に、近代的民族というアイデンティティーは生まれていなかった。出身地、言語、身分などのアイデンティティーを各人がもっていた。フスの場合、農民の出身である。ただし、大学は出身階層を超えた場である。カレル大学は、パリ大学を模範にしてつくられた。このパリ大学から、フランス人という民族的アイデンティティーがつくられていくのである。そして、カレル大学からチェコ人という民族的アイデンティティーがつくられていく。知的集積から、民族という想像上の政治的共同体が生まれるのである。

カレル大学は、世俗権力のみならず、教会権力からも自立していた。この点について、フランツ・リュッツオウはこう述べる。

〈パリ大学と同様に、この新しい（カレル）大学は、世俗的並びに教会的事項の双方から完全な自治を享受した独立の共同体であった。〉(Franz Lüetzow, The Life & Times of Master John Hus, London, 1909, p66［フランツ・リュッツオウ『ヤン・フス師の生涯と

時代』ロンドン、一九〇九年、一六六頁〕）

カレル大学の学長は、年二回の選挙で選ばれる。学長は、学生や教師に罰金刑を科したり投獄する権限もある。大学は政治的自治単位であるとともに、経済的利権ももっていた。

〈プラーク大学におけるチェッヒ、ドイツ両民族の争いの原因となったのは、コレギア Collegia に関することであった。コレギアにはそれを維持するために基本財産が付属していたが、その豊富なると否とは経営に深い関係があったので、ドイツ国民は勢力の強いのを利用して豊富なものをすべて独占し、チェッヒ人には貧弱なものしかなかった。チェッヒ人はかねてこれに不平であったが、一三八四年、総長コンラッド・ソルトヴ Konrad Soltow が、ドイツ人であったところから、大学役員の助力を得て規則改正を行ない、もしカロリヌム Calolinum（カール・コレギウム Karlscollegium）またはウェンツェル・コレギウム Wenzelscollegium の中で、ドイツ人によって占められた地位が空席となれば、ドイツ人の教授のみが選挙に加わり、チェッヒのものを補充するためにはチェッヒの教授のみが選挙に携わるべきものとして、ドイツ人が従来占めた有利な地位を保持しようと計ると、チェッヒのマギステルはこれに対して極力反対し、大学のカンツラー（引用者註＊宮廷と大学の礼拝と文書管理を担当する高級官僚。法官とも呼ばれる）たる大司教ヨハン・フォン・イェンシュタイン Johann von

Jenstein及びウェンツェル王並びにその顧問に訴えた。これらはすべてかかる規則はベーメン国民の権利を侵害するものと考えたが、カンツラーは一三八四年十二月二日布告を発して、コレギアの中にはベーメン人のみが入れらるべきもので、欠員ある場合においてのみ他国民が容れらるべきものであるとし、これに反すれば破門に処すべしとし、また総長に対しては、規則をば、ベーメン国民に不利なるがごとき変更をなすべからずと警告した。〉(山中謙二『フシーテン運動の研究—宗教改革前史の考察—』聖文舎、一九七四年、一八四～一八五頁)

コレギアとは、総合大学の下にある学生と教授によって構成された、研究と生活のための共同体だ。英語のカレッジ(college)の語源でもある。カレッジというと、通常、単科大学を指すが、オックスフォード大学、ケンブリッジ大学の場合は異なる。セント・アンソニー・カレッジ、キングズ・カレッジなどの名の下に、宿舎、教室、図書館などが一体になった教育のための共同体である。中世のコレギアの伝統が、この両大学には現在も残っているのである。

ボヘミア以外のナツィオは、カンツラーの決定に反対した。そして、カンツラーは、大学の自治に介入することはできないという論陣を張った。そして、コレギウムの欠員補充については、貴族であるとか、チェコ人であるという出自を問わず、道徳的に正しいことを基準とすべきと主張した。そしてカンツラーの布告の取消をローマ教皇に提訴した。その結果、事態は紛糾する。

〈カンツラーは大司教として、かかる反抗者に破門を宣告し、総長は大学に対して紛争解決までは講義試験その他の大学の活動の停止を命じた。しかしチェッヒ側はその命に従わず、大学の活動を依然として続け、学生は武装して大学に集まり、過激な挙に出て、反対派の主要人物を襲い、総長も覆面青年の一隊のために殴打された。かくて大学は、しばらくは全く無秩序状態に陥った。〉（前掲書一八五頁）

全共闘運動の全盛期、大学当局が混乱を恐れ、全学ロックアウト措置をとることがしばしばあった。それに対して、学生が大学構内に突入して、自主講座を行うような事態は、既に一四世紀末に起きていたのだ。

カレル大学は、国際的に認知された知のセンターであった。リュッツオウは、〈同時代の歴史家（編年史家）であるワイトミルのベンは、『大学は、ドイツには匹敵する存在がないくらい大きなものになった。そして、全世界、すなわちイギリス、フランス、ロンバルディア、ポーランドとその周辺諸国から、世界中の貴族の息子、王子、教会の高位聖職者がやってくるようになった』と記している。〉（前掲、リュッツオウ『ヤン・フス師の生涯と時代』六八頁）と指摘する。この中では、前にも述べたようにオックスフォード大学との関係が重要である。この交流を通じてウィクリフの影響がチェコに入ってきたからだ。

多くの人々がカレル大学で学ぶためにプラハに流入してきた。しかし、勉学に励まない者も多かったため、市内の治安は悪化した。学長の力では、大学の秩序を維持できなくなったことを、覆面青年の集団によって学長が殴打されるような事態が端的に示している。大学外で、乱暴、狼藉《ろうぜき》をはたらく学生を市当局が逮捕して、学長に引き渡すようになった。さらに風紀も悪くなった。女性関係での乱れた生活を送る学生も多かった。リュッツオウは、〈どこにも数多くの好ましくない女性の同伴者がいた。学生や教授相手の娼婦《しょうふ》も活発に営業を展開していた。〉（前掲書六九頁）と記す。田舎からでてきたフスは、都市の病理に触れ、さぞかし驚いたことであろう。

＊

農民の出身であるフスは、経済的に困窮し、路上で寝たり、物乞《ものご》いをしたりした。飢えることもよくあったという。そのような環境で神学を勉強した。神学生時代のフスについて、火の上に手をかざし、痛みに耐える実験をしたという逸話がある。リュッツオウの記述から引用する。

〈フスが聖ラウレンティウス（ローレンス）の伝記を読んでいるときのことだった。フスは、自分もキリストのためにこのような苦難に耐えることができるかと自問した。

突然、フスは手を石炭ストーブの火の上にかざし、友だちが引き離すまで、火の上に手を強く固定した。そのときにフスはこう言ったと伝えられている。『君はなんでこんな些細なことを気にするのだ。僕は聖ラウレンティウスが耐えた痛みの一部だけでも負うことができる勇気があるか試しているだけだ』〉（前掲書七〇頁）

ラウレンティウス（Laurentius　?～258）は、スペイン生まれで、二五八年八月一〇日に殉教した聖人だ。ローマ教皇シクストゥス二世に認められ、ローマで助祭になった。三世紀半ばには、キリスト教とローマ帝国は、緊張をはらみながら並存していた。ローマ皇帝は、ときおりキリスト教徒を弾圧した。ウァレリアヌス皇帝の迫害で逮捕されたが、三日間、保釈された。その間にラウレンティウスは教会の財産を病人や貧困者に分け与えた。再逮捕され、当局から教会財産の提出を命じられたが、「この人たちに与えた」と貧困者の群衆を示したために、官憲の怒りを買い、鉄格子の上に乗せられ、火あぶりにされた。コンスタンティヌス大帝の時代にラウレンティウスの墓の上にサン・ロレンツォ・フオリ・レ・ムーラ教会が建立された。

フスに関する逸話は、神学でときどき用いられる事後預言の手法で書かれている。事後預言とは、歴史的に起きた出来事をあえて、今後起きる預言として記すという手法だ。

フスは、教会は貧困者や病人のような、社会的弱者に対して献身しなくてはならないと主張し、実践した。そして、コンスタンツで火刑に処された。この記述は、フスが自らをラウレンティウスとの類比で考えていたという解釈を預言という形で示している。「僕は聖ラウレンティウスが耐えた痛みの一部だけでも負うことができる勇気があるか試しているだけだ」という発言は、ラウレンティウスと似た運命をフスがたどるという預言を、彼が受けているということが前提とされる。

ちなみに予言と預言は、まったく異なる概念だ。予言は、占いのように今後起きることを予測して述べることである。これに対して、預言は、神から預かった言葉を伝えることだ。その中には、未来予測に関する内容が含まれることもあるが、主たる内容は現状での人間の生き方に関する神からの厳しい批判だ。預言は人間の力によってなされるものではない。神の啓示を預言者が虚心坦懐《たんかい》に同胞に伝えるのである。

神学的思考を理解する上で事後預言はとても重要だ。少し細かくなるが、具体的に説明するので、おつきあい願いたい。旧約聖書に「ダニエル書」という文書がある。ダニエルは預言者だ。純金の頭をもつ偶像に対する崇拝を拒否した人々が、最初は迫害されるが、後に救済されることを預言する。そして、過去にユダヤ人を支配した帝国を象徴する四頭の獣と、セレウコス朝シリアのアンティオコス四世エピファネスを象徴する奇怪な角の幻が現れる。天上の法廷の決定に従って審判が行われ、「人の子のような者」が永遠の王国を受け継ぐ。その後、天上で守護天使たちの戦いが続き、最後にアンティオコス四世は滅び、殉教した義人たちが復活する。ここでいう「人の子のような者」は、新約聖書に大きな影響を与えた。イエス・キリストの出現が、「ダニエル書」で預言されていたとキリスト教徒は解釈した。

「ダニエル書」は、ヘブル語とアラム語で書かれている。旧約聖書はヘブル語で書かれている。これに対して、アラム語は日常語である。言語的にこの二つのことばは非常に近い。「ダニエル書」は全体で一二章だが、二章四節から七章二八節までがアラム語、それ以外の部分がヘブル語で書かれている。このヘブル語の部分を分析すると、ひじょうに興味深いことがわかると新約聖書学者の佐竹《さたけ》明《あきら》は述べる。

〈われわれにとっての問題は、むしろ八章から一二章のヘブル語の部分であります。どういうことが起きるか、ということが預言の形で書かれているのですが、それをずっと読みまして、それから当時の歴史を調べてみますと、ひとつ奇妙なことに気づくのであります。つまり、預言が非常によく当たっている部分と、当たらなくなっている部分とがあります。具体的に申しますと、八章から始まる預言は次第に詳しくなって一一章まで続きますが、その一一章で三九節までは、書かれている預言が完全に当たっていると考えてさしつかえないぐらいです。ところが四〇節からあとは、預言は当たっておりません。

預言の対象になっている時代は紀元前二世紀にあたりますが、紀元前二世紀の終りに記された文書に第一、第二マカベア書というのがあります。またヨセフスという人物の書いたユダヤ古代誌——これは紀元後一世紀のものですが——があります。いずれも日本語に訳されておりますが、こういう書物を読みますと、この辺の歴史をかなり正確につかむことができる。ところが、このように歴史を見てみますと、ダニエル書の一一章三九節までは、そうした歴史記述に一致している。もちろん、簡略になっていたり、あるところでは複雑になっていたりしていますけれど、しかし、大筋で違っていないことは確かであります。ところが四〇節から先になると預言が全然当たっていない。第一、第二マカベア書やヨセフスのユダヤ古代誌と比べて違っているのです。これは一体どういうことなのか。
　これは、一一章三九節までは、すでに事柄が起ったあとから預言をしている。これを事後預言とよぶのですが、事柄が起ったあとから預言の形で書いているにすぎないのですね。それに対して、四〇節から先のところは本当の預言なのです。本当の預言になると当たっていない。事後預言のところは今まで起っていることを預言の形で書いているのですから、これは、違う方がおかしいのです。そうすると、このことからこの部分の書かれた時期も分かります。著者はおよそ紀元前一六五年のところにいます。〉（佐竹明『黙示録の世界』新地書房、一九八七年、九〜一一頁）
「僕は聖ラウレンティウスが耐えた痛みの一部だけでも負うことができる勇気があるか試しているだけだ」というフスの発言の中で、神学的に重要なのは、「痛みに耐える勇気」という考え方だ。自由を得るためには、苦難を経なければならないという、自由と苦難の弁証法的理解がフス神学の根幹に流れている。このことをフスの神学生時代に投影して、この逸話が生まれたのであろう。

*

カレル大学の教師にアダルベルト・ランコ (Adalbert Ranco) がいた。ランコは、反教皇主義者で、その言説の影響をフスも少なからず受けたものと思われる。さらに、ベツレヘム礼拝堂の説教師だったシュチェクナのヤン (John of Stekna) もフスにとって重要な教師だ。

フスの学生仲間には、プラハのヒエロニムス (Jerome of Prague)、ストジーブロのヤコベルス (Jacob of Stribro) がいる。ヒエロニムスは、フスが火刑に処された後に殉教した。これに対して、ヤコベルスは弾圧の嵐を巧みにくぐり抜けて、一四二九年にフス派（ウトラキスト教会）の長として、平和な環境で逝去した。

ベツレヘム礼拝堂は、フスとフス派の歴史にとって、とても重要な意味をもつ施設だ。この礼拝堂は、一三九一年、二人の一般信徒の寄進によって建立された。チェコ語で神の言葉を伝えるベツレヘム礼拝堂の建立を考えたのは、クリーシュ (Kříž) という名のプラハの裕福な市民だった。ただし、このようなチェコ人用の宗教施設の設立を、ドイツ系の聖職者たちが認めないことが予想された。そこでクリーシュは、ウェンツェル王の信任が厚い騎士ヨハン・フォン・ミュールハイム（Johann von Mühlheim）を共同設立者にした。この政治的配慮が功を奏し、国王も大司教もベツレヘム礼拝堂の建立を認めた。初めて、チェコ語で礼拝する宗教施設ができたのである。

繰り返すが、この時期に近代的民族意識は成立していない。ウェンツェル王は、少数民族であるチェコ人に対して、寛容の精神を示したのではない。ウェンツェル王自身は、ドイツ人という自己意識も、チェコ人という自己意識も大きな意味をもっていない。ボヘミア王であるという身分的意識がアイデンティティーの大半を占めていたと思われる。国王の力を強化するならば、それがチェコ人であろうがドイツ人であろうが、まったく問題にしないのである。

これまでもチェコ人が教会でチェコ語を用いる試みはあったが、ドイツ人の圧力により潰《つぶ》されてきた。チェコ人は、私邸で密《ひそ》かに家庭集会を行っていた。チェコ人がベツレヘム礼拝堂という場を公共圏に得たことによって、同胞としての政治意識が形成されていくのである。この礼拝堂では、毎日曜日と祝日に、それぞれ二回、チェコ語で説教がなされることになった。ミサは、良心がある者によって執行されるべしとされた。チェコ語の使用がチェコ人の民族意識形成につながり、良心のある者によるミサの執行という条件が、教会の綱紀粛正と宗教改革につながっていくのである。

れていた。

＊

フスが登場する半世紀前に、すでに宗教改革ののろしがヤン・ミリチュによってあげられていた。カトリックの教会史家ノウルズはこう記している。

〈モラヴィア人のヤン・ミリチュ〔Jan Milič〔Johann Milicz〕一三二五頃―七四年〕は、反キリストの時代は近いとプラハで警世の叫びをあげ、カール四世こそまさにその役割を果たすものであると指摘した。ミリチュは、聖霊によって、ベーメンの教会を改革するために送られたと自称し、この改革の何よりの手段として、しばしば、できれば毎日、聖体を拝領することを提唱した。さらに、ミリチュの弟子で、パリ大学を卒業したヤノフのマティアス〔Matthias von Janow〔Matěj z Janova〕一三五〇／五五―九三年〕は、教皇の分立に世界の終末を見た。師のミリチュと同様、彼もしばしば聖体を受けることを説き、また聖人に対する過度の崇敬を攻撃し、修道士や儀式やギリシア哲学を非難する説教を行った。彼が望んだのは、初期の教会の素朴な敬虔に帰ることであり、あからさまに聖職者階級を攻撃はしなかったが、個々のキリスト教徒の信仰の導きとなるのは聖霊と聖書であると主張した。〉（上智大学中世思想研究所編訳／監修『キリスト教史4　中世キリスト教の発展』平凡社ライブラリー、一九九六年、五四

五頁）

ミリチュやマティアスは、フスはもとよりルターやカルバンの宗教改革を先取りしている。また、ヤン・ミリチュは清貧を説くとともに、あらゆる戦争に反対する絶対平和主義者だった。ノウルズは、カトリックの立場から書いているので、ミリチュが改革者を自称したという否定的評価になるが、ミリチュは真実の宗教改革者であったとプロテスタントの教会史家は考える。

二〇世紀初頭にフスの書簡集の英語版に序文を寄せたハーバート・ワークマンとマーチン・ポープはベツレヘム礼拝堂の意義についてこう述べる。〈ベツレヘム礼拝堂は、パンの家と理解されていた。説教というパンによって、一般の人々が気持ちを新たにしたからだ。この礼拝堂は、新たなチェコ民族意識の覚醒と、最近の宗教復興の成果であり、表現であった。ベツレヘム礼拝堂だけでなく、大学を含むプラハの全て他の場所も新しくなった。街全体が新しい生活、急速な宗教への関心、チェコ人がドイツ人に対する隷属を脱し、可能ならばチェコ人の優先権を認めさせようとして、騒然としていた。〉（The letters of John Hus with introductions and explanatory notes by Herbert B. Workman, M.A., principal of Westminster training college, author of “The age of Wyclif” and “The age of Hus” and R. Martin Pope, M.A., London, 1904［『ウエストミンスター訓練学校校長で「ウィクリフの時代」と「フスの時代」の著者であるハーバート・B・ワークマン修士とR・マーティン・ポープ修士の序文

と解説がついたヤン・フスの書簡集』ロンドン、一九〇四年、七頁〕）

ベツレヘム礼拝堂が「パンの家」と理解されていたのは、ワークマンとポープが述べる「説教というパン」という象徴的意味だけでなく、頻繁に聖体拝領を行うということとあわせて理解する必要があろう。聖体拝領で、パンはキリストの肉（体）とみなされる。頻繁な聖体拝領によって、信者は救いを実感したのである。

＊

さて、先に述べた、コレギアを巡るカレル大学の紛争は、どのように収拾したのであろうか。結論から言うと、カレル大学の無秩序状態はおさまったが、問題は火種を残したままだった。

ローマのローマ教皇ウルバヌス六世は、ウェンツェル王と対立することを恐れ、カレル大学のボヘミア以外のナツィオによる異議申し立てを却下した。そして、チェコ人がカレル大学で主導権を握る枠組みができた。そのような状況で、一四〇二年一二月頃にフスがカレル大学学長に選出された。フスは、その二年前の一四〇〇年に叙聖され聖職者の資格をもつようになり、一四〇一年、カレル大学哲学部長に就任したばかりだった。フスはひじょうに早く出世した。さらに一四〇二年三月一四日、フスはベツレヘム礼拝堂の説教者に任命された。このことによって、フスはチェコ人の指導者と見なされるようになった。

もっともフス自身は、偏狭なチェコ人意識から解放されていた。リュッツオウによれば、〈フスはいつも、善きドイツ人の方が悪しきチェコ人よりはまし〉（前掲、リュッツオウ『ヤン・フス師の生涯と時代』七七頁）と述べていたが、時代情勢がフスを反ドイツ陣営に組み込んでいくのだった。

一四〇三年四月、フスに代わってドイツ人のワルター・ハラサーが学長に選出される。この人事により、チェコ人とドイツ人の緊張が急速に高まった。

〈一四〇三年五月二十八日に、時のプラーク大学総長ワルテル・ハサセル Walter Hasasser（引用者註＊ハラサー Harasser の誤記）が大学の全マギステルを特別集会に召集して、ウィクリフィズムスの禁圧を計ったにあった。これはベーメンに醸されつつあったキリスト教会に関する意見の対立が表面化したものであり、やがてこの対立の激化が国内を騒がせ、ついには欧州の大事件たらしめる端をなしたものであり、この意味において重要な事件である。その経過を見るに、これをなさしめたものは、プラーク大司教座参事会であり、ことに司教座助祭ヨハン・クベル Johann Kbel とウェンツェル・フォン・ベヒン Wenzel von Bechin がその中心をなしている。これが背後にあって彼らを動かした者がなかったとは断言できないが、表面には大司教座の命ずるところである以上、事は宗教問題として現われたものである。〉（前掲、山中『フシーテン運動の研究―宗教改革前史の考察―』五〇～五一頁）

大学の学長は、選挙によって選ばれる。ハラサーは、バイエルンのナツィオに所属していた。この選挙で不正があったという話は聞かない。カレル大学におけるチェコ人の立場は、比較的強かったが、盤石ではなかったのである。フスというカリスマ性をもった指導者の登場に、ドイツ人が危機意識を高め、団結した結果、ハラサーが学長に選ばれたのである。

ハラサーは、政治闘争では、今後、チェコ人にドイツ人が負ける可能性が高いと考えた。そして、カレル大学学長としての地位を最大限に活用して、ボヘミアのナツィオの影響力を削《そ》ぐことを考えた。そこで、異端カードを用いることを考えた。教会と社会が一致している中世において、異端と宣告されれば、政治力を完全に失い、財産も没収される。一四〇三年五月二八日、カレル大学は、特別集会を開催し、ウィクリフの著作から抜き出した四五命題を、多数決により、異端であると断罪した。ウィクリフを断罪することによって、フスたちに異端のレッテルを貼ることをハラサーたちは狙ったのである。

〈プラーク大学の特別集会に提出されて問題とされたのはウィクリフの意見で、一三八二年ロンドンの教会会議において異端とされた二十四か条 Londoner 24 Artikel と、これにプラーク大学のマギステル、ヨハン・ヒュブナー Johann Hübner がウィクリフの著書から抜萃した二十一か条を附加したいわゆる「四十五か条」45 Artikel であった。この中で問題とされたのは、教会の教義制度に関するもので、たとえば聖餐、ミサ、懺悔、教皇権力、修道教団、聖職者の財産等に関するもので、内容からして明らかに宗教に関するものであった。この集会では提案を繞って激烈な論争が巻き起こされ、甲論乙駁すこぶる凄じいものがあった。ことにウィクリフィーテン側のニコラウス・フォン・ライトミシュール Nicolaus von Leitomyschl スタニスラウス・フォン・ツナイム Stanislaus von Znaim ステファン・パレッチ Stephan Palecz 等の態度は熱狂的であった。しかしその結果は、集会の多数は問題となった四十五か条を異端であるとし、これを公然にも、秘密にも、主張し、教授し、説教することを禁じ、この禁に背く者は偽誓の罪をもって罰せらるべきものとした。〉(前掲書五一頁)

大学の決定に対して、フスたちはどう対応したのであろうか。決定を一切無視し、大学の講義や教会での礼拝を続け、大学が異端であると断罪したウィクリフの言説を放棄しなかったのである。

このときプラハの大司教はスビニェクに代わっていた。この時点では、スビニェクもボヘミア王室もフスたちに対して好意的だった。〈大司教はフスやツナイムやステファン・フォン・コリン等を重用し、フスに対しては、教会について弊害を認めれば、直接に大司教に告ぐべく、もし不在ならば、書面をもって通報すべきことを命じたほどである。されば、ウィクリフィーテンの活動は盛んで、スタニスラウス・フォン・ツナイムは、大胆にウィクリフの意見を弁護し、一四〇六年二月九日には Remanantia Panis という論文を公にして、ウィクリフの聖餐の説を述べて、これを講堂で読み上げ、フスも大学やベトレヘム礼拝堂において教会改革の意見を述べるとともに、ウィクリフの著書 Trialogus（引用者註＊トリアログス〔鼎談〕。ウィクリフの主著）をチェッヒ語に翻訳して、貴族名士に頒布して、その思想の宣伝に努める等、ベーメンにおけるウィクリフの宗教意見はますます広まる情勢にあった。〉（前掲書五一～五二頁）

聖餐《せいさん》は、救済観と密接にかかわる。ウィクリフの聖餐論は、ローマ教皇の権威を否認することになる。ウィクリフは学者で、その後、ロラード派という集団が生まれたが、カトリック教会全体を揺るがすような危機にはならなかった。フスが、貴族を含め、農民、市民に広範な同調者を生みだしたことにローマ、アビニョン、双方の教皇庁が危機意識を持ち始めた。

ローマ教皇庁のインノケンティウス七世がフスたちに干渉するようになった。一四〇五年六月二〇日付で教皇はスビニェク大司教に対して警告を発し、ウィクリフの聖餐に関する見解など、異端の撲滅を命じた。一四〇六年、インノケンティウス七世の死後、後継教皇となったグレゴリウス一二世も、一四〇八年に異端の取り締まりを命じた。

この流れを見て、カレル大学執行部もフスたちに本格的に圧力をかけた。一四〇八年五月一八日に大学の総集会が行われ、ウィクリフの四五カ条を禁止することを多数決で決定した。もちろんボヘミアのナツィオに所属する人々はこの決定に反対したが、力が及ばなかった。スビニェク大司教は、一四〇八年六月一五日の教会会議の決定に基づいて実体変質説を強調し、ウィクリフの聖餐論を断罪するとともにフスたちによる聖職者批判の取り締まりとウィクリフの著作の没収を命じた。カトリック教会が、本気になってボヘミアにおけるウィクリフへの同調者を根絶しようという動きを示した。

さらにここで、政治的変化が生じる。これまで、ローマの教皇庁を支持していたボヘミア国王が、アビニョンの教皇庁との関係を改善し始めたのである。

第一二話　民族が生まれる

中世ヨーロッパにおいて、教会と社会は一致していた。その教会が二つに分かれるということは、ヨーロッパ社会が二つに分裂したということだ。大分裂の結果、ローマとアビニヨンに二つの教皇庁が並立する状況で、ボヘミア王国のウェンツェル王は、当初、ローマの教皇庁を支持していた。

しかし、一四〇九年のピサの公会議後、ウェンツェル王はローマ教皇庁のグレゴリウス一二世に対する服従を撤回し、中立を宣言した。これは、正統性を認めていなかったアビニヨンの教皇庁との関係を改善する意味をもった。ウェンツェル王の決断をフスは断固支持した。カレル大学のチェコ人もフスと見解を共有した。これに対して、スビニェク大司教をはじめとする高位聖職者は、国王の決定に反対して、ローマの教皇庁に対して忠誠を誓った。カレル大学のドイツ人はスビニェクを支持した。

ウェンツェル王は、中立の姿勢をカレル大学にも徹底しようとした。そのためカレル大学に中立決議を採択させようと、大学集会を開催させた。チェコ人は中立に賛成したが、ドイツ人が反対した。このまま採決を強行すれば、中立決議が否決される可能性がでてきた。そこで大学総長ヘニング・フォン・バルテンハーゲン（Henning von Baltenhagen）は、投票を行う前に集会を解散した。ドイツ人がウェンツェル王の政策に不満をもっていることを逆用し、フスは大学の機構改革を行った。そして、〈王は一四〇九年一月二十二日勅令を発して、臣民ごとに聖職者がグレゴリウス十二世から指示を仰ぎ、またいかなる形であれ、給与を受けることを禁じ、この命令に背く者を捕縛することとし、王の官吏はプラーク及びその他の諸市において聖職者に干渉を開始した。〉（山中謙二『フシーテン運動の研究―宗教改革前史の考察―』聖文舎、一九七四年、五四頁）。

スビニェク大司教は、中立派のチェコ人たちを異端として宗教裁判所に告発した。真正の教皇であるグレゴリウス一二世に対する忠誠を放棄した者を非難するという建前であるが、スビニェクの目的は、この機会にフスをはじめとするウィクリフの同調者を根絶することだった。

もっとも、ピサの公会議で選出されたアレクサンデル五世が教皇となることをスビニェクは承認しなかった。しかも、このアレクサンデル五世は、ウィクリフの言説に対して好意的だったのだ。フスの要請に応じて、アレクサンデル五世は、スビニェクのもとに審問官を送り、教皇庁への出頭を命じた。スビニェクはプラハにとどまるのは危険と考え、ラウドニッツに避難した。陰謀家としての才能に長《た》けたスビニェクは、アレクサンデル五世に恭順を誓う。そして、フスたちがいかに危険な思想の持ち主であるかについて、スビニェクはアレクサンデル五世に何度も使節を派遣し、納得させた。アレクサンデル五世は、フスの言説がボヘミア王国を席捲《せっけん》するようになると、俗人である国王が聖職者を指揮するようになり、教会の財産がウェンツェル王の手に渡ることになるという危機意識を強めた。その結果、アレクサンデル五世は、スビニェクに異端取り締まりの権限を与えた。

〈アレクサンダーは一四〇九年十二月勅書を発して、ツビニェックに異端取り締りの任務を与え、神学のマギステル四人、教会のドクトル二人から成る諮問会 Beirat を組織して事を処理すべきこととし、ツビニェックはその意見に従って、従来説教がなされた場所、司教座教会 Kathedrale 共住聖職者教会 Collegiat 教区教会 Pfarrkirche 修道院教会 Klosterkirche 以外の所、すなわち礼拝堂、教会の庭等における説教を禁止し、ウィクリフの著書所有者には、それを引き渡さしめ、信者の目に触れざらしめることとし、この禁令に対する訴願を禁じた。〉(前掲書五五頁)

フスは、ベツレヘム礼拝堂においてチェコ語で説教をしていた。フスの同調者たちは、教会の庭や家庭で説教をしていた。しかし、スビニェクの禁令により、フス派は事実上、宗教活動ができなくなってしまう。彼らには近代的な民族意識は存在していないが、同じ言語を話すチェコ人という同胞意識は存在していた。さらに、ウィクリフの言説の一部は、教会主流派の押しつける見解よりも正しいという意識をフス派はもっていた。この二つの意識が結合して、強力な結束をもつ集団が形成されはじめたのである。

＊

フス派が、ウィクリフの言説の影響を受けたロラード派よりも、圧倒的な結束力をもった理由は、独自の教会観によるものだ。この教会観について、米国の歴史神学者ヤロスラフ・ペリカンの研究を手がかりに考察してみたい。

一四世紀末まで、神学において、教会論は深刻な議論の対象にならなかった。教会が一つであるということに疑念の余地がなかったからだ。教皇庁がローマとアビニョンに分裂したことによって、「ほんものの教会は何か」という課題が神学に突きつけられたのだ。

〈一三〇二年、教皇ボニファティウス八世は彼の最も有名な大勅書『ウナム・サンクタム』を、「信仰の要請によって、われわれは一つの・聖なる・公同的、そして、使徒的な教会を信じ、保持する義務がある」という言葉で始めた。一四一三年、チェコの改革者ヤン・フスは彼の最も有名な論文『教会』を、「すべての巡礼者は聖なる・公同的教会を忠実に信じなければならない」という言葉で始めた。しかし、ボニファティウスは、結びの言葉が宣言していたように、その目に見える頭が「救われるためにはすべての人間が（彼に）服さねばならないローマ司教」である教会を指していた。他方、フスは数段先の文節の説明にあるように「予定された者たちの総体」を指していた。〉（ヤロスラフ・ペリカン〔鈴木浩訳〕『キリスト教の伝統　教理発展の歴史4　教会と教義の改革（1300―1700年）』教文館、二〇〇七年、一七三頁）

一四世紀初頭は、現実に存在する教会がそのまま〈一つの・聖なる・公同的、そして、使徒的な教会〉だったのである。しかし、フスにとっては、ローマとアビニョンに分裂した教皇が存在し、さらに一四〇九年のピサの公会議以降、自称教皇がもう一人増え、教皇が鼎立する状態になった。フスはますますこの世に存在する、見える教会を擁護することができなくなってしまった。

フスにとって重要なのは、目に見えない教会だ。実念論者（リアリスト）であるフスは、目に見えない領域に教会があることを確信していた。この教会には、この世の目に見える教会のメンバーが参加しているという保証はどこにもない。真実のキリスト教徒とにせもののキリスト教徒が混在しているのが、目に見える教会の現状なのである。このようなフスの立場を、「教会以外に救いなし」という、救いの確実性を教会にとって不可欠の要件とする教皇庁は認めることができなかった。

〈コンスタンツ公会議でのフスの敵対者ジェルソンは確かにボニファティウスの擁護者ではなかったが、ボニファティウスもフスの引用していたニカイア信条の定式をフスとウィクリフに対する反証として引用し、教会会議は教理上の逸脱だけでなく、信仰の道徳的な意味合いに属す過ちも断罪する権利を持っているとした。フスの処刑の数ヶ月前に行われたコンスタンツでの説教の中でジェルソンは、(彼はそれを使徒信条と呼んだが、彼の同時代人の一人はその句をアタナシオス信条のものであるとした)ニカイア信条の中で列挙されている教会の属性の一つひとつの簡略な定義を行った。彼はフスの教えを教会についての真の信仰からの逸脱であると考えつつ、コンスタンツでの別な説教の中でも、また別な所でも、再度信条のその条項を引き合いに出した。

ボニファティウスが列挙した主張は、「一つの・聖なる・公同的・使徒的」という定式に対する、新たな、深められた研究を、あらゆる側で呼び起こした。クレモナのヘンリクスにとっては、このような宣言は、ボニファティウスが「その栄光と誉れとを別な人に与えるのを拒否する人として、神から派遣されて」いた証明であった。アルヴァロ・デ・ペラヨにとっては、『ウナム・サンクタム』は教会論の注解の基礎として役立ち、彼はそれを「新たな異端の創始者」パドヴァのマルシリウスの教会論に対抗させた。〉(前掲書一七三〜一七四頁)

マルシリウスは、一四世紀前半に活躍した神学者であるが、教会に関してフスと通底する問題意識をもっていた。

〈マルシリウスはボニファティウスの教えを「過ちのもので……考えられる限りすべての偽りで（満ちている）」というレッテルを貼った。ニーハイムのディートリヒはボニファティウスを、ローマの教皇がその頭である「使徒的教会」と、キリストだけがその頭である世界中の「公同的教会」とを区別することができなかった、といって攻撃した。救いがなかったのは、このローマの教会の外側ではなく、この公同的教会の外側のことであった。「おそらく、中世後期の教会論に他の誰よりも影響を与えた」オッカムのウィリアムは、教皇の無謬性をめぐる論争の中でこの信条の定式を引用した。〉（前掲書一七四頁）

使徒的教会を、ペトロの継承者であるローマ教皇を長とする目に見える存在とする。これに対して、公同的教会を、キリストだけを頭とする目に見えない普遍教会と考えた。普遍教会は、単に観念として存在するのではなく、現実に存在するのである。

普遍教会を主張することは、目に見える形で存在する現実の教会が、ローマ教皇によって一元的に統治されているという考え方をとらないことを意味する。その結果、地上における権力は、神聖ローマ皇帝や国王に帰属するという解釈をもたらす。後にプロテスタンティズムが王権と結びつく論理構成の萌芽がすでに生まれているのだ。時代的に一四世紀の初めに、プロテスタント的教会観が生まれているのだ。

〈それ以前の時代の教理上の論議に、教会への考察が全く欠けていたわけでは勿論なかったが、一四世紀の最初の数年に教会論の諸問題への関心が突然沸き上がった。一三〇二年のボニファティウス八世の『ウナム・サンクタム』の他に、一三〇一―一二年に書かれたヴィテルボのヤコブスの『キリスト教的統治』、(ウナム・サンクタムにある種の基礎を提供した)同じく一三〇一―一二年のローマのアエギディウスの『教会の力』、一三〇二―三年のパリのヨアネスによる『王権と教皇権』があった。「初期スコラ主義においては、教会論と関連した問いの論議はほとんどない」し、トマス・アクィナスの『神学大全』の中には教会についての一連の「問い」は全くなかった。勿論、彼の様々な文書から教会論的発言を編集することはできた。ペトルス・ロンバルドゥスの『命題集』の中にはそれについての特別な部分はなかったし、何百という『命題集』の注解書の中にもなかった。〉(前掲書一七四～一七五頁)

中世は、コルプス・クリスチアヌムという文化総合を形成していた(コルプス・クリスチアヌムには、「キリスト教徒の体」や「キリスト教共同体」という訳語を充てることが多い)。そこにはユダヤ・キリスト教的一神教、ギリシア古典哲学、ローマ法が融合していた。教会の性格については、結社として、ローマ法的に解釈される傾向があった。

〈教会の性格についての諸定義は、神学者たちよりも通常は教会法の専門家たちに由来したものであった。それは、ダンテやオッカムのウィリアムのようなこの時代の論争家たちが、しばしば、不適切な訴訟に没頭することによって使徒ペトロの後継者ではなく、皇帝コンスタンティヌスの後継者になってしまう危険がある、と教皇エウゲニウスに警告したクレルヴォーのベルナルドゥスの言葉を引用しつつ嘆いた状況であった。なぜなら、「しばしば言われているように、中世盛期の教会概念は――例えば、トマスにおけるように――神学的にではなく、法的にだけ発展したと言うことはできない」としても、「中世によって作られた定義では……分離の時のような危機的な時代には弱すぎたと指摘することができる」からであった。〉（前掲書一七五頁）

法とは、所与の秩序を別の言葉で言い表したものに過ぎない。社会構造が大きく変化するとき、法では秩序を維持することができなくなる。社会と教会は一体であると観念されていた。この観念が擬制ではないかと人々は思い始めた。ヨーロッパ社会の内部に分裂が生じ始めたのである。そして、この分裂は一四世紀初頭から約五〇〇年を経て、民族（Nation）という強力な自己意識として凝固することになる。フスの宗教改革は、世界史に民族が生まれる重要な起源なのである。

でてきた。

＊

一四世紀の初めにこれまで一体と考えられてきたイエス・キリストと教会の間に差異が

〈ヴィテルボのヤコブスは「最初の教会論」の中で、「信仰の告白は主として二つの事柄に関わっている。すなわち、王であり頭であるキリストと、キリストの王国であり体である教会」である、しかし、この二つの事柄は「われわれ自身の時代までは」教会の博士たちから等しい関心を受けてこなかったし、「またそれにはそれなりの理由がなかったわけではないが、聖なる教理の教師たちが」教会に関する教理「について特別に語るのはふさわしいことである」と説明したのである。

一四世紀の初めに一旦それが教理上の論議の一部となるや、とりわけ一五世紀には、教会が一つの主要な争点、あるいは、主要な争点そのもの、その上にそれ以外のすべての教理が依存している「教理と信仰の学問の第一で最も普遍的な原理」となった。そこで、バーゼル公会議では「公会議の神学者たちもチェコの指導者たちも、要項上のすべての細目の基礎としての教会概念を論じるよう強いられているのを発見した」のである。一五世紀に教会論に専念した一次資料の膨大な文献の中から、四つの本の書名が表題を提供することができるであろうし、その表題のもとでニカイア信条の中で述べられている教会の四つの属性に関する論議を考察することにする。これらの本文の年代的な順序は、たまたま、信条の中の属性の順序に対応している。〉（前掲書一七五～一七六頁）

ここでいう四つの属性とは、1．一つの、2．聖なる、3．公同的、4．使徒的ということだ。裏返して言うと、これらの属性が不可分の一体をなしているという従来の了解から、区別して認識できるという理解に変化し始めたのである。

前に述べたように一四〇九年のピサの公会議では、最終的には成功しなかったとはいえ、一旦はローマとアビニョンの教皇庁の統一について、合意が得られた。この年に、教会の一致に関する古典的著作が発表された。

〈ジャン・ジェルソンは一四〇九年に『教会の一致』と題された小論文を書いた。その中で彼は、教会の一致は「常に存続する」と主張したが、「この一致は……統一によって完成される必要がある」とも教えた。直前の世紀に二人の著作家が教会における三種類の一致の区別を行っていた。すなわち、その部分としての個々の信仰者から成る「全体性の一致」、それによって、教会のメンバーが共有する恵みの賜物を通して、相互に適合させられる「適合の一致」、その頭であるキリストによって提供される教会の共通の目標と共通の根拠のゆえの「帰因の一致」である。教会は一つであり、修道会や習慣の多様性はその一致の妨げにはならなかった。同様に、オッカムは教皇がペトロに約束されたような、つないだり解いたりする唯一の権威を持つことを否定した時にも、その権威はすべての信仰者に属しているのだから、彼ら全員が共に一つの教会を構成すると説明した。〉（前掲書一七六頁）

後にニコラウス・クザーヌス、近代においてはヘーゲルやウラジーミル・ソロビヨフが展開する全一性と親和的な視座によって、多様な形態で現れているキリスト教を単一の教会概念に押し込めようとする。また、オッカムのように教会の権威を教会員全体に帰属させることから、汎神論《はんしんん》的な教会観が生まれた。

このように、一四世紀に教会論が発達したのは、教皇庁の大分裂という現実から生じているのである。

教会は、法的には一体をなしている。しかし、事実として（de facto）分裂してしまった。ところがピサの公会議以降、教皇が鼎立した状況でも、既存の教会から分離して、新たな教会を形成しようと考える教皇はいなかった。

チェコの神学者は、一五世紀のチェコ宗教改革と一六世紀のドイツ、スイス、フランスの宗教改革を一体のものとして考える。フスの運動を第一次宗教改革と名づけ、ルター、ツビングリ、カルバンの宗教改革を第二次宗教改革と名づける。第一次と第二次の差異は、教会観にある。フスも一六世紀の宗教改革者と同様に教皇の権威を認めなかった。しかし、既存のカトリック教会から分離して、新しい教会を形成するという発想をフスはもたなかった。

鼎立する教皇が、統一を指向する外的要因も存在した。イスラームの脅威である。キリスト教が内紛を起こしているようでは、イスラームに対する反転攻勢ができないという危機意識を三人の教皇は共有していた。一四一五年、フスが火刑に処せられたコンスタンツの公会議で教会は統一を回復する。ただし、公会議では鼎立する教皇以外から新教皇を選出することが、教会の統一を担保するために不可欠だった。こうして一四一七年、教皇に選出されたのが、マルティヌス五世だった。

その後、教会論は神学的に一層発展する。

〈一四四三年にバーゼル公会議をフェラーラに移した後、一つの体に二つの頭ではなく、今や二つの体が生じた時には、ある人々にとっては事態はいっそう悪化したのである。「単一の起源（従って、目に見える一致）」を知っているあの教会はどちらなのか」と尋ねたり、「キリストの代理職をめぐって二人または三人の人間が争っている時に、どのようにしてわれわれは誰がキリストの代理であることを知り、それに確信を持つことができるのか」と尋ねるのは、修辞的な問い以上のものになっていた。分離というこの圧倒的な事実は、事態をいっそう悪化させることなしに、教会とその一致を定義するいかなる企てをも困難にした。公会議を越える教皇の権威に固着した者たちは、その基礎が曖昧になっていたにもかかわらず、分離は真の教会を「司教たちの継承による使徒座の基礎の上に」置く必要性を、なおのこと強化したと主張した。すでに現れた分離は、そのものとしての教会への服従をゆり動かす脅威となっていたが、その分離に直面して、教皇に対する公会議の優位性を擁護した者たちは、教会の一致を、第一義的には「その唯一の頭であるキリスト」との結び付きとして、そして「第二義的」にだけ、「キリストの代理」である教皇との一致として定義し、同時に、「教会の一致は道義的な一致を前提にする」ことを強調するのを義務と見なした。〉（前掲書一七七〜一七八頁）

教会は分離の方向に進む。それは公同性よりも使徒性を強調する神学構成をとる。そして、自らが唯一の使徒の継承者であることを強調する。

逆に公会議重視論者は、教会の一致を教会の唯一の頭であるキリストに置くことになる。これがプロテスタントの教会観に発展している。

前にジャン・ジェルソンが一四〇九年に『教会の一致』と題する論文を刊行したことを述べた。この一八年前にジェルソンは、『教会の統一』と題する論文を公刊した。この論文で、分裂した教会の統一を回復するためには、教皇の自発的辞職が効果的な場合があると強調した。

〈ジェルソンは一四〇九年の『教会の一致』だけでなく、一三九一年に『教会の統一』と題されたもっと早期の訴えを書いていたし、その生涯の多くをラテン・キリスト教世界の再統合のための働きに注いだ。更に、『教会の一致』の中でも彼は、「疑問の余地のない一人のキリストの代理を持った教会の一致への探究」という言い方ができたし、「教会の統一を得るためには」教皇職から辞任し、自分の命を捧げてもかまわない、と語ったベネディクトゥス一三世の発言を認めつつ引用した。明らかなことであったが、教会はある意味ではすでに一つであったが、別な意味では、一つになるために教会は労し、祈る必要があった。『普遍会議において教会を一致させ、改革する方法』と題された一四一〇年の著作の中で、ニーハイムのディートリヒは「もし普遍的な教会が分離されず、統一され、分離によって影響を受けず、また常にそうであったとしたら、なぜ普遍的な教会の統一のために働く必要があるのか」と尋ねた。ほぼ同じ時期の別な二つの著作もその問題を取り扱い、真の教会はいかなる分離によっても破壊されることはありえないが、一致の回復のためには分離の両派を敬遠してでも、「教会の統一のために働くこと」が、また、「三重の分離」(triscisma)という醜聞が取り除かれた後になっても統一のために働き続けることが、本質的に重要であると論じた。従って、二〇年ほど後のバーゼル公会議も、フス派に対して「一つになるために、全力で働こうではないか」と訴えることができたのである。〉(前掲書一七八

〜一七九頁）

祈りは、見えない世界に働きかけるための道具である。地上の権力もしくは権威によって教会の統一を担保するのではない。祈りによって、教会の統一を願うという発想自体が宗教改革と親和的だ。それと同時に、見えない普遍的教会という観念を導入することによって、この教会に帰属しているという信仰的確信があるならば、地上で無理をして教会を統一するには及ばないという考え方も育ってきた。この考え方がプロテスタンティズムの教会観に発展していく。

＊

厳密に言えば、一五世紀には三つの教会分裂が起きた。第一は、ローマとアビニヨンの二つの教皇庁の分裂だ。これに一四〇九年のピサの公会議から一四一五年のコンスタンツの公会議までの間は、もう一人の教皇が加わり鼎立状態になった。第二が西方教会と東方教会の分裂である。この分裂はすでに一〇五四年に始まっている。第三がフス派の叛乱《はんらん》だ。

〈一つであると考えられた目に見えない教会を一五世紀に分離していたのは、ローマとアヴィニョンの二人の教皇の間の分離だけではなく、教会とその一致への自負の

「嘲り」に加わっていた少なくとも一つの別な分離、すなわち、フス派の反乱と東西の分離があったからである。バーゼル公会議の議長は次いで、フス派がギリシャ人に依怙贔屓していると非難し、他の批判者たちも両者の間に類似を見た。フス派が、公会議は東方の代表も招くべきだと要求した時、公会議の師父たちはすでにそうしようとしたが、コンスタンティノポリスのギリシャ人たちは、彼らの名前とチェコ人の名前とを結び付けることによる罪責感に反対した、と応答した。しかし、西方の様々な教会人の心の中では、西方教会内部の分離はチェコ人やギリシャ人との分離と密接に関連していた。フス派は東西の分離の中に、教皇座からの自分たちの分離に固執する言い訳を見付けている、と彼らは信じた。また、ビザンティンの皇帝に語りかけて、西方教会の大使たちは「何という切なる願いと何という熱意とをもって、われわれの教会は諸教会の平和と統一を求めたし、今も求めていることでありましょうか。……一つの場所でのわれわれの合意によって、われわれはすべてのキリスト教世界と両教会に平和を回復することができます。しかしそれがなければ、われわれ自身の教会は引き裂かれ、また陛下がご理解くださるように、あなたがたも平和を見いだすことはできないことも疑いないのです」と宣言した。〉（前掲書一七九頁）

フス派には、エキュメニカル（教会再一致的）な発想があった。それだから、コンスタンチノープルのギリシア教会との連携を模索したのである。

中世のカトリック教会は、聖餐において信徒にはパンしか与えなかった。これに対して、フス派は信者にパンのみでなく葡萄《ぶどう》酒も与える両種陪餐を実施した。このことも教会論と密接に関わっている。

〈フス派の神学の中では、聖餐の教理が目立っていたにもかかわらず、彼らは多分、「われわれの分離全体」は、とりわけ、一般信徒にカリス（引用者註＊聖餐杯）を認めないことに明らかになっている、キリストの命令と教会の命令との関係に関わっている、と語った彼らの論敵の一人に同意したであろう。この争点の根底にあったのは、次いで、教会の性格とその一致についての問い、同時に、教会の権威についての問いであった。なぜなら、フスは「わたしはわたしの教会を建てる」と語ったキリストのペトロへの言葉の中で言い表されている「教会」を、ローマの教会としてではなく、「予定された者の集まり」と定義したからである。この直接の源泉はウィクリフであったが、その定義自体はアウグスティヌスに由来するもので、中世を通じて用いられてきていた。しかし今やそれは、教皇の教理の特徴であった「教会についての物理的な理解」と、それだけが教会の厳密な定義であった「キリストの花嫁としての聖なる教会、神の選民の群れ」としての理解とを識別する手段となった。それは、予定された者たちは「教会からの一時的な排除」があったにしても、引き続き真の教会に属していること、従って、真の教会のメンバーの資格は究極的にはそのメンバーにも知られない、ということを意味した。このように、外的な加入による「教会の中に」(in ecclesia) いることと、真の選ばれたメンバーとして「教会に属す」(de ecclesia) ことは、全く別なことだったのである。〉(前掲書一七九〜一八〇頁)

仮に、教会が信徒に葡萄酒を与えずに排除しても、真のキリスト教徒は、目に見えない真実の教会に帰属しているのである。両種陪餐を実施することによって、真実の教会に所属していることが目に見えるようになるのだ。制度的な教会の中にいるということと、目に見えない真実の教会に属することは本質的に異なるのである。制度的な教会の構成員であっても、真実の教会に帰属していない人はいくらでもいる。ただし、誰が目に見えない真実の教会に所属するかについて知っているのは神だけなのである。

〈フス派に敵対した者たちにとっては、キリストが宇宙的な調和の中に共に存在する「教会のこの体」を、「予定された者たちだけから成っている」と呼ぶことは正しかったにしても、「あなたがたが最初の種類ではないにしても、あたかも第二の種類の者であるかのようにして」、二つの教会と二つの会員資格をこのように区別するのは、信条の中で告白された「一つの教会」の異端的な否定であると思われた。〉(前掲書一八〇頁)

このような批判は、フスの真意を曲解している。フスにとっての教会とは、目に見えない真実の教会のみである。従って、二つの教会と二つの会員資格という認識はフスにはなかった。しかし、この目に見えない教会に誰が帰属しているか、人間の力では理解できないのである。従って、限界をもったこの世界の人間の立場から見れば、〈教会は「予定された者と定罪された者との混合、もっと正確に言えば、定罪された者と滅びる者とが混じった予定された者たちの教会」〉（前掲書一八一頁）ということになるのである。

第一三話　権威の源泉

目に見える教会に属する信者を「救いが予定されている者」と「罪にまみれ、滅びる者」に二分するフスの考え方を、ローマとアビニョンの双方の教皇庁は、ドナトゥス主義の再来ではないかと警戒した。ドナトゥス派は四世紀に北アフリカで強い影響力をもち、既成の教会を脅かした。ドナトゥス（?～三五五）が初代の指導者だからドナトゥス派（主義者）と呼ばれる。ローマ帝国の迫害によって、背教した前歴のある者が教会幹部に就任してよいかどうかを巡る論争に関して、就任することを認めないのがドナトゥス派だ。

カルタゴの司教メンスリウスの死後、三一一年にカエキリアヌスが後継者に選ばれた。しかし、カエキリアヌスを叙任したフェリックスが、ディオクレティアヌス帝による迫害のとき、背教した前歴があるということで、ヌミディアの七〇人の司教と司祭がこの人事に反対し、マヨリヌスを司教に選出した。こうして、二人の司教が対立する状態になった。

このマヨリヌスの後継者がドナトゥスだ。ドナトゥスは、迫害のときにキリスト教の信仰告白をしなかった聖職者が行うサクラメント（洗礼、聖餐などの儀式）は無効であると主張した。国家による教会の公認にも反対した。国家と教会の厳格な分離が、信仰を維持するために必要と考えたのである。そして、民衆を扇動して暴動を起こした。

コンスタンティヌス一世は、ドナトゥス派の暴動が、ローマ帝国の国家体制を弱体化させると考え、教会の人事に介入し、カエキリアヌスが正統であると認めた。

そして、ドナトゥス派に対して激しい弾圧を加える。それでもドナトゥス派は弾圧に屈しなかった。ローマ帝国側は、三二一年に寛容令を公布して和解を試みたが、成功しなかった。三三七年、コンスタンティヌス一世は、小アジアのニコメディアで死去した。死の直前にキリスト教の洗礼を受けた。コンスタンティヌス一世の息子三人が後継者（共同皇帝）となり、ローマ帝国を分割統治した。帝国の西側を統治したコンスタンス一世は、ドナトゥスをはじめとするこのグループの主な指導者をガリア地方に追放したが、三六一年にユリアヌス帝がローマ帝国領への帰還を認めた。その結果、ドナトゥス派の影響が急速に拡大した。ローマ帝国は、再び弾圧策に転じ、ドナトゥス派は北アフリカに逃げ、この地で七世紀にムスリム（イスラーム教徒）によって滅ぼされるまで影響力を維持した。〈アウグスティヌスは、北アフリカ出身のアウグスティヌスは、礼典の真の執行者はキリストであるから、精力的にドナトゥス派と論争した。教職者の人格は礼典の効力に影響を与えないといった。〉（藤代泰三『キリスト教史』日本YMCA同盟出版部、一九七九年、

一五〇頁）

こうして、サクラメントの効力に、それを執行する神父の人格をからめる人効説を斥《しりぞ》け、儀式の手続きが遵守されれば効力があるとする事効説がとられるようになった。ちなみに、プロテスタント神学者は、聖職者という概念を認めない。神父という用語には、神父が神とつながる特別の機能を果たすという含みがあるので、プロテスタント神学者はこの用語を嫌い、プロテスタント教会が出現する以前の神父を教職者と言い換えることがある。

歴史は常に反復する。人効説は、教会の公式ドクトリンから排除されていても、明らかに腐敗した神父が執行したサクラメントが、ほんとうに神聖で、効力をもつのかという疑念を信者がもつのは当然のことだ。それだから、教会の腐敗が深刻になると、かならず人効説の含みをもつ改革運動が生まれる。

フスに関しても、人効説を主張する宗教改革者であるという見方があるが、それは不正確だ。

＊

歴史的大事件に直面した人は、過去の事件との類比（アナロジー）で現状を理解しようとする。一九一七年に社会主義革命を実現したレーニンは、明らかに一七八九年のフランス革命との類比で、情勢をとらえていた。一九四一年にナチス・ドイツの侵攻に直面したスターリンは、一八一二年のナポレオンのモスクワ侵攻を意識しつつ、反攻作戦を練った。一五世紀のチェコで、フス派が出現したとき、教皇庁はそれを一四世紀のウィクリフの再来と考えた。さらに、フス派もウィクリフ派もドナトゥス派との類比で解釈したのである。しかし、フスはドナティストではないが、フスの後継者には明らかにドナティストの傾向が認められる。このことは、フス戦争でフス派が敗北した後、絶対平和主義を掲げて活躍したフスの思想の継承者ペトル・ヘルチツキーの言説を見るとよくわかる。

〈それを擁護するために、トマス・アクィナスの権威を引き合いに出すことが可能であったヘルチツキーのこの主張――明らかに罪人であることが知られている司祭から、サクラメントを受けるのは罪であるというこの主張――にはフス派の他の者も加わったが、そのことはフス派の立場を「新ドナトゥス派」にはしない。フス自身も、ふさわしくない司祭に「十分の一税を納めたり、彼からミサを拝聴する」のを禁じたが、彼はただちに「しかしそれは、ミサが聖なるものでないということではない」と説明した。彼は勿論「すべての良きキリスト者は司祭であるが、すべての司祭が良きキリスト者であるわけではない」と強調し、また、悪しき司祭は「反キリストの代理」であると強調した。しかし彼は、誰であれ正しく叙階を受け、サクラメントを造り出す意図を持った司祭によって祝われるサクラメントの有効性を教え続けた。なぜなら、キリストを自分自身は汚れている者でも、他者を清めることができたからである。

「この世的な利益のために」説教する者でも、キリストを説教していることに変わりがなく、「彼らを通してキリストの声が聞かれる」というアウグスティヌスの警告を、彼は承認しつつ引用した。〉（ヤロスラフ・ペリカン〔鈴木浩訳〕『キリスト教の伝統　教理発展の歴史4　教会と教義の改革（1300―1700年）』教文館、二〇〇七年、二〇一頁）

「自分自身は汚れている者でも、他者を清めることができ（る）」というのが、フスの神学思想の核心だ。「見えない教会」の力によって、腐敗した聖職者でも他者を清めることができるのである。しかし、腐敗していることが明白な聖職者には、目に見える世界での利益を与えてはいけないとフスは考えたのである。悪の中に善が隠れていることもある。この発想は、近代資本主義の台頭とともに、個々人は自らの利己心に基づいて活動するが、その結果として利他的な結果が生まれるというアダム・スミスの道徳哲学と親和的だ。あるいは、マルクスの『資本論』で展開された価値形態論の思想と類比的にとらえることもできる。商品には、貨幣に還元することができる価値と、個物の有用性である使用価値の二重性がある。ウオトカならば、飲んで気持ちが良くなるというのが使用価値で、一本一〇〇〇円というのが価値である。ボールペンならば、書くことができるというのが使用価値で、一本一〇〇円というのが価値だ。ウオトカを生産する資本家は、自分で飲むためにウオトカを生産するのではない。ボールペンを生産する資本家も、自分がボールペンを使うことを目的としていない。資本家の関心は、ウオトカやボールペンを販売して、貨幣を少しでも多く得ることだ。資本家にとっての価値は、自分のためでなく「他人にとっての使用価値」なのである。使用価値がなければ商品が売れず、貨幣にならないので、よい商品を作るのだ。このような、貨幣を獲得したいという利己的な欲望が、他人のための使用価値を担保し、それによって豊かな社会が成り立っているのである。利己主義という悪の中に善が隠れているのだ。

フスがドナトゥス派であるというのは、完全な誤解だ。

〈叙階は悪しき司祭も教会の一部分とすることを否定する点では、ウィクリフの定式に近い立場にフスは立ったが、そのことは、フスが彼らの叙階の有効性を否定する原因とはならなかった。彼の敵はしかし、それでも彼をドナトゥス主義者と呼んだ。またフスに従った者たちの中では、彼の立場をこのような関与から引き離そうと骨を折ったのは、とりわけ、ミースのヤクプであった。一般信徒であれ司祭であれ、偽りの信仰者は真の教会に属していないことを明確にする一方で、彼は「内的に堕落した人間も霊的な職務と権威を保持し、洗礼を授け、主の体と血とを聖別することがありえる」ことを宣言する点でも同様に明確であった。それと対立した見解は、司祭と一般人の双方にとって疑いと混乱の原因となったであろう。〉（前掲書二〇一頁）

中世末期の人々が、聖職者の腐敗を懸念する根拠があった。教皇庁は高位聖職者に聖職禄という利権を与えていた。そのため、聖職売買が横行していたからだ。聖職売買によって利権のために聖職者となった者のサクラメントによってでも、ほんとうに救済されるのであろうかというのは、信徒にとってきわめて深刻な疑念だったのである。

イエス・キリストは、貨幣の危険性を強調した。貨幣は、商品交換を円滑に進めるため、必然的に生まれる。貨幣を所有している人は、自らの欲望に基づいて、商品やサービスに交換することができる。ここから、貨幣には特別の力があるという観念が生まれる。この観念は妄想ではない。商品経済が主流となった近代社会において、貨幣を所有する者が現実的な力をもつのである。人間と人間の関係から生まれた貨幣が神のような力をもってしまうのだ。マルクスは、商品が物神的性質をもっていることを喝破したが、それは商品交換から生まれる貨幣において、より顕著になる。キリスト教は、神以外のものを人間が崇拝することを厳しく禁じる。聖職を貨幣とからめること自体が、貨幣という偶像に対するキリスト教徒の屈服を示している。

＊

教会の正しい伝統に従うならば、聖職売買のようなことはできないはずだ。いったい正しい伝統とは何なのであろうか？　プロテスタントは、伝統の権威を認めないという。カトリックの「聖書と伝統」が真理の源泉であるという理解に対して、プロテスタントは「聖書のみだ（ソラ・スクリプトゥーラ　sola scriptura.）」と異議を申し立てる。「聖書のみ」というのは、伝統を否定することではない。聖書即伝統で伝統即聖書であるというのがプロテスタントの真理観である。フスがそのような真理観への道筋を整えた。

それでは一五世紀の神学界における伝統理解を見てみよう。

〈ホアン・デ・パロマール、ガブリエル・ビール、彼らと同じ見解を持った他の者たちにとっては、「使徒的服従」の正しい対象である使徒的構造とは教皇制のことであった。教皇ヨハネス二二世とのその紛糾が、教皇制とその批判者たちとの間の闘争の中であのように重要な一部となることになった党派、厳格派フランシスコ会士の初期の二人の代弁者は、教皇に「死に至るまで」服従する義務と共に、キリストへの信仰と律法に矛盾しない新たな法を制定する教皇の権利を擁護していた。教皇の権力の別な擁護者は『教会の力』に関するその論文の結論で、「教会を恐れよ、その命令を守れ」と促し、更に「至高の司教は……『教会』と呼ばれることができる。……なぜなら、彼の権力は霊的、天的、神的であり、……測り知れないからである」と自分が語った意味を説明した。同様に、一四三三年にバーゼルで行われたフスへの反論は、教皇の命令は「仮にそれが神の律法の文字に基づいていなかったにしても」服従されねばならないと宣言した。ウィクリフと同じようにフスにとっても、上位者に対するこのような絶対的服従という観念は「過ち」であり、「使徒的服従」とは、その職にある使徒の後継者たちにではなく、聖書の中の使徒たちの言葉への服従を意味した。新約聖書が警告した「偽使徒」とは、真正な使徒たちの声とは違った声で語り、信仰者の魂を欺いていた者たちのことであった。なぜなら、使徒の真の後継者とは神の言葉を忠実に説教した者のことだったからである。「使徒的服従」についてのこの二つの解釈に対立していたのが、一四一五年四月六日にコンスタンツ公会議によって公布された『ハエック・サンクタ』という教令の中で表明された見解であった。その見解は、教会への服従が意味していることは、とりわけ、公会議への服従のことであって、公会議に服従しない者は、教皇であっても分離の罪過を負っている、というものであった。〉（前掲書二三〇〜二三一頁）

教皇の権威は、〈キリストへの信仰と律法に矛盾しない新たな法を制定する〉ことであるとすると、それは聖書に縛られることになる。なぜなら、キリストへの信仰は、新約聖書によって根拠づけられ、律法については旧約聖書に記されているからだ。

第一四話　両種陪餐

教皇の腐敗を指弾する人々は、教会の意思は公会議によって決定されるべきであるとする。一種の集団指導体制を主張するのである。いったい公会議の権威は何によって根拠づけられるのであろうか。公会議が使徒によって運営することによって担保されると考える。イエスは一二人の使徒を任命した。イエス以外の者が使徒を任命することができるのであろうか。答えは「できる」だ。その根拠は、「使徒言行録」にある。

一二使徒のうちの一人がイスカリオテのユダだった。ユダはイエスを裏切った。その結果、イエスはローマの官憲によって逮捕され、処刑された。一二使徒は一一人になってしまった。残された使徒たちは、一人を補充する必要があると考えた。この事情について、「使徒言行録」はこう記している。

〈「兄弟たち、イエスを捕らえた者たちの手引きをしたあのユダについては、聖霊がダビデの口を通して預言しています。この聖書の言葉は、実現しなければならなかったのです。ユダはわたしたちの仲間の一人であり、同じ任務を割り当てられていました。ところで、このユダは不正を働いて得た報酬で土地を買ったのですが、その地面にまっさかさまに落ちて、体が真ん中から裂け、はらわたがみな出てしまいました。このことはエルサレムに住むすべての人に知れ渡り、その土地は彼らの言葉で『アケルダマ』、つまり、『血の土地』と呼ばれるようになりました。詩編にはこう書いてあります。

『その住まいは荒れ果てよ、
そこに住む者はいなくなれ。』

また、

『その務めは、ほかの人が引き受けるがよい。』

そこで、主イエスがわたしたちと共に生活されていた間、つまり、ヨハネの洗礼のときから始まって、わたしたちを離れて天に上げられた日まで、いつも一緒にいた者の中からだれか一人が、わたしたちに加わって、主の復活の証人になるべきです。」〉

（「使徒言行録」一章一六〜二二節）

一世紀のパレスチナの人々は、悪人のはらわたには邪悪なものが詰まっていると考えていた。それだから、ユダが死んだときに体が裂け、はらわたがすべて飛び出してしまうという伝承が生まれたのであろう。

使徒は、一二人という単位で一体の構成だ。裏切りによってユダが脱落したら、補充する必要がある。「使徒言行録」は、その根拠を旧約聖書詩編の「その務めは、他の人が引き受けるがよい」という箇所に求める。

どうも誰を補充するかということについて、一一人の使徒の間で意見が一致しなかったようだ。ヨセフ、マティアの二人が候補者になった。そして、マティアが使徒になるのだが、その経緯について「使徒言行録」はこう記す。

〈そこで人々は、バルサバと呼ばれ、ユストともいうヨセフと、マティアの二人を立てて、次のように祈った。「すべての人の心をご存じである主よ、この二人のうちのどちらをお選びになったかを、お示しください。ユダが自分の行くべき所に行くために離れてしまった、使徒としてのこの任務を継がせるためです。」二人のことでくじを引くと、マティアに当たったので、この人が十一人の使徒の仲間に加えられることになった。〉（「使徒言行録」一章二三〜二六節）

ここでは簡潔な記述になっているが、一一人は徹底的に議論をしたが、意見が割れてどちらを使徒にするかが定まらなかったのであろう。繰り返すが、使徒は一二人によって初めて成り立つ概念だ。従って、ヨセフとマティアの両人を使徒にして、一三使徒にすることはできないのである。人知を尽くして決まらない場合、「くじ」によって決定するということが、古代、中世においては、ごく普通に行われていた。当時の人々は「くじ」に神の意思が反映すると考えたのである。それだから、ヨセフとマティアのうちの一人を「くじ」で選び出すにあたって、一一人は神に祈ったのである。

人知を超える力が働いたのでマティアは「くじ」に当せんしたのだ。この人知を超える力をキリスト教徒たちは聖霊と呼ぶようになる。教皇であれ、公会議の構成員である枢機卿であれ、使徒の伝統に従わなくてはならない。この伝統を継承しているのが真実の教会だ。フスは、目に見える教会に使徒的伝統が欠如していると考えた。それだから、キリスト教徒はイエス・キリストを頭とする見えない教会に所属すべきであると考えたのだ。使徒的伝統について、ヤロスラフ・ペリカンが要領よくまとめている。

〈「使徒的服従」にふさわしいものであるためには、教会自体が、「使徒的」でなければならなかった。何が教会をそのようなものとしたのであろうか。使徒性の通常の三つの基準とは、使徒たちによって設立されていること、（使徒とは使者として派遣された者のことであったのだから）使徒たちによって世界中に広められていたこと、（使徒たちの正当な後継者を通して）使徒たちによって治められ、管理されていること、であった。ジェルソンが定式化したように「教会の力」は「キリストが超自然的で特別な仕方で、終わりの時に至るまでその使徒たちと弟子たち、また彼らの正当な後継者たちにお授けになった力」のことであった。強調は「正当な」後継者にあった。なぜなら、「愛の火を燃やさずに、貪欲の炎を燃やす」偽りの後継者がいたし、そのうちのある者たちは高い位に就いていたからである。枢機卿ダイイのこの警告は、パドヴァのマルシリウスやヤン・フスのような人物から発せられた時には、もっと論争的な色合いを持っていた。マルシリウスはヨハネス二二世を攻撃して、その「悪魔的な文書を彼はそれでも『使徒的』と呼んでいる」と語った。〉（ヤロスラフ・ペリカン「鈴木浩訳」『キリスト教の伝統　教理発展の歴史4　教会と教義の改革（1300―1700年）』教文館、二〇〇七年、二三一～二三二頁）

使徒的教会の三条件のうち、第一の「教会が使徒たちによって設立されたこと」という条件について、目に見えるカトリック教会は満たしている。第二の「教会が使徒たちによって世界中に広められた」という条件も目に見える教会は満たしている。問題は、第三の「教会が使徒たちの後継者を通して、使徒たちによって治められ、管理されているか」という条件についてだ。フスはこの三番目の条件が満たされていないと考えた。

三人の教皇が、正統性を争っている。このこと自体が異常だ。フスはその内の誰かを正統と考えるのではなく、いずれも権力欲にまみれた政治家と見なした。

フスは「使徒的」であることの特徴を謙虚さに求めた。これには聖書的な根拠がある。

＊

〈一行がエルサレムへ上って行く途中、イエスは先頭に立って進んで行かれた。それを見て、弟子たちは驚き、従う者たちは恐れた。イエスは再び十二人を呼び寄せて、自分の身に起ころうとしていることを話し始められた。「今、わたしたちはエルサレムへ上って行く。人の子は祭司長たちや律法学者たちに引き渡される。彼らは死刑を宣告して異邦人に引き渡す。異邦人は人の子を侮辱し、唾をかけ、鞭打ったうえで殺す。そして、人の子は三日の後に復活する。」

ゼベダイの子ヤコブとヨハネが進み出て、イエスに言った。「先生、お願いすることをかなえていただきたいのですが。」イエスが、「何をしてほしいのか」と言われると、二人は言った。「栄光をお受けになるとき、わたしどもの一人をあなたの右に、もう一人を左に座らせてください。」イエスは言われた。「あなたがたは、自分が何を願っているか、分かっていない。このわたしが飲む杯を飲み、このわたしが受ける洗礼を受けることができるか。」彼らが、「できます」と言うと、イエスは言われた。「確かに、あなたがたはわたしが飲む杯を飲み、わたしが受ける洗礼を受けることになる。しかし、わたしの右や左にだれが座るかは、わたしの決めることではない。それは、定められた人々に許されるのだ。」ほかの十人の者はこれを聞いて、ヤコブとヨハネのことで腹を立て始めた。そこで、イエスは一同を呼び寄せて言われた。「あなたがたも知っているように、異邦人の間では、支配者と見なされている人々が民を支配し、偉い人たちが権力を振るっている。しかし、あなたがたの間では、そうではない。あなたがたの中で偉くなりたい者は、皆に仕える者になり、いちばん上になりたい者は、すべての人の僕になりなさい。人の子は仕えられるためではなく仕えるために、また、多くの人の身代金として自分の命を献げるために来たのである。」〉（「マルコによる福音書」一〇章三二〜四五節）

ここで問題となっているのは、イエスの死後、誰が後継者になるかということだ。そして一二使徒は、後継者の座をめぐって権力闘争を始めようとする。それをイエスは戒め、〈あなたがたの中で偉くなりたい者は、皆に仕える者になり、いちばん上になりたい者は、すべての人の僕になりなさい。人の子は仕えられるためではなく仕えるために、また、多くの人の身代金として自分の命を献げるために来たのである〉と僕《しもべ》になることで、共同体を治め、管理することになるという逆説を説く。

フスは、イエスがこの言葉を発したときの状況との類比で、現実に存在する教会を批判する。フスは、類比の根拠は聖書のみであると考える。そして現実に存在する教会が、聖書からかけ離れた、人間の欲望と願望に基づく教理をキリスト教に付加していることを激しく非難する。一六世紀宗教改革の「聖書のみ」というプロテスタンティズムの原理は、このような形でフスによって先取りされているのだ。

もっとも、聖書は教会の伝統とのコンテクストにおいて解釈されるべきであると、フスに反対する人々は主張した。

〈しかし、「聖書が含んでいない、なんと多くの救いを与える教理が付け加えられて来たことか」という主張に対して、伝統についての別な見解の擁護者たちは、「公同的真理の様々な度合いに従えば、聖書はそれらを実際に含んでいる」と応酬した。これらの「公同的真理の度合い」の中には、聖書が多くの言葉をもって主張していたことだけでなく、明確に言明されていなかったにしても、「明瞭な理性行使のプロセスによって聖書から結論」することができたことも含まれていた。非聖書的伝統や聖書外の啓示の主張に関しては、それらが「奇跡によってか、聖書によってか、またとりわけ教会によって」有効なものとされない限りは、通常は全体としての教会に拘束力を持つものではなかった。誰であれ、教会の中にいる人間に適切な手続きは、「聖書の権威を通して教会へ、というのではなく……教会を通して聖書とその理解へと」進むことであった。ペトロに、そして彼を通して教会に、授けられた「つなぐこと」と「解くこと」の特権は、赦免だけでなく、どの文書が正典に属し、どの文書が属していないかの決定にまで及んでいた。このように、その「唯一の」権威が教会の権威に対抗させられていた聖書そのものが、その確証のために教会に依存していた。この確証を持つすべての書が、聖霊による等しい霊感を主張できたので、等しい権威を主張できた。キリストを誘惑するのに、サタンは聖書の権威を引き合いに出し、それを偽りの仕方で解釈していたが、そのことによって、教会の中で公式にまた普遍的に教えられてきた聖書の解釈に固着する必要性を証明した。使徒的な権威が、聖書と教会の伝統から成っていたのは、この意味においてであったが、それは、どのような真理も完全に聖書の「外側」にあったわけではなかったからである。そこで、もし、分離を解消するために「両者への服従の」教会会議があるとしたら、そのような会議は、その聖書解釈に対する使徒的権威を主張することができた。〉（前掲、ペリカン『教会と教義の改革』、二三二〜二三三頁）

荒野でイエスを誘惑するときに、サタンは聖書を引用し、その解釈でイエスを陥れようとした。サタンが類比を用いて聖書を読み解いたことは、間違いない。キリストの花嫁であり、聖霊に満たされた教会の中で、公的に認められた以外の類比の適用を認めることは危険であると、現実に存在する教会の指導部は考える。この教会指導部から見るとフスの聖書解釈は、荒野におけるサタンの伝統を継承していることになる。

もっともフスにとって、このような現実に存在する教会からの非難は、痛くも痒《かゆ》くもない。フスは教会に対する帰属意識が強い。ただし、その教会は教皇が鼎立し、いがみ合っている目に見える教会ではない。イエス・キリストを頭とする目に見えない教会にフスは帰属し、その教会の規則に隷属していると考える。その教会では、神の言葉を書き記した聖書のみが、キリスト教徒の行動の規範となる。見えない教会に帰属するフスが、聖書を類比的に解釈する根拠は、聖霊の自由な働きによることになる。その意味で、フスの発想は原始キリスト教への回帰を指向する。フスは、キリスト教の復古維新を考えているのだ。言葉の本来的な意味で、フスは保守的な神学者なのである。それ故に、フスは、目に見える教会が行っているパンだけの一種陪餐ではなく、葡萄酒とパンによる両種陪餐を復活させたのだ。

〈しかし、聖書の啓示の継続的拡張としての伝統ではなく、聖書の権威ある解釈としての伝統、というこのいっそう保守的な見解を擁護した者たちは、聖書を越え出ていたことが否定すべくもなかった発展しつつあった当時のマリア論を擁護するだけでなく、聖書の権威を、実際、キリスト自身の権威を、補足するのではなく、それと対立すると思われた伝統を擁護するよう強いられた。すなわち、聖餐で一般信徒にカリス(引用者註＊葡萄酒を入れる聖餐杯)を拒むのを擁護するよう強いられたのである。トマス・アクィナスやヴィテルボのヤコブスのような神学者には、キリストの設定の言葉は、サクラメントの完全性のためにはホスチア(引用者註＊聖餐式で用いられるイースト菌の入っていないパン）とカリスの両方の使用を必然的なものとする、と思われた。従って一種だけによる聖餐の執行はサクラメントの完全性を損なうという非難は、ヤン・フスがその死に先立つ数ヶ月に最終的に、「両種の陪餐」が再確立されねばならず、「習慣ではなく、キリストの模範が」規範的でなければならない、と主張した時に争点になった。彼の批判者たちが正しくも「教会の普遍的な慣行」、すなわち、一種だけによる陪餐を「破った最初の人物」とした「フス派の運動の第二の創始者」ミースのヤクプの指導のもとにフス派は、「両種による聖餐、すなわち、パンとぶどう酒による神的な聖餐の交わりは、救いにとって大きな価値と助けとなり、信じる民全体にとって必要であって、それはわれわれの主、救い主によって命じられた」という証明に乗り出した。キリスト自身が、晩餐会を催し、客を招いた福音書の中の「ある人」であった。従って、彼の招きを受けた者は彼が設定していたように、両種によって晩餐を受ける義務を負っていたのである。〉（前掲書二三三―二三四頁）

聖餐式について、新約聖書でパウロは次のように述べている。

〈わたしがあなたがたに伝えたことは、わたし自身、主から受けたものです。すなわち、主イエスは、引き渡される夜、パンを取り、感謝の祈りをささげてそれを裂き、「これは、あなたがたのためのわたしの体である。わたしの記念としてこのように行いなさい」と言われました。また、食事の後で、杯も同じようにして、「この杯は、わたしの血によって立てられる新しい契約である。飲む度に、わたしの記念としてこのように行いなさい」と言われました。だから、あなたがたは、このパンを食べこの杯を飲むごとに、主が来られるときまで、主の死を告げ知らせるのです。

従って、ふさわしくないままで主のパンを食べたり、その杯を飲んだりする者は、主の体と血に対して罪を犯すことになります。だれでも、自分をよく確かめたうえで、そのパンを食べ、その杯から飲むべきです。〉(「コリントの信徒への手紙一」一一章二三～二八節)

これを素直に解釈すれば、イエスはパンと葡萄酒の双方で聖餐を定めたということになる。カトリック教会は、パンと葡萄酒が、実体として、それぞれキリストの肉と血に変化するという神学的解釈を行った。一般の信徒が聖餐杯から葡萄酒をこぼすと神聖冒瀆《ぼうとく》になるので、葡萄酒の拝領を辞退する雰囲気がカトリック教会に広がった。そして聖職者だけが葡萄酒を拝領するようになったのである。聖職者であっても、誤って葡萄酒を床にこぼすことがある。その場合、葡萄酒が染みこんだ床を切り取って焼却する。そして、その灰を聖遺物にすることになったようだ。これに対して東方正教会では、あまり難しいことは考えずに、古《いにしえ》からの伝統を守るという形で、両種陪餐が続けられた。

聖餐論の観点からすると、フスの立場は、カトリック教会よりも東方正教会に近いのである。
見えない教会に徹底的に従い、イエス・キリストが制定した両種陪餐を復活させるという復古維新に徹底的に拘《こだわ》ったことにより、フスは「目に見える」教会との対峙《たいじ》を余儀なくされることになる。

＊

イエス・キリストは、パンと葡萄酒の双方で最後の晩餐をおこなった。日本でも「同じ釜《かま》の飯を食う」というが、同じパンを食べ、葡萄酒を飲むことによって、同胞であることを確認したのである。この事実を否定することはできない。そこで、カトリック教会は、なぜ、パンだけの一種陪餐が正しいかを神学的に説明する必要に迫られた。ヤロスラフ・ペリカンはこう説明する。

〈「使徒たちの教え（教理）」と関連した「パン割きの交わり」への新約聖書の言及から、パンだけによる一種陪餐が「使徒的な慣行であり、原始教会の慣行」であったことを証明しようとする企てが時おりなされはしたが、コンスタンツ公会議もすでに、原始教会では信者は二種陪餐を受けていたことを認めていた。そして、主たる必要性は、その慣行を説明し、その後の変更を正当化することであった。初代教会での二種陪餐は、「人の子の肉を食べず、また、その血を飲まなければ、あなたがたの内に永遠の命はない」というキリストの言葉のような言明を、あまりにも字義通りに読んだことが原因で、それは、「多くの人に、サクラメントの二種による陪餐によって過ちを犯させる」ことになった、と指摘した者たちがいた。初代教会の慣行、とりわけ、聖餐を何年も受けることのなかった隠修士の記録に残る生涯が、原始教会はキリストのこのような言明を、服従されねばならない神命と受け取っていなかったことを証明した。しかし、「その後の教会が元来の慣行を変えることになったのは何が原因だったのか」という問いには、答えが与えられねばならなかった。それに対しては、一種陪餐の主唱者たちも、教会の中で「悪が成長するに伴って、信心が低下し、減少した」のが理由になって、それが起こっていたと答えた。〉（前掲、ペリカン『教会と教義の改革』、二三五頁）

時代が経過するとともに、悪が成長するという見方は、二一世紀に生きるわれわれにはわかりにくい。それは、時間の経過とともに人類が善くなっていくという進歩の思想が、近代以降の流行だからである。古代、中世においては、時間の経過とともに人類はより悪くなっていくという下降史観が主流だった。日本にも「初心忘れるべからず」ということわざがある。ここには、初心から時間が経過するとともに人間は悪くなるという了解がある。また、日本で改革が行われるときには復古維新が唱えられた。時間の経過とともに人間が堕落してきたので、元に戻すという考え方だ。フスもイエス・キリストの教えに帰れと説いた。フスはキリスト教における復古維新論者なのである。

このような下降史観を用いてカトリック教会は一種陪餐を正当化しようとした。

〈教会への愛がその頂点にあった時には、信仰者はしばしば、まだ二種で陪餐を受けたが、それが暖かいものに過ぎなくなった時には、もっと回数が少なく、またパンをぶどう酒に浸す方法で受けた。今やそれは生温いものとなったので、更に回数少なく、また一種だけで受けた。このように、「慣行は、教会への愛に比例した」のである。〉（前掲書同頁）

しかし、この議論で見逃されている論点がある。なぜ一般信徒（平信徒）はパンだけの一種陪餐になっているのに、聖職者は両種陪餐で葡萄酒にもあずかることができるかという問題だ。聖職者は「聖なる人」なので、時間が経過しても一般信徒のように堕落することはないという認識なのだろう。しかし、一般信徒は多くの聖職者がどれだけ堕落した生活をしているか、経験を通じて知っている。聖職者だけ堕落していない特別の人とすることの欺瞞《ぎまん》を民衆は見抜いていた。

それだから、一五世紀初頭には、両種陪餐の復活が改革派の主要な要求になったのである。

〈しかし、コンスタンツ公会議が認めたように、二種陪餐が原始教会の規範であったとしたら、それは今でもそうでなければならない、とカリスの復興の主唱者たちは力説した。ネストリオスやペラギウスのような古代の異端者たちが二種で陪餐していたという議論については、それへの回答は、「アウグスティヌス」を基にして、「ある時には、パンの形態でキリストの体を食しても、ぶどう酒の形態でキリストの血を飲まなかった者たちは、マニ教の異端の嫌疑を受けた」と語ることであった。原始教会はより強かったし、二種の用法を守っていた。従って、「信仰に関わる事柄で、原始教会に合致させられるのはふさわしい」ことであった。サクラメントの執行では、すべての司祭は原始教会の様式に従わねばならず、一般信徒にカリスを拒む者たちは、「われわれの主イエス・キリストの聖なる使徒たちが信じ、教えたことを」模倣しようと努めた者を結果的に異端者扱いにしていた。その場合には、論争は根本的に言って、何が教会を「使徒的」にしたかについて、二つの基本的に隔たった定義に帰着した。フス派の論敵の一人が、彼らの立場を正確に述べたように、「すべてに先立って人はキリストの命令に服従せねばならず、その後で初めて、教会の命令に服従しなければならない、とあなたがたは言う」が、他方、彼と、彼と立場を同じくした者たちにとっては、このような区別は考えられなかった。教会は、使徒たちからの疑問の余地ない継承と使徒的な真理への途切れることのない固着のゆえに、真に使徒的だった

のである。〉（前掲書二三五～二三六頁）

問題は、イエス・キリストと教会の間の完全な連続性を認めるか否かという教会論にあったことが、これまでの説明で明らかになる。

＊

それでは、ここでフスの主著『教会論（De Ecclesia）』（一四一三年）において展開されている教会観を見てみよう。

フスは、キリスト教徒を旅人のイメージでとらえる。カトリック教会は、聖なる公同な教会である。それは、イエス・キリストが救済主であるという普遍的な信仰によって支えられている。フスは、〈聖なる公同の教会を忠実に信じるということは、主であるイエス・キリストを愛することである〉（ヤン・フス『教会論』John Huss/David S. Schaff to., The Church, New York : Charles Scribner's Sons, 1915、一頁）と強調する。キリストは、教会の花婿であるとともに、教会そのものでもある。教会の長はイエス・キリストである。ローマ教皇をはじめとする人間を教会の長と考えること自体に根本的な誤謬《ごびゅう》がある。

真実の教会が何であるかを知るために、二つの指標があるとフスは考える。

第一は、神を礼拝する場として、教会が正しく機能していることだ。その基準は聖書の以下の記述に求められる。

〈次のことを指示するにあたって、わたしはあなたがたをほめるわけにはいきません。あなたがたの集まりが、良い結果よりは、むしろ悪い結果を招いているからです。まず第一に、あなたがたが教会で集まる際、お互いの間に仲間割れがあると聞いています。わたしもある程度そういうことがあろうかと思います。あなたがたの間で、だれが適格者かはっきりするためには、仲間争いも避けられないかもしれません。それでは、一緒に集まっても、主の晩餐を食べることにならないのです。なぜなら、食事のとき各自が勝手に自分の分を食べてしまい、空腹の者がいるかと思えば、酔っている者もいるという始末だからです。あなたがたには、飲んだり食べたりする家がないのですか。それとも、神の教会を見くびり、貧しい人々に恥をかかせようというのですか。わたしはあなたがたに何と言ったらよいのだろう。ほめることにしようか。この点については、ほめるわけにはいきません。〉（「コリントの信徒への手紙一」一一章一七～二二節）

パウロはここで、信徒間の内輪揉《も》めを厳しく批判している。ここでいう「主の晩餐」は、聖餐式とは異なり、本格的な食事会を指している。当時は、礼拝を目的とする教会堂はなかった。恐らく、豊かな人の屋敷が礼拝と食事を行う場として提供されていたのであろう。

ここでキリスト教徒は、各自が飲み食いするものを持参した。そうなると、飲食物をもってくることができる豊かな人と、それができない貧しい人の間に格差が生じる。この格差について、豊かなキリスト教徒が無自覚になっていることをパウロは批判しているのだ。そこで、パウロは正しい食事会のあり方について述べる。

へわたしがあなたがたに伝えたことは、わたし自身、主から受けたものです。すなわち、主イエスは、引き渡される夜、パンを取り、感謝の祈りをささげてそれを裂き、「これは、あなたがたのためのわたしの体である。わたしの記念としてこのように行いなさい」と言われました。また、食事の後で、杯も同じようにして、「この杯は、わたしの血によって立てられる新しい契約である。飲む度に、わたしの記念としてこのように行いなさい」と言われました。だから、あなたがたは、このパンを食べこの杯を飲むごとに、主が来られるときまで、主の死を告げ知らせるのです。

従って、ふさわしくないままで主のパンを食べたり、その杯を飲んだりする者は、主の体と血に対して罪を犯すことになります。だれでも、自分をよく確かめたうえで、そのパンを食べ、その杯から飲むべきです。主の体のことをわきまえずに飲み食いする者は、自分自身に対する裁きを飲み食いしているのです。そのため、あなたがたの間に弱い者や病人がたくさんおり、多くの者が死んだのです。わたしたちは、自分をわきまえていれば、裁かれはしません。裁かれるとすれば、それは、わたしたちが世と共に罪に定められることがないようにするための、主の懲らしめなのです。わたしの兄弟たち、こういうわけですから、食事のために集まるときには、互いに待ち合わせなさい。空腹の人は、家で食事を済ませなさい。裁かれるために集まる、というようなことにならないために。その他のことについては、わたしがそちらに行ったときに決めましょう。〉（「コリントの信徒への手紙一」一一章二三～三四節）

貧しい人たちは夜遅くまで働かなくてはならない。仕事の後、集会に行っても、豊かな人たちはすでに食事を終えて、酩酊《めいてい》している人すらいる。豊かな人たちに悪気があるのではない。貧しい人たちの気持ちを忖度《そんたく》することができないのだ。そして、無意識のうちに貧しい人たちに恥をかかせることになる。この自分たちで飲み食いして、他者に配慮することができなくなっているキリスト教徒を、自らはパンと葡萄酒の両方にあずかるのに、一般信徒には葡萄酒を与えることを拒否する聖職者と重ね合わせ、フスは批判を展開しているのだ。

第二の指標は、〈聖職者が神の家に属していると教会が示していることだ〉（前掲、フス『教会論』同頁）。ここで、神の家と同じものと考えられている教会は、地上に存在する制度としての教会ではなく、イエス・キリストを長とする目に見えない存在である。その聖書的根拠をフスは、「マタイによる福音書」の以下のイエスの言葉に求める。

〈人の子は、栄光に輝いて天使たちを皆従えて来るとき、その栄光の座に着く。そして、すべての国の民がその前に集められると、羊飼いが羊と山羊を分けるように、彼らをより分け、羊を右に、山羊を左に置く。〉(「マタイによる福音書」二五章三一〜三三節)

「人の子」とは、イエス・キリストのことである。ギリシア語に、「テロス(telos)」という言葉がある。終わり、目的、完成を意味する言葉だ。キリスト教神学には終末論という分野がある。終わりのときに、神の目的が完成するのである。そのときに、すべての人が集められる。そして、ふりわけられるのである。イエス・キリストを長とする教会は、終わりの日になって信徒を選別し、真実の教会の姿を現すのである。

当時のパレスチナにおいて、日中、羊と山羊《やぎ》はいっしょに放牧されていた。ただし、夜になると、羊と山羊は分けられる。羊は新鮮な空気を必要とするので屋外の囲いの中に入れられた。これに対して、山羊は寒さに弱いので洞窟《どうくつ》や小屋に入れられた。イエスはこのことを念頭に置いて、民衆にわかりやすく、終わりの日に人々が区分されることを説いた。教会にも、羊のグループと、山羊のグループがいる。古代人の理解では、右が正しい方向なので、羊が終わりの日に選ばれる真実のキリスト教徒である。目に見える地上の教会では、誰が羊で誰が山羊かわからない。聖職者であっても、その人が終わりの日に選ばれる側に入っているという保証はないのである。フスは、〈一方に羊の教会、他方に山羊の教会が存在する。一方が正しい教会で、他方は神に見捨てられたものだ。正しい教会は普遍的〉(前掲、フス『教会論』二頁)と強調する。フスはその根拠を〈二人または三人がわたしの名によって集まるところには、わたしもその中にいるのである〉(「マタイによる福音書」一八章二〇節)というイエスの言葉に求める。二人、三人と集まって、イエス・キリストの名によって祈ることが重要なのである。真実の信仰をもつ人たちの間に、目に見えなくてもキリストは存在するのだ。目に見える教会にキリストがいるという保証はないのである。

第Ⅳ部　近代、民族、そして愛

第一五話　近代の黎明

近代を社会の側から見るならば、中世と比較して教会の機能が本質的に変化している。中世において、教会と社会は一体化していた。中世のヨーロッパ人にとって、人間であるということとキリスト教徒であるということは、ほぼ同一の概念であった。「教会以外に救いはない」というのがカトリック教会の主張である。教会から破門された人を除いて、すべての人が救われるということになる。

ヤン・フスによって開始された一五世紀のチェコ（ボヘミア）宗教改革は、このような社会と教会の一致という擬制を崩した。フスは、教会の中にも終わりの日に救われる人とそうでない人がいると考えた。目に見える教会とは別に、真実のキリスト教徒のみによって構成される目に見えない真実の教会があると考えた。そして、この真実の教会に所属する信者だけが救われるのである。フスの認識を別の言葉で表現すると、現実の社会は、真実のキリスト教徒とそうでない人々によって構成されていることになる。そして、その後の歴史において、真実のキリスト教徒でないと見なされる人々の領域が拡大し、今日に至るのである。フスは、神中心主義から人間中心主義への転換、別の言い方をすると世俗化という現象だ。フスは、一五世紀の社会にこの傾向があることを見抜いたのである。まだ、多くの人々が夜だと思っているときに、フスは近代の黎明《れいめい》を察知したのだ。

フスの教会観は、一四一三年に刊行された『教会論』で紹介されている。残念ながら、『教会論』については抄訳があるのみなので、日本語でその全体像について知ることができない。時に英訳本をひもといて、『教会論』に内在する論理を意訳し、聖書と共に紹介することによって、フスの思想が、近代という新しい時代を切り開く源泉の一つであったことを明らかにしたい。

＊

フスの時代の人々は、終末の日には、イエス・キリストが再臨し、キリスト教徒はすべて復活すると考えた。復活は奇跡なので、身体そのものが甦《よみがえ》る。果たして、すべての人が復活したら、収容可能であるだろうかという人々の常識に訴えた後、実は復活するのは真実のキリスト教徒だけなので、そのような心配はないと人々の常識に合致する復活観に誘導していくのである。

そこで、フスは「マタイによる福音書」二五章で、イエスが述べた裁きについて強調する。まず、関連部分を引用しておく。

〈「人の子は、栄光に輝いて天使たちを皆従えて来るとき、その栄光の座に着く。そして、すべての国の民がその前に集められると、羊飼いが羊と山羊を分けるように、彼らをより分け、羊を右に、山羊を左に置く。そこで、王は右側にいる人たちに言う。『さあ、わたしの父に祝福された人たち、天地創造の時からお前たちのために用意されている国を受け継ぎなさい。お前たちは、わたしが飢えていたときに食べさせ、のどが渇いていたときに飲ませ、旅をしていたときに宿を貸し、裸のときに着せ、病気のときに見舞い、牢にいたときに訪ねてくれたからだ。』すると、正しい人たちが王に答える。『主よ、いつわたしたちは、飢えておられるのを見て食べ物を差し上げ、のどが渇いておられるのを見て飲み物を差し上げたでしょうか。いつ、旅をしておられるのを見てお宿を貸し、裸でおられるのを見てお着せしたでしょうか。いつ、病気をなさったり、牢におられたりするのを見て、お訪ねしたでしょうか。』そこで、王は答える。『はっきり言っておく。わたしの兄弟であるこの最も小さい者の一人にしたのは、わたしにしてくれたことなのである。』

それから、王は左側にいる人たちにも言う。『呪われた者ども、わたしから離れ去り、悪魔とその手下のために用意してある永遠の火に入れ。お前たちは、わたしが飢えていたときに食べさせず、のどが渇いたときに飲ませず、旅をしていたときに宿を貸さず、裸のときに着せず、病気のとき、牢にいたときに、訪ねてくれなかったからだ。』すると、彼らも答える。『主よ、いつわたしたちは、あなたが飢えたり、渇いたり、旅をしたり、裸であったり、病気であったり、牢におられたりするのを見て、お世話をしなかったでしょうか。』そこで、王は答える。『はっきり言っておく。この最も小さい者の一人にしなかったのは、わたしにしてくれなかったことなのである。』こうして、この者どもは永遠の罰を受け、正しい人たちは永遠の命にあずかるのである。」〉(「マタイによる福音書」二五章三一～四六節)

この箇所は、起源を異にする二つの伝承が一つの物語に再構成されている。第一は、「人の子」(イエス・キリスト)が主人公となり、羊と山羊《やぎ》を区別するように「すべての国の民」を左と右に分けるという伝承だ。第二は、王が主人公となり、神を「わたしの父」と呼びながら、人々を選別し、裁く。ここで裁きを行うのは、神ではなく王だ。

イエスは、弟子たちに、すべての民に福音を述べ伝えよと命じた。終末が到来する前に福音はすべての国の人々に到達する。そして、全世界に福音が到達したところで、裁きが始まる。福音を伝え聞き、洗礼を受け、キリスト教徒になっただけでは、人間の救済が保障されるわけではないと「マタイによる福音書」の著者は考えた。フスはこの認識を発展させたのである。

十字架の上で刑死したイエスは、三日後に復活し、しばらく地上で活動した後、「然《しか》り、わたしはすぐに来る」と言って天上に昇っていった。弟子たちは近い将来にイエスが再び地上に戻ってくると考えた。しかし、そうはならなかった。終末が遅延したのである。

キリスト教徒にとって終末は救いである。それだから、終末に希望を託してキリスト教徒は日々、生活しているのである。一五世紀のプラハの人々も、教会に希望を託している。しかし、現実の目に見える教会において、三人のローマ教皇が鼎立《ていりつ》し、権力闘争を展開している。聖職者の腐敗は著しい。ここから、目に見える教会の中に、真実のキリスト教徒とそうでない者がいるという確信をフスは抱くようになった。フスは教会という集団の中に二つの範疇《はんちゅう》の人々がいることを強調する。

〈神聖なる普遍的な教会はたった一つであり、最初の正しい者から、将来、最後に救われる者まですべてを含む運命の総合体であるのだ。そして、殺された人々の魂に、同じように殺されようとしている兄弟であり、仲間の僕である者たちの数が満ちるまで、主がしばらく待つように言われた際の数に、救済される者すべて含まれる（「ヨハネの黙示録」六章九〜一一節）。つまり、重量も、長さも、数量も与えたもうた全知の神は、最後に何人が救われるべきかをあらかじめ決めているのだ。したがって、普遍的な教会は、頌歌が歌うキリストの花嫁であり、「花婿のように輝きの冠をいただき、花嫁のように宝石で飾られた」（「イザヤ書」六一章一〇節）主の祝福を受けた者を指すのである。この花嫁は、イエスの言われた一羽の鳩を指している。「わたしの鳩、清らかなおとめはひとり」（「雅歌」六章九節）〉（ヤン・フス『教会論』John Huss/David S. Schaff to., The Church, New York: Charles Scribner's Sons, 1915、四頁）

ここで、フスは教会を通時性から見ている。キリスト教徒は、ひとたび死んでも、終末の日に甦る。そこから考えると、〈最初の正しい者から、将来、最後に救われる者まですべてを含む運命の総合体〉である目に見えない教会が確実に存在するのである。真実の教会は、通時的にも共時的にも存在するのである。しかし、それは人間の目に見えない姿で現れるのである。

＊

フスは下降史観に立っている。時間の経過とともに人間は「はじめの教え」から離れ、腐敗、堕落していくのである。フスには、人類が進歩するという発想はない。歴史は上昇ではなく、下降していくのである。そのような現実の中で、目に見えない真実の教会のみが、イエスによって伝えられた「はじめの教え」を保持しているのである。

カトリック、すなわち普遍的教会の本質は、このような「はじめの教え」をどのような状況においても、保全し、伝えることにある。フスは普遍的教会が成立する三つの根拠を示す。

〈一つ目に、アウグスティヌスが言うように、教会は最も高みにある存在である。したがって教会は、父と子と聖霊のすぐ後ろに控えている。二つ目に、教会は永遠の婚姻関係を、聖霊の愛によってイエスと結んでいる。そして三つ目に、父と子と聖霊は一度は認められているため、神殿として教会を持つのは正しい。アウグスティヌスは、次のように結論づけている。「神が自身の神殿に住まう――それは聖霊のみならず、父と子も同様である。その体は――教会の頭となった美徳を以って、すべての事柄に優先される。イエスは次のように言っている。『この神殿を壊してみよ。三日で建て直してみせる』」（「ヨハネによる福音書」二章一九節）〉（前掲書五～六頁）

アウグスティヌスの言説から、フスは聖霊の働きに関する部分を特に重視する。フスは、「フィリオクエ filioque」を前提とする。フィリオクエとは、ラテン語で「子からも」という意味だ。「ニカイア・コンスタンチノポリス信条」（三八一年）においては「聖霊は、父から出て」と記されていたのを、六世紀にスペインで「聖霊は、父と子から出て」という加筆がなされ、その当否を巡って東西教会の間で激しい論争が生じ、一〇五四年に東西教会が大分裂（シスマ）を起こしたのである。西方教会の聖霊がイエス・キリストからも発出するという解釈にビザンティン神学者たちは激しく反発した。

〈ビザンティン人たちは「フィリオクエ」の争点を対立の中心点と考えた。彼らの目からすれば、ラテン教会は改纂された信条を受け入れることによって、普遍的なキリスト教信仰の表現として公会議によって採択された本文に反対し、また、三位一体についての不正確な概念に教義上の権威を与えていたことにもなる。ビザンティン人の中では、コンスタンティノポリスの同僚ミカエル・ケルラリオスの組織的な反ラテン主義に反対したアンティオキア総主教ペトロスのような穏健派も、その挿入を「諸悪の中の最悪の悪」と考えた〉（J・メイエンドルフ〔鈴木浩訳〕『ビザンティン神学　歴史的傾向と教理的主題』新教出版社、二〇〇九年、一四八頁）

ビザンティン神学者は、フィリオクエによって、キリスト教が根源からねじ曲げられ、救済から遠ざかると考えた。フィリオクエを正当化するために、西方の神学者たちはアウグスティヌス神学を援用した。ここでフィリオクエをめぐる些末《さまつ》な議論に踏み込むと問題の本質を見失う。聖霊の発出が、父のみとするか、父と子からとするかによって、救済観が大きく異なってくる。キリスト教の本質は救済である。人間の救済という観点から見るとフィリオクエ論争の意味がわかる。聖霊の自由な働きを認め、父なる神から発する聖霊が、子を経由しないでも働き、人間を救済することができるとすると、人間がイエス・キリストを経由しないで、神から直接、聖霊を受けて救済されることが可能になる。「神が人になったのは、人が神になるためである」というのが東方教会の伝統的救済観だ。フィリオクエの立場を拒否すると、聖霊の力によって人間がイエス・キリストを迂回《うかい》して神になる可能性がでてくる。

西方教会からすれば、信条にフィリオクエを加筆することは、キリスト教の救済観を明確にするために不可欠だったのである。イエス・キリストが去った後、キリストは教会に保全される。人間は、イエス・キリストを通じてしか神について知ることができない。聖霊が父と子から発出するというフィリオクエの立場を取れば、聖霊は教会を通じてのみ人間に働きかけるということになる。こうして、教会のみが救いであるという立場が担保されることになる。フィリオクエの立場に立たないと、教会と救済の関係があいまいになる危険がある。

＊

フスも、フィリオクエを前提に考えているので、聖霊の働きはキリストの花嫁である教会の専管事項と考える。ただし、それは教皇を首長とする目に見える制度的な教会ではなく、目に見えない普遍的かつ霊的な教会なのである。

愛の絆《きずな》で結ばれている「戦う教会」が真実の教会なのである。教会自体は、神ではない。

神の家である。また、教会をイエス・キリストと同一視してはならない。教会はキリストではなく、キリストの花嫁だからである。花婿と花嫁は夫婦として一体であり、分離することはできないが、同一ではない。区別されつつも、分離されないのである。

過去の教父の言説を援用しながら、フスは「戦う教会」の神学的基盤を構築しようとする。その根本にあるのは使徒パウロの教会観だ。

「エフェソの信徒への手紙」の箇所で、パウロはキリスト教徒の結婚観について述べている。

〈キリストに対する畏れをもって、互いに仕え合いなさい。妻たちよ、主に仕えるように、自分の夫に仕えなさい。キリストが教会の頭であり、自らその体の救い主であるように、夫は妻の頭だからです。また、教会がキリストに仕えるように、妻もすべての面で夫に仕えるべきです。夫たちよ、キリストが教会を愛し、教会のために御自分をお与えになったように、妻を愛しなさい。キリストがそうなさったのは、言葉を伴う水の洗いによって、教会を清めて聖なるものとし、しみやしわやそのたぐいのものは何一つない、聖なる、汚れのない、栄光に輝く教会を御自分の前に立たせるためでした。そのように夫も、自分の体のように妻を愛さなくてはなりません。妻を愛する人は、自分自身を愛しているのです。わが身を憎んだ者は一人もおらず、かえって、キリストが教会になさったように、わが身を養い、いたわるものです。わたしたちは、キリストの体の一部なのです。「それゆえ、人は父と母を離れてその妻と結ばれ、二人は一体となる。」この神秘は偉大です。わたしは、キリストと教会について述べているのです。いずれにせよ、あなたがたも、それぞれ、妻を自分のように愛しなさい。妻は夫を敬いなさい。〉（「エフェソの信徒への手紙」五章二一～三三節）

パウロは、キリストと教会の関係の類比で結婚について述べた。フスはこれを逆転する。一五世紀の人々は、もはやパウロの時代の教会について記憶していない。当時の「戦う教会」について想起するために、理想的な夫婦関係との類比で教会について述べたのである。一五世紀のボヘミア王国に生きていた人々にとって、理想的な夫婦関係ならば思い浮かべることができる。そのような関係との類比によって、本来の教会の再建を形成するエネルギーを人々からフスは引き出そうとしたのだ。

キリスト教徒は、救い主であるイエス・キリストが、確かに存在するということを聖餐《せいさん》式におけるパンと葡萄《ぶどう》酒によって知る。ここで、フスは九世紀の神学者パスカシウス・ラードベルトゥスの聖餐論をとりあげる。

パスカシウスは、聖餐に関し、パンがキリストの肉、葡萄酒がキリストの血に実際に変化するという実体変質説（現在もカトリック教会と正教会の公式教義である）を理論化する過程で重要な役割を果たした神学者だ。聖餐式によって、復活したキリストの身体が神父によって分配されると解釈した。

聖餐式の根拠は、最後の晩餐で、イエスが弟子たちに述べた言葉だ。共観福音書のすべてがこの晩餐について記述しているが、そこでイエスが述べたとされる発言は少しずつことなっている。

〈一同が食事をしているとき、イエスはパンを取り、賛美の祈りを唱えて、それを裂き、弟子たちに与えて言われた。「取りなさい。これはわたしの体である。」また、杯を取り、感謝の祈りを唱えて、彼らにお渡しになった。彼らは皆その杯から飲んだ。そして、イエスは言われた。「これは、多くの人のために流されるわたしの血、契約の血である。はっきり言っておく。神の国で新たに飲むその日まで、ぶどうの実から作ったものを飲むことはもう決してあるまい。」一同は賛美の歌をうたってから、オリーブ山へ出かけた。〉（「マルコによる福音書」一四章二二～二六節）

〈一同が食事をしているとき、イエスはパンを取り、賛美の祈りを唱えて、それを裂き、弟子たちに与えながら言われた。「取って食べなさい。これはわたしの体である。」また、杯を取り、感謝の祈りを唱え、彼らに渡して言われた。「皆、この杯から飲みなさい。これは、罪が赦されるように、多くの人のために流されるわたしの血、契約の血である。言っておくが、わたしの父の国であなたがたと共に新たに飲むその日まで、今後ぶどうの実から作ったものを飲むことは決してあるまい。」一同は賛美の歌をうたってから、オリーブ山へ出かけた。〉（「マタイによる福音書」二六章二六～

三〇節）
〈時刻になったので、イエスは食事の席に着かれたが、使徒たちも一緒だった。イエスは言われた。「苦しみを受ける前に、あなたがたと共にこの過越の食事をしたいと、わたしは切に願っていた。言っておくが、神の国で過越が成し遂げられるまで、わたしは決してこの過越の食事をとることはない。」そして、イエスは杯を取り上げ、感謝の祈りを唱えてから言われた。「これを取り、互いに回して飲みなさい。言っておくが、神の国が来るまで、わたしは今後ぶどうの実から作ったものを飲むことは決してあるまい。」それから、イエスはパンを取り、感謝の祈りを唱えて、それを裂き、使徒たちに与えて言われた。「これは、あなたがたのために与えられるわたしの体である。わたしの記念としてこのように行いなさい。」食事を終えてから、杯も同じようにして言われた。「この杯は、あなたがたのために流される、わたしの血による新しい契約である。しかし、見よ、わたしを裏切る者が、わたしと一緒に手を食卓に置いている。人の子は、定められたとおり去って行く。だが、人の子を裏切るその者は不幸だ。」そこで使徒たちは、自分たちのうち、いったいだれが、そんなことをしようとしているのかと互いに議論をし始めた。〉（「ルカによる福音書」二二章一四～二三節）

パスカシウスは、〈「はっきり言っておく。人の子の肉を食べ、その血を飲まなければ、あなたたちの内に命はない。わたしの肉を食べ、わたしの血を飲む者は、永遠の命を得、わたしはその人を終わりの日に復活させる。わたしの肉はまことの食べ物、わたしの血はまことの飲み物だからである。わたしの肉を食べ、わたしの血を飲む者は、いつもわたしの内におり、わたしもまたいつもその人の内にいる。生きておられる父がわたしをお遣わしになり、またわたしが父によって生きるように、わたしを食べる者もわたしによって生きる。これは天から降って来たパンである。先祖が食べたのに死んでしまったようなものとは違う。このパンを食べる者は永遠に生きる。」〉（「ヨハネによる福音書」六章五三～五八節）というイエスの言葉を額面通りに解釈して、実体変質説を理論化したのである。

第一六話　教会形成

フスにとって、真実の教会は、普遍的教会である。普遍的教会とは、ローマ教皇（フスの時代には三人いた）の指揮命令系統の下にある目に見える制度としての教会ではない。目に見えない、イエス・キリストを長とする教会だ。この目に見えない普遍的な教会は一つであるが、フスによると、それが「戦う教会」、「眠れる教会」、「勝利の教会」の三つに区分される。

それぞれの教会について、フスはこう説明する。

〈戦う教会は、天上への巡礼の途次にある定められた者たちである。この者たちはキリストの名の下に、肉体、世界、そして悪魔と戦っているためにこう呼ばれている。〉

（ヤン・フス『教会論』John Huss/David S. Schaff to., The Church, New York: Charles

Scribner's Sons, 1915、一一頁）

目に見える制度的な教会に所属している者がすべて目に見えない普遍的教会の構成員であるとは限らない。真のキリスト教徒は、肉体の誘惑、現実の社会に存在する構造悪、そして悪魔と戦っているのである。キリスト教徒を静的な存在としてとらえるのは間違いだ。キリスト教徒は常に戦いながら生成していく動的な存在なのである。

〈眠れる教会は煉獄にて苦しみの内にある定められた者たちである。眠れる、と呼ばれるのは、現世では恩寵、幸福を享受することができず、煉獄で務めを果たした後に、天上の国にて恩恵を被るであろうからである。〉（前掲書一一頁）

フスは煉獄《れんごく》の存在を信じている。煉獄は、洗礼を受けた人が死後に赴く場で、ここで罪を赦《ゆる》されたのち償いをする。いわば死者のための矯正施設である。

〈勝利の教会は、サタンへの戦いを続け、ついには勝利を得た、天上の国で祝福された者たちにより構成されている。〉（前掲書一一頁）

「戦う教会」、「眠れる教会」、「勝利の教会」という三つの教会は、目に見えないが、今ここで現実に存在しているのである。ここで、「戦う教会」と「眠れる教会」が、最後の審判を経て「勝利の教会」になると誤解してはならない。現在も天上に「勝利の教会」は存在しているのだ。それでは、誰が「勝利の教会」にいるのだろうか？　罪がないにもかかわらず、十字架で処刑されたイエス・キリストはすでに天上で「勝利の教会」を主宰しているので、この教会に連なる人々も存在するのである。そして、最後の審判のときにこれら三つの教会が一つになる。

＊

目に見えない天上界の現実は、地上の目に見える教会の聖餐式において形をとって現れる。まず、聖餐式で司祭がパンを葡萄酒に浸す。これは、イエスが弟子たちと行った最後の晩餐のときに行われた出来事の反復である。イエスたちは、パンを葡萄酒に浸して食事をとったのだ。「マタイによる福音書」の記述を見てみよう。

〈除酵祭の第一日に、弟子たちがイエスのところに来て、「どこに、過越の食事をなさる用意をいたしましょうか」と言った。イエスは言われた。「都のあの人のところに行ってこう言いなさい。『先生が、「わたしの時が近づいた。お宅で弟子たちと一緒に過越の食事をする」と言っています。』」弟子たちは、イエスに命じられたとおりにして、過越の食事を準備した。夕方になると、イエスは十二人と一緒に食事の席に着かれた。一同が食事をしているとき、イエスは言われた。「はっきり言っておくが、あなたがたのうちの一人がわたしを裏切ろうとしている。」弟子たちは非常に心を痛めて、「主よ、まさかわたしのことでは」と代わる代わる言い始めた。イエスはお答えになった。「わたしと一緒に手で鉢に食べ物を浸した者が、わたしを裏切る。人の子は、聖書に書いてあるとおりに、去って行く。だが、人の子を裏切るその者は不幸だ。生まれなかった方が、その者のためによかった。」イエスを裏切ろうとしていたユダが口をはさんで、「先生、まさかわたしのことでは」と言うと、イエスは言われた。「それはあなたの言ったことだ。」〉（「マタイによる福音書」二六章一七〜二五節）

ここで後にイエスを裏切ることになるイスカリオテのユダが、イエスと同じ鉢に入った葡萄酒をパンにつけて食べたという事実が重要だ。聖餐式で、聖体（パンと葡萄酒）を拝領する司祭や信者の中にも、ユダと同じような裏切り者は当然いるのである。

イエスの時代、過越《すぎこし》の食事は、神殿で清められた羊を各家庭で焼いて、これに赤葡萄酒、苦菜、スープ、イースト菌をいれずにつくったパンを用意し、日没を待って食事を始めた。家長が食事の司会をする。旧約聖書の「出エジプト記」一二章に基づき、ユダヤ人がエジプトでの奴隷の苦しみからどのようにして解放されたかについて、定型文に基づいて説明する。食事の後は賛美の歌を全員で歌う。この食事には、ユダヤ人の贖罪《しょくざい》の意味が込められていた。イエスと弟子たちは、家族ではないが、家族よりも強固な生活共同体であるので、イエスを家長とみなす過越の食事が行われたのである。

ここで、ユダ以外の弟子はイエスに「主よ」と呼びかける。しかし、ユダだけは「先生」と呼びかける。イエスに「先生」と呼びかけるのは、イエスに敵対する者である。ここでユダの本心が露見してしまった。重要なのは、ユダも弟子の一人である。それだから、教会には、ユダと同じ種類のメンバーが当然いるのだ。

聖餐は、イエスについて思い出す重要な儀式だ。その原風景となるのが次の状況だ。

〈一同が食事をしているとき、イエスはパンを取り、賛美の祈りを唱えて、それを裂き、弟子たちに与えながら言われた。「取って食べなさい。これはわたしの体である。」また、杯を取り、感謝の祈りを唱え、彼らに渡して言われた。「皆、この杯から飲みなさい。これは、罪が赦されるように、多くの人のために流されるわたしの血、契約の血である。言っておくが、わたしの父の国であなたがたと共に新たに飲むその日まで、今後ぶどうの実から作ったものを飲むことは決してあるまい。」一同は賛美の歌をうたってから、オリーブ山へ出かけた。〉（「マタイによる福音書」二六章二六～三〇節）

司祭はイエスの言葉を唱えて聖餐式を執行する。しかし、だからといってその司祭が真実の教会に所属しているという保証はないのだ。

フスの見解は、ローマ教皇庁の権威を否定するものだ。それだから、激しい反論を受けた。

＊

さて、最後の審判で選ばれる人は、神によって予定されている。人間は神でないので、この予定について知ることはできない。この考え方を、洗礼者ヨハネの言説との類比でフスは理解する。

民衆が、メシア（救済主）を待望しているときに洗礼者ヨハネが現れた。ヨハネは自らがメシアではないと言明し、こう説明した。

〈民衆はメシアを待ち望んでいて、ヨハネについて、もしかしたら彼がメシアではないかと、皆心の中で考えていた。そこで、ヨハネは皆に向かって言った。「わたしはあなたたちに水で洗礼を授けるが、わたしよりも優れた方が来られる。わたしは、その方の履物のひもを解く値打ちもない。その方は、聖霊と火であなたたちに洗礼をお授けになる。そして、手に箕を持って、脱穀場を隅々まできれいにし、麦を集めて倉に入れ、殻を消えることのない火で焼き払われる。」ヨハネは、ほかにもさまざまな

勧めをして、民衆に福音を告げ知らせた。〉（「ルカによる福音書」三章一五～一八節）

やがて来るメシアは、麦を実と殻に分ける。そして、殻は火にくべられるのである。現実の教会には、殻がついたままの麦が集められているので、その仕分けは不可避なのだ。ここでフスが念頭に置いているのは、有名な「毒麦のたとえ」だ。イエスは重要な事柄について、たとえでしか語らない。その理由について、イエス自身がこう説明した。

〈弟子たちはイエスに近寄って、「なぜ、あの人たちにはたとえを用いてお話しになるのですか」と言った。イエスはお答えになった。「あなたがたには天の国の秘密を悟ることが許されているが、あの人たちには許されていないからである。持っている人は更に与えられて豊かになるが、持っていない人は持っているものまでも取り上げられる。だから、彼らにはたとえを用いて話すのだ。見ても見ず、聞いても聞かず、理解できないからである。イザヤの預言は、彼らによって実現した。

『あなたたちは聞くには聞くが、決して理解せず、
見るには見るが、決して認めない。
この民の心は鈍り、
耳は遠くなり、
目は閉じてしまった。

こうして、彼らは目で見ることなく、
　耳で聞くことなく、
心で理解せず、悔い改めない。
わたしは彼らをいやさない。』
しかし、あなたがたの目は見ているから幸いだ。あなたがたの耳は聞いているから幸いだ。はっきり言っておく。多くの預言者や正しい人たちは、あなたがたが見ているものを見たかったが、見ることができず、あなたがたが聞いているものを聞きたかったが、聞けなかったのである。」〉（「マタイによる福音書」一三章一〇～一七節）

ここでは、「あなたがた」に対立する「あの人たち」と称される人々が出てくる。神は目に見えない。天の国についても、それを言語で概念化することはできない。イエスの弟子である「あなたがた」は、天の国について理解することができる。それだから、イエスに従っているのだ。これに対して、「あの人たち」は、目に見えない事柄を、目に見える形で表現しなくてはならない。そのための、本来、言語にできない事柄を言語化するための、ただ一つの手法がたとえであるとイエスは考えたのである。

それでは「毒麦のたとえ」を紹介する。

〈イエスは、別のたとえを持ち出して言われた。「天の国は次のようにたとえられる。

ある人が良い種を畑に蒔いた。人々が眠っている間に、敵が来て、麦の中に毒麦を蒔いて行った。芽が出て、実ってみると、毒麦も現れた。僕たちが主人のところに来て言った。『だんなさま、畑には良い種をお蒔きになったではありませんか。どこから毒麦が入ったのでしょう。』主人は、『敵の仕業だ』と言った。そこで、僕たちが、『では、行って抜き集めておきましょうか』と言うと、主人は言った。『いや、毒麦を集めるとき、麦まで一緒に抜くかもしれない。刈り入れまで、両方とも育つままにしておきなさい。刈り入れの時、「まず毒麦を集め、焼くために束にし、麦の方は集めて倉に入れなさい」と、刈り取る者に言いつけよう。』〉（「マタイによる福音書」一三章二四～三〇節）

このたとえの主人公はイエスだ。イエスは畑に良い種を蒔《ま》く。しかし、夜中に敵が毒麦を蒔いた。敵を悪魔と言い換えてもよい。イエスが種蒔きをするように、悪魔も種蒔きをするのである。外形的にイエスと悪魔はよく似た行為をするのである。若いうちは、良い麦と毒麦の区別はつかないのである。また、毒麦は畑に根を深く張っているので、無理に抜くと、良い麦まで除去されてしまう危険がある。それで、主人は両方の麦が育つまで待って、刈り入れるときに毒麦をまとめて焼くようにと指示する。

キリスト教は救済宗教である。「毒麦のたとえ」でイエスは人間の救いについて何を語ろうとしたのだろうか。イエス自身がたとえの意味を説明したときの状況を、「マタイによる福音書」の著者はこう説明する。

〈イエスはこれらのことをみな、たとえを用いて群衆に語られ、たとえを用いないでは何も語られなかった。それは、預言者を通して言われていたことが実現するためであった。

「わたしは口を開いてたとえを用い、
天地創造の時から隠されていたことを告げる。」

それから、イエスは群衆を後に残して家にお入りになった。すると、弟子たちがそばに寄って来て、「畑の毒麦のたとえを説明してください」と言った。イエスはお答えになった。「良い種を蒔く者は人の子、畑は世界、良い種は御国の子ら、毒麦は悪い者の子らである。毒麦を蒔いた敵は悪魔、刈り入れは世の終わりのことで、刈り入れる者は天使たちである。だから、毒麦が集められて火で焼かれるように、世の終わりにもそうなるのだ。人の子は天使たちを遣わし、つまずきとなるものすべてと不法を行う者どもを自分の国から集めさせ、燃え盛る炉の中に投げ込ませるのである。彼らは、そこで泣きわめいて歯ぎしりするだろう。そのとき、正しい人々はその父の国で太陽のように輝く。耳のある者は聞きなさい。」〉（「マタイによる福音書」一三章三四〜四三節）

現時点において、人間の限られた知恵で、善人と悪人を仕分けてはいけないとイエスは強調する。すなわち、現実に存在する社会においては、悪人に対しても寛容であれとイエスは人々に呼びかけるのである。ただし、それは悪を看過してもよいということではなく、終末の時に悪を徹底的に除去するために必要なのである。フスもこの類比で、現実に存在する教会には司祭の服を着た悪魔がいることを人々に説明したのである。

＊

教会のために奉仕する使徒、福音宣教者、牧者、教師は、それぞれ異なる機能を担っているが、普遍的教会の形成に向けて努力しているのである。それぞれの人は自分の持ち場を守ることが重要だ。そして人々が分断されずに一つの教会を形成することを可能にするのが愛の力である。

この愛の力の源泉となるのも、教会の頭であるキリストだ。フスはこう述べる。

〈さらに、キリストが人間という家族のなかでも最も権威の高い人であり、すべての構成員に動作と知覚を与える役割を果たしているがゆえに、教会の頭といわれていることを、書いておかねばならない。なぜならば、人間にあって頭は最も秀れた部分であって、人間の体とその諸部分に動作と知覚を与える役割を果たしており、それなくしては体もそのどの部分も本性にふさわしく生きていくことはできないがごとくに、キリストは真の神にして人であって、教会とその各構成員に霊的な生命と動きを与えており、その霊妙な力なしには生きることも感じることもできないのである。そして人間の頭にすべての知覚が存在するように、キリストのうちには「（神の）知恵と知識との宝が、いっさい隠されている」（コロ二・三）のである。この考え方は同じく次のコロサイの信徒への手紙一章一六―二〇節の使徒の言葉にも含まれている。「これらいっさいのものは、御子によって造られ、御子のために造られたのである。彼は万物よりも先にあり、万物は彼にあって成り立っている。そして自らは、そのからだなる教会のかしらである。彼は初めの者であり、死人の中から最初に生まれたかたである。それは、ご自身がすべてのことにおいて第一の者となるためである。神は、御旨によって、御子のうちにすべての満ちみちた徳を宿らせ、ことごとく、彼によってご自身と和解させて下さったのである」。〉（ヤン・フス［中村賢二郎訳］「教会論」『宗教改革著作集　第一巻』教久館、二〇〇一年、一六九頁）

フスは有機論的宇宙観をもっている。この有機的構成は天上の秩序に基づく。この秩序は、地上にも反映する。従って、自然、個人、国家や社会の秩序もすべて天上界の有機的構成を反映していると考える。この考え方がもっともよくでているのが、パウロの弟子により、パウロの名で書かれたと推定されている「コロサイの信徒への手紙」だ。

〈わたしが、あなたがたとラオディキアにいる人々のために、また、わたしとまだ直接顔を合わせたことのないすべての人のために、どれほど労苦して闘っているか、分かってほしい。それは、この人々が心を励まされ、愛によって結び合わされ、理解力を豊かに与えられ、神の秘められた計画であるキリストを悟るようになるためです。知恵と知識の宝はすべて、キリストの内に隠れています。わたしがこう言うのは、あなたがたが巧みな議論にだまされないようにするためです。わたしは体では離れていても、霊ではあなたがたと共にいて、あなたがたの正しい秩序と、キリストに対する固い信仰とを見て喜んでいます。〉（「コロサイの信徒への手紙」二章一〜五節）

ここではパウロに、キリストの内に隠れている「知恵と知識の宝」を全世界に伝えていく特別の使命（召命）が与えられている。このパウロの使命を実現することが教会形成なのである。

第一七話　二つの剣

　フスは、教会にとどまる者と、教会から放逐される者を仕分けする基準を愛にもとめる。「コリントの信徒への手紙一」の一三章は、パウロが愛について述べた箇所として有名である。パウロは愛を最高の道であると強調した上で、こう述べる。

〈たとえ、人々の異言、天使たちの異言を語ろうとも、愛がなければ、わたしは騒がしいどら、やかましいシンバル。たとえ、預言する賜物を持ち、あらゆる神秘とあらゆる知識に通じていようとも、たとえ、山を動かすほどの完全な信仰を持っていようとも、愛がなければ、無に等しい。全財産を貧しい人々のために使い尽くそうとも、誇ろうとしてわが身を死に引き渡そうとも、愛がなければ、わたしに何の益もない。愛は忍耐強い。愛は情け深い。ねたまない。愛は自慢せず、高ぶらない。礼を失せず、自分の利益を求めず、いらだたず、恨みを抱かない。不義を喜ばず、真実を喜ぶ。すべてを忍び、すべてを信じ、すべてを望み、すべてに耐える。

愛は決して滅びない。預言は廃れ、異言はやみ、知識は廃れよう、わたしたちの知識は一部分、預言も一部分だから。完全なものが来たときには、部分的なものは廃れよう。幼子だったとき、わたしは幼子のように話し、幼子のように思い、幼子のように考えていた。成人した今、幼子のことを棄てた。わたしたちは、今は、鏡におぼろに映ったものを見ている。だがそのときには、顔と顔とを合わせて見ることになる。わたしは、今は一部しか知らなくとも、そのときには、はっきり知られているようにはっきり知ることになる。それゆえ、信仰と、希望と、愛、この三つは、いつまでも残る。その中で最も大いなるものは、愛である。〉（「コリントの信徒への手紙一」一三章一～一三節）

教会は愛によって結びついた共同体である。この結合の論理は、愛に欠ける人を教会から排除する論理にもなる。フスはすべての人間が救われるとは考えない。神によって選ばれず、排除され、地獄の業火で焼かれる人間が出るのは当然と考えている。予定説について、フスとカルバンの親和性が高いのである。

さらにフスは、人間の生きる目的は、神の栄光のために奉仕することであると考える。これもフスとカルバンの親和性が高い部分である。ただしフスは、栄光を二つに分ける。

〈さらにまた、恩寵が二通りの仕方で与えられることは明白である。すなわち、一つは永遠の生命へ予定することの恩寵であり、予めそれに定められた者は最後までそれから脱落することはありえない。もう一つは現在の義による恩寵であり、それはある時には存在し、ある時には存在しない――それはある時には来り、ある時には去るからである。そして第一の恩寵は聖なる普遍的教会に属する息子を作り、人を第二の恩寵よりも無限に完全にする。それは永久に享受するようにとて無限の善を授けるからであるが、第二の恩寵はそうはしない。また第一の恩寵は永久の選民に属する息子を作るが、第二の恩寵は神によって受けいれられる一時的な従者を作る。〉（ヤン・フス［中村賢二郎訳］「教会論」『宗教改革著作集　第一巻』教文館、二〇〇一年、一七四～一七五頁）

ここでフスは、パウロとイスカリオテのユダを比較する。終わりの日に選ばれることが予定されている者が、地上において、かならずしもそれに相応《ふさわ》しい信仰を一貫してもっていたとは言えない。具体的にどういうことなのだろうか。ここでパウロについて考えてみよう。パウロがユダヤ教のファリサイ派に属していたときは、もっぱらキリスト教徒を弾圧していた。ダマスコへ向かう途上で回心するまでのパウロは、キリスト教徒の敵であった。しかし、パウロは神によって選ばれ、神の栄光のために生きることになる。ここで重要なのは、パウロは決して過去の自らの行動を反省していないことだ。それにもかかわらずパウロは選ばれた者なのである。

　これに対してイスカリオテのユダは、捨てられた者である。生まれてこない方がよかったとまで言われている。しかし、ユダも地上においては紛れもなく一二弟子の一人だった。ユダが犯した罪は、イエスが誰であるかをローマの官憲に伝えたことだけだ。イエスを裏切ったということならば、ペトロをはじめ他の弟子たちも一緒だ。しかもイスカリオテのユダは、イエスを裏切ったことを反省し、裏切りの代償に受けとったカネを返し、自殺した。少なくともユダは、パウロのようにキリスト教徒に対する弾圧に直接関与したことはない。命によって責任をとったにもかかわらず、ユダは永遠に断罪され続ける。

　ペトロとパウロが選ばれ、イスカリオテのユダが捨てられたということを地上の道徳律によって考えてはならない。これらの人々が生まれるよりもずっと以前からペトロとパウロは選ばれることが、ユダは捨てられることが神の意思によって予定されていたのである。選びや予定は人知を超える範疇の問題なのである。

　ペトロもパウロも、一時的にイエスの教えから離れていた。しかし、正道に戻ることができた。これに対してイスカリオテのユダは、正道に戻ることができなかった。この差異はどこから生じたのであろうか。フスはここに神の恩寵《おんちょう》の働きを見る。

恩寵は神の一方的行為である。正道に戻る力も人間の内側からは出てこない。外部である神の圧倒的な力によってのみ人間は救われるのだ。誰が神が定めた真実の教会の構成員であるかについて、人間が判断することはできないのである。

救われる人が誰なのか、滅びる人が誰なのかについては、神だけが知っているのである。目に見える教会の中にも滅びに定められた人がいる。逆に教会に所属していない、つまりキリスト教の洗礼を受けていない人であっても、神によって救われると定められた人がいる。われわれは神の意思を直接知ることはできない。神と人間の仲介者であるイエス・キリストの言葉と行為を通じて神の意思を知るのである。ここでフスが強調した「羊の囲いのたとえ」を見てみよう。

＊

〈「はっきり言っておく。羊の囲いに入るのに、門を通らないでほかの所を乗り越えて来る者は、盗人であり、強盗である。門から入る者が羊飼いである。門番は羊飼いには門を開き、羊はその声を聞き分ける。羊飼いは自分の羊の名を呼んで連れ出す。自分の羊をすべて連れ出すと、先頭に立って行く。羊はその声を知っているので、ついて行く。しかし、ほかの者には決してついて行かず、逃げ去る。ほかの者たちの声を知らないからである。」イエスは、このたとえをファリサイ派の人々に話されたが、彼らはその話が何のことか分からなかった。

イエスはまた言われた。「はっきり言っておく。わたしは羊の門である。わたしより前に来た者は皆、盗人であり、強盗である。しかし、羊は彼らの言うことを聞かなかった。わたしは門である。わたしを通って入る者は救われる。その人は、門を出入りして牧草を見つける。盗人が来るのは、盗んだり、屠ったり、滅ぼしたりするためにほかならない。わたしが来たのは、羊が命を受けるため、しかも豊かに受けるためである。わたしは良い羊飼いである。良い羊飼いは羊のために命を捨てる。羊飼いでなく、自分の羊を持たない雇い人は、狼が来るのを見ると、羊を置き去りにして逃げる。——狼は羊を奪い、また追い散らす。——彼は雇い人で、羊のことを心にかけていないからである。わたしは良い羊飼いである。わたしは自分の羊を知っており、羊もわたしを知っている。それは、父がわたしを知っておられ、わたしが父を知っているのと同じである。わたしは羊のために命を捨てる。わたしには、この囲いに入っていないほかの羊もいる。その羊をも導かなければならない。その羊もわたしの声を聞き分ける。こうして、羊は一人の羊飼いに導かれ、一つの群れになる。わたしは命を、再び受けるために、捨てる。それゆえ、父はわたしを愛してくださる。だれもわたしから命を奪い取ることはできない。わたしは自分でそれを捨てる。わたしは命を捨てることもでき、それを再び受けることもできる。これは、わたしが父から受けた掟である。」

この話をめぐって、ユダヤ人たちの間にまた対立が生じた。多くのユダヤ人は言った。「彼は悪霊に取りつかれて、気が変になっている。なぜ、あなたたちは彼の言うことに耳を貸すのか。」ほかの者たちは言った。「悪霊に取りつかれた者は、こういうことは言えない。悪霊に盲人の目が開けられようか。」〉（「ヨハネによる福音書」一〇章一〜二一節）

旧約聖書において、神とイスラエルの関係が、羊飼いと羊のたとえでよく物語られる。羊飼いは神が派遣する救済主（メシア）なのである。羊はたった一つの門しかもたないということは、救いは真の神で真の人であるイエス・キリストを通してしかないという意味だ。よき羊飼いは、羊のために命を捨てる。イエスは人間のために命を捨てることになる十字架上の死を予告している。ここでイエスは、イエスに従ってくる外側の人々についても救済する責務があると強調する。それが、「この囲いに入っていないほかの羊」なのである。終わりの日には、そのような人々も救われるとイエスは述べる。フスはこのイエスの認識を甦らせたのである。目に見えない教会の構成員には、洗礼を受けていない人々も含まれるのだ。このような救済観は、カトリック教会の秩序を乱すことになる。

＊

キリスト教は救済宗教である。フスは、イエスの言葉に基づき、キリスト教の原点である救済を再解釈する。そこから新しい教会像を形成していく。具体的には、教会の頭はローマ教皇ではなくイエス・キリストであるという視座に立って教会論を再構築した。教会は、キリストの力によって支えられている。ローマ教皇の権威と権力の源泉はイエス・キリストなのである。しかし、罪をもつ人間は限界をもつ存在である。限界をもつ人間には当然、ローマ教皇も含まれる。人間には神から与えられた能力がそれぞれ異なっているので、それぞれの能力に秀でた者が頭となるべきであるとフスは考える。権力分立が地上の権力の正しいあり方とフスは考えている。このように自己を相対化することが信仰により要請される。この信仰は愛に基づくのだ。

第一八話　終末を意識すること

歴史には始点と終点がある。終点は歴史の目的であり、神の計画の完成を示す。神の世界における時間の流れは、人間の理解を超えている。教会は、イエス・キリストの花嫁であり、キリストを頭とする人々の共同体は、人間が理解する時間と空間を超越している。救済される人々には、特別の時間が流れている。教会が年を取るとは、この世界における時間が経過することを意味するのではない。神の目的が完成したときという終末における救済を意味するのだ。その時には、よい麦と毒麦が分けられるように、人間の区分も完成しているのである。終末を意識することが、年を取ることなのである。

この終末の時が到来するまで、誰が真のキリスト教徒であるかは、人間にはわからないのである。教会に正しい人と悪しき人が混在しているという見方は表面的だ。悪しき人は教会に所属しているように見えるが、実は初めから教会に所属していないのである。毒麦は種の時点で毒麦であり、決して麦ではないのと同じである。

では神は、なぜ堕落者をあえて教会に留《とど》めているのだろうかという疑問が当然出てくる。

＊

キリスト教の神は、静的な存在ではない。神は生成する。従って、神は、御自身が創られた人間がどのようなものであるかということを、初めからすべて知っているわけではない。神は外部の力によって影響を受けることがない。また、神の似姿として創った人間の行動に直接影響を与えることはない。神は、外部から人間に対して直接的に働きかける人形使いではない。むしろ神による創造は、神の収縮というアナロジー（類比）で考えた方がわかりやすい。

神は最初、この世界に満ちあふれていた。それがあるとき、神の自発的意思によって収縮し始めたのである。この収縮によってできた空間を、われわれ人間は神による創造と理解している。この空間には神の力は直接及ばない。人間と自然によって形成される神を欠いた世界なのである。人間は性悪な本性をもっているので、ここでは悪が大きな力をもつ。悪は善の欠如というような理解は甘い。善を回復することで悪を根絶することができるという発想は間違えている。悪はそれ自体として存立根拠をもつのである。神が人間の悪を直接除去するように働きかけることができないことに、逆説的な形で神の自由が表れているのだ。

教会の中にいる誰が毒麦であるかを、神も初めから理解することはできないのである。それだから、神のひとり子であるイエス・キリストも毒麦を見分けることができなかったのである。イスカリオテのユダが裏切者であることもイエスが初めからわかっていたのではない。ユダの裏切りに直面して、イエスは事後的にユダが初めから裏切者で、初めから教会の外側の人間であったことを知ったのである。

イエス・キリストは、神の民である教会を愛している。それは抽象的な愛ではなく、自分自身を愛するのと類比的な、具体的な愛である。その愛については、終末の時点から考えるべきだ。終末の後に、もともと教会の外側にいた者たちが排除され、真実の教会が目に見えるようになる。そのときに生まれる愛の共同体の関係が、現在の麦と毒麦が混在している教会の中にもあるのだ。

イエスは、罪がないにもかかわらず、罪を負った他の人間たちのために自らの命を捧《ささ》げた。これが愛である。夫も自らの命を捧げる気構えで妻を愛していることが、妻が夫に従う前提になる。

夫が愛を捧げるのは、あくまでも妻に対してで、他の女性を妻のように取り扱ってはならない。イエス・キリストが説く愛は、「すべての人を愛せ」という博愛ではなく、個別、具体的な愛なのである。イエス・キリストは、教会の外にいる堕落者を愛していない。その人が堕落したから愛さなくなるのではない。最初から愛していないのである。ただし、最初から愛していなかったということは、終末のときになって初めて明らかになるのである。

＊

フスは、キリスト教の神が、ユダヤ教の伝統を引く悪を行う者を憎むことを強調する。そして、その根拠を詩編第五編に求める。そこにはこう記されている。

〈【指揮者によって。笛に合わせて。賛歌。ダビデの詩。】
主よ、わたしの言葉に耳を傾け
つぶやきを聞き分けてください。
わたしの王、わたしの神よ
助けを求めて叫ぶ声を聞いてください。
あなたに向かって祈ります。
主よ、朝ごとに、わたしの声を聞いてください。
朝ごとに、わたしは御前に訴え出て
あなたを仰ぎ望みます。

あなたは、決して
　逆らう者を喜ぶ神ではありません。
悪人は御もとに宿ることを許されず
誇り高い者は御目に向かって立つことができず
悪を行う者はすべて憎まれます。
主よ、あなたは偽って語る者を滅ぼし
流血の罪を犯す者、欺く者をいとわれます。

しかしわたしは、深い慈しみをいただいて
あなたの家に入り、聖なる宮に向かってひれ伏し
あなたを畏れ敬います。
主よ、恵みの御業のうちにわたしを導き
まっすぐにあなたの道を歩ませてください。
わたしを陥れようとする者がいます。
彼らの口は正しいことを語らず、舌は滑らかで
喉は開いた墓、腹は滅びの淵。
神よ、彼らを罪に定め
そのたくらみのゆえに打ち倒してください。

彼らは背きに背きを重ねる反逆の者。
彼らを追い落としてください。
あなたを避けどころとする者は皆、喜び祝い
とこしえに喜び歌います。
御名を愛する者はあなたに守られ
あなたによって喜び誇ります。
主よ、あなたは従う人を祝福し
御旨のままに、盾となってお守りくださいます。〉（「詩編」五編一一～一三節）

神がキリストの王国（神の国と言い換えてもいい）、すなわち教会に招き入れたのは、ひとり子であるイエスだけである。神の国は罪なきものによって構成された共同体である。人間は一人の例外もなく罪をもっている。従って、神の国に入る資格がないのである。ただし、イエス・キリストは、真の神であり、真の人である。イエスも飲食と排泄《はいせつ》をし、喜怒哀楽をもつ人間であった。仮にイエスが十字架にかけられて刑死することがなかったとしても、人間として死ぬことは免れられなかった。その意味で、イエスは超自然的な存在ではない。イエスは、罪をもたないという一点を除いて人間なのである。この特別の人間だけが神の国に属しているというのは、当然のことだ。

それではなぜ、地上で罪をもつ人々によって構成されている教会が神の国と見なされるのであろうか。それは、イエス・キリストの出現によって、悔い改め、イエスに従う人々は、終わりの日に罪を赦され、神の国に入ることがあらかじめ保証されているからである。救いは既に始まっているが、未《いま》だ完成していないという中間時にわれわれは生きているのである。

＊

フスはこの中間時という認識を強くもっていた。カトリック教会は救済を静的に理解している。洗礼を受け、既存の教会に加われば、それによって罪は基本的に赦される。しかし、原罪をもった人間は、どれだけ善良な人であっても、生きているうちに必ず罪を犯している。この罪を償う場が、死後、大罪を犯していない人々が行くことになる煉獄だ（大罪を犯した人は地獄に堕《お》ち、救済される可能性はまったくない）。そして、煉獄で努力することによって天国に近づいていくのである。

フスは人間の努力を救済と結びつけることを拒否する。救われる人はそうなることがあらかじめ決まっていて、滅びる人はそのことがあらかじめ決まっていると考えるのである。詩編第五編で明確にされているように、「憎む神」を恐れることが重要なのであるとフスは考える。

さらにフスは「ヨハネの手紙一」二章に記された反キリストの出現に注目する。聖書から該当部分を引用しておく。

〈子供たちよ、終わりの時が来ています。反キリストが来ると、あなたがたがかねて聞いていたとおり、今や多くの反キリストが現れています。これによって、終わりの時が来ていると分かります。彼らはわたしたちから去って行きましたが、もともと仲間ではなかったのです。仲間なら、わたしたちのもとにとどまっていたでしょう。しかし去って行き、だれもわたしたちの仲間ではないことが明らかになりました。しかし、あなたがたは聖なる方から油を注がれているので、皆、真理を知っています。わたしがあなたがたに書いているのは、あなたがたが真理を知らないからではなく、真理を知り、また、すべて偽りは真理から生じないことを知っているからです。偽り者とは、イエスがメシアであることを否定する者でなくて、だれでありましょう。御父と御子を認めない者、これこそ反キリストです。御子を認めない者はだれも、御父に結ばれていません。御子を公に言い表す者は、御父にも結ばれています。初めから聞いていたことを、心にとどめなさい。初めから聞いていたことが、あなたがたの内にいつもあるならば、あなたがたも御子の内に、また御父の内にいつもいるでしょう。これこそ、御子がわたしたちに約束された約束、永遠の命です。

以上、あなたがたを惑わせようとしている者たちについて書いてきました。しかし、いつもあなたがたの内には、御子から注がれた油がありますから、だれからも教えを受ける必要がありません。この油が万事について教えます。それは真実であって、偽りではありません。だから、教えられたとおり、御子の内にとどまりなさい。〉（「ヨハネの手紙一」二章一八〜二七節）

真実のキリスト教徒を惑わせる反キリストが現れるということは、終末が近いということである。終末によってキリスト教徒は永遠の命を得るので、反キリストの出現は、逆説的であるが、希望を示すものである。

フスは、現実に存在する教会の意義を全否定するのではない。この教会にも正しい人たちはいる。しかし、誰が正しく、誰が正しくないかを人間の知恵によって判断することはできないのである。それでは、正邪の判断基準をどこに求めるべきか。神の言葉である。より具体的には、神の言葉がテキストになった聖書を読み解くことによって、正しい判断を行うのだ。このようなフスの考え方には、「聖書のみ」という一六世紀の宗教改革の原理が先取りされている。

第一九話　悪魔の教会

フスは、教会が常に形成途上にある「巡礼者の教会」であることを強調する。キリスト教徒にとって終末は解放である。ここで正しい信仰をもつ者は永遠の命を得る。しかし、現実に存在する教会には、真実の巡礼者で、終わりの日に救われる者と、そうでない者が混在している。両者をどのようにして見分けることができるのであろうか。この点について、フスは目に見えないものに対する感覚が重要であると述べる。

〈私たちは、誰が巡礼者で、誰がそうでないかを、なんとなく、ぼんやりとしかわかっていない。しかし、天国では私たちははっきりと母と、その子ら一人ひとりを識別する。全きものが来れば、部分的なものはすたれるのである。だからこそ、信心深い者［キリスト教徒］は、不服を言うのではなく、聖なる母・教会が、その教会への途上にある者には把握しきれないほど偉大である、という真実を喜ばなくてはならない。キリスト教徒には、信仰がもたらす功徳がそなわっているのだから。使徒によれば（ヘブライ人への手紙第11章1節）、「信仰とは、望んでいる事柄を確信し、見えない事実を確認することです」、とある。つまり、巡礼の道をたどる私たちの感覚では、明確に感じ取れないものなのである。そして、いつまでも絶えることのない、婚礼の衣装でもある、教会の一員を悪魔の一員と分かつ定めはたまた愛の根拠を、私たちははっきりと知覚することはできないのである。これは、アウグスティヌスによれば、「信仰という行為は、見えないものを信じることを指す」からである。〉（ヤン・フス『教会論』John Huss/David S. Schaff to., The Church, New York: Charles Scribner's Sons, 1915、四九頁）

目に見えないが、確実に存在するものがあるとフスは考える。ここで重要なのがフスが引用した「ヘブライ人への手紙」だ。この手紙では、信仰の本質が見えない事柄をめぐるものであるという立場を明確にしている。

〈信仰とは、望んでいる事柄を確信し、見えない事実を確認することです。昔の人たちは、この信仰のゆえに神に認められました。

信仰によって、わたしたちは、この世界が神の言葉によって創造され、従って見えるものは、目に見えているものからできたのではないことが分かるのです。
信仰によって、アベルはカインより優れたいけにえを神に献げ、その信仰によって、正しい者であると証明されました。神が彼の献げ物を認められたからです。アベルは死にましたが、信仰によってまだ語っています。信仰によって、エノクは死を経験しないように、天に移されました。神が彼を移されたので、見えなくなったのです。移される前に、神に喜ばれていたことが証明されていたからです。信仰がなければ、神に喜ばれることはできません。神に近づく者は、神が存在しておられること、また、神は御自分を求める者たちに報いてくださる方であることを、信じていなければならないからです。信仰によって、ノアはまだ見ていない事柄について神のお告げを受けたとき、恐れかしこみながら、自分の家族を救うために箱舟を造り、その信仰によって世界を罪に定め、また信仰に基づく義を受け継ぐ者となりました。〉（「ヘブライ人への手紙」一一章一〜七節）

信仰とは、人間の意思でもつことができるものではない。向こう側からこちらにやってくるのである。人間の意思とはまったく関係のないところで信仰が成立する。まさに「見えない事実を確認すること」が信仰なのである。また、目に見えるものも、目に見えない神の力によってできているのである。

旧約聖書のカインとアベルの物語がでてくるが、カインによって殺されたアベルは陰府の支配者である。陰府は死の力が支配する場所である。エノクも陰府の支配者だ。アベルもエノクも目には見えないが、確実に存在し、われわれの生きているこの世界に影響を与えていると「ヘブライ人への手紙」の著者は考える。

神は信仰を歓迎する。同時に人間の側から見るならば、信仰は神に近づくために必要なのである。神は動的な、生成する存在だ。信仰によって人間は目に見えない神を信じることができるようになる。信仰とは、生成する神を承認するとともに、神の恩寵を信頼することである。人間が神への信仰に対して費やす力よりも遥かに多くの報酬を人間に対して与えてくださる。ノアは、神から審判に関するお告げを聞いたとき、その証拠を神に対して求めずに、神のお告げを素直に信じて箱舟を造った。ノアは未だ目に見えない事柄を信じたので救われたのである。この出来事によって、世界はノアに従う部分とそうでない部分に区別された。滅ぼされた世界の側から見るならば、ノアが信仰によって世界を罪に定めたのである。信仰によって人間が正しいとされることは、ノアのように目に見えない神の約束を信じることによってなされるのである。

目に見えないものを信じるということを、別の側面から考察するならば、この世の目に見えるものをそのまま信じてはいけないということになる。

＊

ユダは、イエスから洗礼を受け、聖餐にも与《あずか》った。一旦《いったん》、イエスの弟子になってから脱落したユダヤ人キリスト教徒の典型的な例である。ユダと同じ類《たぐい》の偽りのキリスト教徒を教会は常に抱えているのである。教会の中には常に悪魔がいるのだ。

「真理はあなたたちを自由にする」(「ヨハネによる福音書」八章三一〜四七節)というのはイエスの重要な教えである。これに対してユダヤ教徒たちは、自分たちはアブラハムの子孫だからそもそも自由であり、いまさらイエスによって自由にされる筋合いはないと反論する。これに対してイエスは、「アブラハムの子なら、アブラハムと同じ業をするはずだ」という痛烈な皮肉で答える。なぜなら、彼らはイエスを殺そうとしたことがあるからだ。アブラハムの血筋を救済の根拠としようとするユダヤ教徒に対して、イエスは神の子という概念を持ち出す。神の子の前で悔い改めることができない人は、悪魔の子だからであるとイエスは激しく非難する。このイエスの考え方をフスは継承する。

ところで教会には三つの位階制度(ヒエラルキー)がある。悪の位階制度が存在する。平信徒、聖職者でない支配者、高位聖職者である。悪魔が支配する教会にも、悪の位階制度が存在する。

もっとも低い階層に一般民衆の悪魔、その上位に聖職者でない支配者の悪魔、そして最上位に高位聖職者の悪魔がいる。そして、悪魔は結集して「悪魔の教会」を形成している。しかし、真実の教会と悪魔の教会の間には決定的な差異があるとフスは考える。キリストの教会は神秘体である。これに対して悪魔の教会には、神秘性はない。

〈しかし、キリストと教会が、天上で結ばれたという神秘性ゆえに、キリストの体が神秘的な体と呼ばれる場合にも、悪魔の体は、同様に神秘的であるなどということはなく、むしろ暗く邪悪であると言える。それは、悪魔の一員として悪魔と存在を同じくすることは、その存在を神秘性において語るのではなく、悪として語るためである。〉（前掲、フス『教会論』五三頁）

悪魔が結集して形成する教会は、表面上は真実の教会と同じように見える。内部ではさまざまな悪の要素が合金になっている。そして、終わりの日に、火にくべられたときに悪のそれぞれの要素が分解する。そして、悪は真実の教会から分離される。目に見える形は、一つの教会しか存在しないが、目に見えないところで、キリストの教会と悪魔の教会が並存しているのである。教会に通っている真実のキリスト教徒が、悪魔の教会に引き寄せられる危険が常に存在する。

〈しかし、キリストの教会、もしくはサタンのシナゴーグが何であるか、もしくは将来どうなるか—それが人に関してもたらす意味、あるいはもっと多く存在する天使に関してもたらす意味—は、主イエス・キリストが最後の審判を下した後に、完全にわかることになる。キリスト自身も、マタイによる福音書の第7章13〜14節にて次のように述べている。「狭い門から入りなさい。滅びに通じる門は広く、その道も広々として、そこから入る者が多い。しかし、命に通じる門はなんと狭く、その道も細いことか。それを見いだす者は少ない。』〉（前掲書五五頁）

「狭い門から入りなさい」というのはイエスによる「山上の説教」の一つである。このたとえに続いて、以下の三つのたとえが続く。

〈（引用者註＊実によって木を知るのたとえ）

「偽預言者を警戒しなさい。彼らは羊の皮を身にまとってあなたがたのところに来るが、その内側は貪欲な狼である。あなたがたは、その実で彼らを見分ける。茨からぶどうが、あざみからいちじくが採れるだろうか。すべて良い木は良い実を結び、悪い木は悪い実を結ぶ。良い木が悪い実を結ぶことはなく、また、悪い木が良い実を結ぶこともできない。良い実を結ばない木はみな、切り倒されて火に投げ込まれる。このように、あなたがたはその実で彼らを見分ける。」

（引用者註＊あなたたちのことは知らないのたとえ）

「わたしに向かって、『主よ、主よ』と言う者が皆、天の国に入るわけではない。わたしの天の父の御心を行う者だけが入るのである。かの日には、大勢の者がわたしに、『主よ、主よ、わたしたちは御名によって預言し、御名によって悪霊を追い出し、御名によって奇跡をいろいろ行ったではありませんか』と言うであろう。そのとき、わたしはきっぱりとこう言おう。『あなたたちのことは全然知らない。不法を働く者ども、わたしから離れ去れ。』」

（引用者註＊家と土台のたとえ）

「そこで、わたしのこれらの言葉を聞いて行う者は皆、岩の上に自分の家を建てた賢い人に似ている。雨が降り、川があふれ、風が吹いてその家を襲っても、倒れなかった。岩を土台としていたからである。わたしのこれらの言葉を聞くだけで行わない者は皆、砂の上に家を建てた愚かな人に似ている。雨が降り、川があふれ、風が吹いてその家に襲いかかると、倒れて、その倒れ方がひどかった。」〉（「マタイによる福音書」七章二五～二七節）

狭い門と広い門、良い実を結ぶ良い木と悪い実を結ぶ悪い木、天の父の御心を行う者と不法を働く者、岩の上の家と砂の上の家という四つの二項対立が示されている。この四つのたとえで、イエスは救いの道と滅びの道は最初から異なっていることを示している。この二つの道だけが存在する。第三の道は存在しないのである。フスは滅びの道を歩んでしまうと絶対に救済されることはないと強調しているのである。

そしてローマ教皇や枢機卿《すうきけい》が滅びの道を準備する悪魔の教会の構成員であるという認識

を示す。

＊

前から何度も述べているように、カトリックは普遍的教会である。真実の教会は、普遍的であり、そのかしらはイエス・キリストだ。教会がキリストの花嫁ということならば、キリストは花婿、すなわち家長である。それにもかかわらずローマ教皇は自らを普遍的教会のかしらと位置づけている。これはキリストの権限を侵害するものであるとフスは考える。現在のローマ教会はキリストと教皇（それも三人の教皇が鼎立している）という頭が複数ある化け物のような醜悪な姿をしている。このことからしても、見える教会は悪魔の教会であるとフスは考える。

イエスは神の子である。イエスが救済主キリストであるという信仰告白をパウロが行った。前後を含め、「マタイによる福音書」の関連部分を引用しておく。

〈イエスは、フィリポ・カイサリア地方に行ったとき、弟子たちに、「人々は、人の子のことを何者だと言っているか」とお尋ねになった。弟子たちは言った。「『洗礼者ヨハネだ』と言う人も、『エリヤだ』と言う人もいます。ほかに、『エレミヤだ』とか、『預言者の一人だ』と言う人もいます。」イエスが言われた。「それでは、あなたがたはわたしを何者だと言うのか。」シモン・ペトロが、「あなたはメシア、生ける神の子です」と答えた。すると、イエスはお答えになった。「シモン・バルヨナ、あなたは幸いだ。あなたにこのことを現したのは、人間ではなく、わたしの天の父なのだ。わたしも言っておく。あなたはペトロ。わたしはこの岩の上にわたしの教会を建てる。陰府の力もこれに対抗できない。わたしはあなたに天の国の鍵を授ける。あなたが地上でつなぐことは、天上でもつながれる。あなたが地上で解くことは、天上でも解かれる。」それから、イエスは、御自分がメシアであることをだれにも話さないように、と弟子たちに命じられた。〉（「マタイによる福音書」一六章一三〜二〇節）

ここで重要なのは、イエスが「それでは、あなたがたはわたしを何者だと言うのか。」と二人称複数形（あなたがた）で問いかけていることだ。ペトロは個人としてイエスはキリストであるという信仰告白をしたのではなく、弟子たちの見解を代表して述べたに過ぎない。フスもローマ教皇がペトロを継承していることは認める。しかし、イエスがペトロに与えた「天国の鍵《かぎ》」は、ペトロ個人に属するものではなく、イエスがキリストであるという信仰告白を行った弟子たちすべてに与えられているとフスは解釈する。教会は信仰告白を基礎に建てられている。

＊

フスは、教会、信仰、基礎、教会の力がそれぞれ何を意味するかについて考察する。教会について考察する場合、フスはそれを三つに分節化する。第一がこれまで何度も述べてみた目に見える現実に存在する教会である。ここには真実のキリスト教徒とともに堕落者が含まれている。第二は愛の共同体としての教会だ。愛は実践的性格を帯びる。ここにおいても、真実のキリスト教徒と堕落者が混在している。しかし、堕落者は愛の実践に加わることがないので、真実としては教会の構成員ではない。第三として、フスは終末の時点から教会について考察する。第I部八〇～八二頁の『教会論』を再読して欲しい。

終末の時点から考察するならば、真実のキリスト教徒は既に救われているのである。前に述べたように陰府とは、死の力が支配する領域である。これに対して、イエス・キリストをかしらとする教会は命の世界を担保する。イエスがペトロに授けた「天国の鍵」を解くと命の世界への門が開くのだ。真実のキリスト教徒は、陰府を支配する死の力と戦っている。もっともこれを冷ややかに眺めている堕落者もいる。ユダもペトロとともにイエスはキリストであるという信仰告白をしている。しかし、ユダは確固たる信仰、イエスが言うところの岩の上に立っていなかった。それ故に陰府を支配する死の力に呑《の》み込まれてしまったのである。

フスは人間がもつ信仰の欠陥について考察する。

〈人が信仰を欠くには、3つの方法がある。
・弱さゆえの信仰のなさ。この方法で信仰を欠く者は、信じることにためらいを感じ、死するまで信仰を守れない。
・信じるべき多くの物事を心から信じているものの、それでも尚、信じるべき多くの物事を信じることができずにいる場合で、この者の信仰は穴だらけの盾となっている。
・この盾を十分に使えていないために、信仰を欠く方法。信じるべきものを、慣習として容れているものの、不品行のため、祝福された生き方を送れないのである。こうしたことは、「テトスへの手紙」1章16節に、次のように書かれている。「こういう者たちは、神を知っていると公言しながら、行いではそれを否定しているのです」したがって、上記の3つのいずれでも、人は、確固たる信仰を欠くことになる。〉（前掲書七〇頁）

フスの考えを、現代人に理解可能な言語に置き換えてみる。人間が信仰を貫くことができない理由は主に三つある。

第一は、信仰が弱い場合である。キリスト教信仰に自分は弱い人間なのでついていくことができないと考えている人だ。

第二は、イエスの教えを部分的にしか信じることができない人だ。信仰は、体系的である。イエスの教説を一部だけつまみ食いすることはできない。

第三は、信仰を頭では理解しているつもりになっているが、行動が伴わない人である。

この問題を解決する鍵をフスは、「テトスへの手紙」一章のクレタ島におけるテトスの仕事に関連づけて理解する。

〈あなたをクレタに残してきたのは、わたしが指示しておいたように、残っている仕事を整理し、町ごとに長老たちを立ててもらうためです。長老は、非難される点がなく、一人の妻の夫であり、その子供たちも信者であって、放蕩を責められたり、不従順であったりしてはなりません。監督は神から任命された管理者であるので、非難される点があってはならないのです。わがままでなく、すぐに怒らず、酒におぼれず、乱暴でなく、恥ずべき利益をむさぼらず、かえって、客を親切にもてなし、善を愛し、分別があり、正しく、清く、自分を制し、教えに適う信頼すべき言葉をしっかり守る人でなければなりません。そうでないと、健全な教えに従って勧めたり、反対者の主張を論破したりすることもできないでしょう。

実は、不従順な者、無益な話をする者、人を惑わす者が多いのです。特に割礼を受けている人たちの中に、そういう者がいます。その者たちを沈黙させねばなりません。

彼らは恥ずべき利益を得るために、教えてはならないことを教え、数々の家庭を覆しています。彼らのうちの一人、預言者自身が次のように言いました。

「クレタ人はいつもうそつき、
悪い獣、怠惰な大食漢だ。」

この言葉は当たっています。だから、彼らを厳しく戒めて、信仰を健全に保たせ、ユダヤ人の作り話や、真理に背を向けている者の掟に心を奪われないようにさせなさい。清い人には、すべてが清いのです。だが、汚れている者、信じない者には、何一つ清いものはなく、その知性も良心も汚れています。こういう者たちは、神を知っていると公言しながら、行いではそれを否定しているのです。嫌悪すべき人間で、反抗的で、一切の善い業については失格者です。〉(「テトスへの手紙」一章五～一六節)

古代において、ギリシア人がクレタ人の悪口を言うのはよくあることだった。神を知っているならば、それは必ず行為になる。カトリック教会では、「信仰と行為」という二分法が行われているが、「テトスへの手紙」を引用することで、フスは信仰即行為という立場を強調するのである。

第二〇話　新しいエルサレム

フスは、信仰と希望が異なっていることを強調した。

フスは〈それゆえ、信仰と、希望と、愛、この三つは、いつまでも残る。その中で最も大いなるものは、愛である。〉（「コリントの信徒への手紙一」一三章一三節）というパウロの言葉を念頭においている。キリスト教徒は、終わりの日の救済を基準に、人生を終末論的に判断する。そのときに、信仰、希望、愛という三つの概念が終末まで存在する。パウロは、その中で愛を「最も大いなるもの」とするが、それは信仰も希望も愛に結実するからである。フスもこの了解を共有する。その上で、信仰と希望の関係について、希望を先行させるのである。信仰と希望の内容をフスは以下のように区分する。

第一に、信仰が過去に関する出来事であるのに対し、希望は未来を先取りすることである。イエス・キリストが救い主として現れたという過去の事実は、信仰を担保するとともに、未来の希望を先取りしているのである。

第二に、信仰は確実であるが、希望は不確実である。イエスという歴史的に存在した神の子を、キリスト教徒は救済主であると確実に信じることができる。これに対して、未来において、この信仰をもつキリスト教徒が救われるという希望が確実であるとは言えない。目に見える教会においてキリスト教徒と見なされていても、実際は、毒麦のような不信仰者がいるからである。それだから、希望には不信の要素が内包されている。

第三に、希望は、良い事柄だけを含んでいるのに対し、信仰には良い事柄とともに悪い事柄が含まれている。目に見える教会に含まれている不信仰者を憎み、呪うことも信仰に含まれている。他者を憎み、呪うことは、悪い事柄であるが、そのような信仰も現実において必要とされるのである。

フスは、本質において悪い事柄を含む信仰の弁証法的構造に注目する。そして、信仰の基準が、人間の主観的信念ではなく、外部の神からやってくる啓示に根拠づけられているという認識を示す。

〈そして、信じるということは、信仰が元となる行動、つまり、信頼をすること―fidere―である。それゆえ、神の恵みを手に入れるためには、神が話す真実に、迷うことなく忠実でいることが必要であること、それが信じることである、と我々は認識している。この真実のため、そしてそれに対する確信のため、人は自身の命を、死という危険にさらさなくてはならない。このゆえに、すべてのキリスト教徒は、聖霊が聖書に記載した真実すべてを、明示的に、そして暗示的に信じることが求められている。またそれゆえに、人は、聖書とは内容の異なる言葉を述べる聖人を信じる必要がなくなり、また、大勅書も、その内容が聖書から引用されたり、聖書の内容をそのまま根拠にしている場合を除き、信じる必要がなくなるのである。しかし、教皇も教皇庁も、真実に対する無知故に間違いを犯すため、人は過った大勅書を起る可能性のあるものとして信じてしまうかもしれない。それゆえに、この無知を以って、教皇も過ちを犯したり、だまされたりすることがあることを立証できるのである。〉（ヤン・フス『教会論』John Huss/David S. Schaff to., The Church, New York: Charles Scribner's Sons, 1915、七一～七二頁）

信仰とは、神からの命令に徹底的に従うことである。イエスは、罪がない神の子でありながら、神の命令に従うことによって、十字架における死を遂げた。キリスト教徒は、イエスの例にならわなくてはならないのである。これは理屈の世界の話ではない。神が命じるから、人間はそれに従わなくてはならないという、神の主権に関する問題なのである。神の主権に徹底的に従うことによって人間は救われるとフスは信じる。神の啓示について、キリスト教徒が知ることができるのは、聖書のテキストを通じてのみである。諸聖人は人間である。人間の言説を神の啓示と混同してはならないのである。

神は人間をだますこともなければ、人間によってだまされることもないとフスは考える。これに対して、ローマ教皇を含む高位聖職者は、人間をだますこともあれば、人間によってだまされることもある。だましたり、だまされたりする高位聖職者を信仰の基準としてはならない。フスは、信仰を貫くならば、キリスト教徒はローマ教会のくびきから脱しなくてはならないと考える。信仰の基準は、教会のヒエラルキーではなく、聖書である。このような形でフスは「聖書のみ」というプロテスタンティズムの原理を先取りしている。

＊

原罪を負った人間は弱い存在だ。それはペトロですら一時、キリストを裏切ったことからも明らかだ。このような弱い人間が信仰を維持するためには、外部からの支えが不可欠だ。この支えが教会の土台（岩）なのである。

〈アウグスティヌスは、預言者と使徒がエルサレムの土台と呼ばれる理由を提示して、次のように尋ねる。「なぜ彼らが土台なのであろうか？　それは彼らの権威が、我々の弱さを支えて― portat ―くれるからである。彼らが門― portae ―たり得るのは、どのようないきさつからであろうか？　それは、彼らの伝道によって我々は神の王国に入るからである。そして、彼らを通じて神の王国に入るとき、我々は、キリストを通じて入るのでもある。というのも、キリストは扉だからだ。エルサレムには門が12あると言われており、キリストは唯一の門であり、12の門である。それは、キリストが12の門の中にあるからである。」このように、アウグスティヌスは述べている。「ヨハネの黙示録」21章14節には、「都の城壁には十二の土台があって」と書かれている。解説には次のように書かれている。「これは使徒たちが支えとした預言者たちの信仰である。というのも、彼らの時点から、世襲によって使徒たちに信仰が受け継がれていたが、彼らの伝道に、同じことを述べた預言者たちに寄せられていたのと同じだけの信心が寄せられたからだ」もしくは、教会の構造すべての土台として、使徒を受け入れようではないか。ここでもこの一節には次のように書かれている。「その輝きは、最高の宝石のようであり、透き通った碧玉のようであった。」（「ヨハネの黙示録」21章11節）。解説には、次のように書かれている。「土台、つまり預言者と使徒は、あらゆる種類の神の愛を身にまとっている。」

キリストが教会の土台であり、使徒たちが土台である様を見よ！　教会という建物は、彼から始まり、彼の内にあり、そして彼を通じて終わるため、キリストは比喩的に――autonomastice――土台なのである。しかし、預言者と使徒は、その権威が我々の弱さを支えてくれるために、土台なのである。〉（前掲書八〇頁）

フスは、「ヨハネの黙示録」の末尾に記された「新しいエルサレム」から、教会を比喩《ひゆ》的に読み解くのである。この聖書では、一二という数が象徴的に用いられている。

〈さて、最後の七つの災いの満ちた七つの鉢を持つ七人の天使がいたが、その中の一人が来て、わたしに語りかけてこう言った。「ここへ来なさい。小羊の妻である花嫁を見せてあげよう。」この天使が、〃霊〃に満たされたわたしを大きな高い山に連れて行き、聖なる都エルサレムが神のもとを離れて、天から下って来るのを見せた。都は神の栄光に輝いていた。その輝きは、最高の宝石のようであり、透き通った碧玉のようであった。都には、高い大きな城壁と十二の門があり、それらの門には十二人の天使がいて、名が刻みつけてあった。イスラエルの子らの十二部族の名であった。東に三つの門、北に三つの門、南に三つの門、西に三つの門があった。都の城壁には十二の土台があって、それには小羊の十二使徒の十二の名が刻みつけてあった。

わたしに語りかけた天使は、都とその門と城壁とを測るために、金の物差しを持っていた。この都は四角い形で、長さと幅が同じであった。天使が物差しで都を測ると、一万二千スタディオンあった。長さも幅も高さも同じである。また、城壁を測ると、百四十四ペキスであった。これは人間の物差しによって測ったもので、天使が用いたものもこれである。都の城壁は碧玉で築かれ、都は透き通ったガラスのような純金であった。都の城壁の土台石は、あらゆる宝石で飾られていた。第一の土台石は碧玉、第二はサファイア、第三はめのう、第四はエメラルド、第五は赤縞めのう、第六は赤めのう、第七はかんらん石、第八は緑柱石、第九は黄玉、第十はひすい、第十一は青玉、第十二は紫水晶であった。また、十二の門は十二の真珠であって、どの門もそれぞれ一個の真珠でできていた。都の大通りは、透き通ったガラスのような純金であった。

わたしは、都の中に神殿を見なかった。全能者である神、主と小羊とが都の神殿だからである。この都には、それを照らす太陽も月も、必要でない。神の栄光が都を照らしており、小羊が都の明かりだからである。諸国の民は、都の光の中を歩き、地上の王たちは、自分たちの栄光を携えて、都に来る。都の門は、一日中決して閉ざされない。そこには夜がないからである。人々は、諸国の民の栄光と誉れとを携えて都に来る。しかし、汚れた者、忌まわしいことと偽りを行う者はだれ一人、決して都に入れない。小羊の命の書に名が書いてある者だけが入れる。〉(「ヨハネの黙示録」二一章九〜二七節)

「新しいエルサレム」は終末の時に現れる。フスは、終末論的に教会を解釈しているのだ。「新しいエルサレム」において、神は人間とともに住むようになっていることを、ヨハネは黙示によって告げられた。

〈わたしはまた、新しい天と新しい地を見た。最初の天と最初の地は去って行き、もはや海もなくなった。更にわたしは、聖なる都、新しいエルサレムが、夫のために着飾った花嫁のように用意を整えて、神のもとを離れ、天から下って来るのを見た。そのとき、わたしは玉座から語りかける大きな声を聞いた。「見よ、神の幕屋が人の間にあって、神が人と共に住み、人は神の民となる。神は自ら人と共にいて、その神となり、彼らの目の涙をことごとくぬぐい取ってくださる。もはや死はなく、もはや悲しみも嘆きも労苦もない。最初のものは過ぎ去ったからである。」〉（「ヨハネの黙示録」二一章一～四節）

神とともに住む人間は、もはや死ぬことがない。「十二部族」という表現は、旧約聖書に見られる。これに対して「十二の土台」という表現は、「ヨハネの黙示録」の著者による独創だ。「新しいエルサレム」に十二使徒の場所を確保することを意図している。十二使徒が所属する教会の一員であることが「新しいエルサレム」に加わるための条件なのである。十二部族のユダヤ人と、ユダヤ人の枠を超えたキリスト教徒がともに救われて「新しいエルサレム」で暮らすことになる。

ここに出てくる一万二〇〇〇スタディオン（約二二〇〇キロメートル）や一四四ペキス（約六五メートル）は、いずれも一二の一〇〇〇倍、一二の二乗であるので、基本になるのは一二の象徴性である。神が「新しいエルサレム」を直接統治するので、神殿はもとより、太陽や月などの光も必要ないのである。子羊すなわちイエス・キリスト自身が光になる。

フスは、教会の土台（岩）は、「新しいエルサレム」によって担保されていると考える。これを目に見えるローマ教会と混同すると、キリスト教徒が救済を取り逃がしてしまうことを危惧《きぐ》する。

フスは、キリスト論的に集中して、教会を理解する。現実に存在する教会は、伝統や秩序など、キリスト以外の事柄で教会を構築しているから、偽りの教会になっているとフスは考えた。

第二一話　悔悛

フスは目に見える教会の高位聖職者であるから、信徒を救うことができるという発想が幻想と警告する。重要なのは、フスが「よき羊飼い」としての教会教職者の機能を復活させようとしている点だ。

イエスは、羊たちが住んでいる牧場の門番をする羊飼いにたとえられる。この羊飼いがどういう人であるかによって羊たちの運命は異なってくる。羊たちのことを心配し、文字通り命懸けで羊たちを守るような良い羊飼いがいるところでは、羊たちは安心して暮らすことができる。神父や司教などの教会教職者が、信者のことを本気で心配し、命懸けで守る教会では、信者は安心して生きていくことができる。逆に、無責任な羊飼いは、羊たちに危機が迫ったときに逃げ出してしまう。イエスは、良い羊飼いだったので、神に従う人たちを守るために、十字架にかけられて文字通り命を賭《と》したのである。現下の目に見える教会は、無責任な羊飼いというよりも、羊たちを食い物にする強盗の仲間であるとフスは認識していた。

イエス・キリストは復活し、昇天した。終わりの日にキリストが再臨するまで、キリストの教えは教会において保全される。教会を支配するのはキリストであり、教皇ではない。教会は聖霊に満たされ、救済の共同体としての機能を果たすのである。現在の目に見える教会は、聖霊から離れてしまっているとフスは考える。それだから、この教会に所属していても救いは保証されないのである。教皇や枢機卿などの高位聖職者は、霊的な力と世俗的な力を混同しているとフスは考える。

世俗的な力は、政治的な力と一般的な力によって構成されている。そのうち政治的な力は究極的に神から付与されているのだ。政治的な力は代替性をもつ。王が臣下に政治的な力の行使を委任することができるのである。地上において王に神からの力を付与するときの媒介となるのが聖職者である。それだから、聖職者の力は王の力を上回るとフスは考える。そのときの根拠となるのが、レビ族の血統以外に属していたにもかかわらず、アブラハムから特別の扱いを受けたメルキゼデクの例だ。

〈神は、アブラハムに約束をする際に、御自身より偉大な者にかけて誓えなかったので、御自身にかけて誓い、「わたしは必ずあなたを祝福し、あなたの子孫を大いに増やす」と言われました。こうして、アブラハムは根気よく待って、約束のものを得たのです。そもそも人間は、自分より偉大な者にかけて誓うのであって、その誓いはあらゆる反対論にけりをつける保証となります。神は約束されたものを受け継ぐ人々に、御自分の計画が変わらないものであることを、いっそうはっきり示したいと考え、それを誓いによって保証なさったのです。それは、目指す希望を持ち続けようとして世を逃れて来たわたしたちが、二つの不変の事柄によって力強く励まされるためです。この事柄に関して、神が偽ることはありえません。わたしたちが持っているこの希望は、魂にとって頼りになる、安定した錨のようなものであり、また、至聖所の垂れ幕の内側に入って行くものなのです。イエスは、わたしたちのために先駆者としてそこへ入って行き、永遠にメルキゼデクと同じような大祭司となられたのです。

このメルキゼデクはサレムの王であり、いと高き神の祭司でしたが、王たちを滅ぼして戻って来たアブラハムを出迎え、そして祝福しました。アブラハムは、メルキゼデクにすべてのものの十分の一を分け与えました。メルキゼデクという名の意味は、まず「義の王」、次に「サレムの王」、つまり「平和の王」です。彼には父もなく、母もなく、系図もなく、また、生涯の初めもなく、命の終わりもなく、神の子に似た者であって、永遠に祭司です。

この人がどんなに偉大であったかを考えてみなさい。族長であるアブラハムさえ、最上の戦利品の中から十分の一を献げたのです。ところで、レビの子らの中で祭司の職を受ける者は、同じアブラハムの子孫であるにもかかわらず、彼らの兄弟である民から十分の一を取るように、律法によって命じられています。それなのに、レビ族の血統以外の者が、アブラハムから十分の一を受け取って、約束を受けている者を祝福したのです。さて、下の者が上の者から祝福を受けるのは、当然なことです。〉(「ヘブライ人への手紙」六章一三節~七章七節)

「ヘブライ人への手紙」の著者は、メルキゼデクとの類比でキリストの祭司としての権能を強調する。この祭司としての権能から、上の者である聖職者が下の者である王に力を与えるのである。しかし、この力の源泉は聖職者ではなく、神にある。聖職者が王に力を付与することができるのは、聖霊の助けを受けているからとフスは考える。

聖霊の力は、世俗の一般的な力を凌駕《りょうが》する自立的な力である。聖霊は教会に帰属しているので、聖職者が聖霊の力を濫用する可能性を排除できないのである。こういう聖職者は悪魔とともに地獄に堕《お》ちていくのであるが、そのことが判るのは、終わりの日においてである。フスは現下のカトリック教会が聖霊を濫用していると考える。そして最大の濫用者が教皇であると考える。「位が高ければ高いほど、堕落の度合いが大きい」という法則に照らして、教皇がもっとも堕落しているのだ。

フスは、世俗における力の源泉が神にあるという事実を再認識することを呼びかけた。権力の濫用を阻止することは神を再発見することによってのみ可能なのである。力をもっていることとそれを行使することは異なるとフスは考える。真の信仰をもっている人は自らの力の行使を自己抑制できるのである。教皇や枢機卿などが、力を最大限に行使することに腐心しているのは、この人たちが堕落し、悪魔の仲間になっているからであると考えるのである。

＊

堕落した聖職者が正しい道に戻るためには悔悛《かいしゅん》が必要だ。だからフスは悔悛について掘り下げた考察をする。聖職者は神と人間をつないだり解いたりする機能を果たす。大前提として、神が聖職者のこの機能を具体的に承認しなくてはならない。言い換えるとこの地上で起きている聖職者と信者の関係は、天上における神の意思を反映していなければならないとフスは考える。天上と無関係に聖職者が自らの力を行使しようとするという発想自体が堕落である。堕落を悔い改めなければならない。

〈罪は、致命的な罪を犯した者の魂に内在するものである。そして神の愛は崩壊し、消滅する。それゆえに、致命的な罪を犯した者は、罪の悔悛をしなければ、その者がその罪を飽くまで否定しないのであれば、永遠の天罰という負債を負うこととなる。また、神の愛と共にある巡礼者たちとは別離することに留意しなくてはならない。しかし、悔悛をすればそれが救済方法となり、罪が打ち消され、神の愛が与えられ、天罰の鎖が断ち切られるのだ。そして、その者は再び教会と良い関係を築くこととなる。

この悔悛とは、悔い改め、懺悔し、罪を贖うことにより実行される。悔い改める、つまり、既に犯してしまった罪に対する後悔や激しい苦悩には、犯してしまった罪だけではなく、これから犯す可能性のある罪の苦痛も含まれていなくてはならない――articulo、そうした悔い改めは魂の救済に十分である。だからこそ、救世主イエス・キリストは、姦淫を行った女の心が後悔で一杯だったのを知っていたために、次の言葉を掛けられたのだ。「行きなさい。これからは、もう罪を犯してはならない。」（「ヨハネによる福音書」8章11節）これゆえに、聖アウグスティヌス、聖アンブロシウス、そして聖グレゴリウスは、告解者となるには、行ってしまった悪事を後悔することであり、後悔してしまうような悪事をしないように考えることではない、という共通の意見を有している。〉（ヤン・フス『教会論』John Huss/David S. Schaff to., The Church, New York: Charles Scribner's Sons, 1915、九六～九七頁）

悔悛という人間的な努力が救済の根拠となるのではない。悔い改める人に神は上から介入するのである。フスは、姦通《かんつう》をした女をイエスが許したときとの類比で、悔悛について考察する。

〈イエスはオリーブ山へ行かれた。朝早く、再び神殿の境内に入られると、民衆が皆、御自分のところにやって来たので、座って教え始められた。そこへ、律法学者たちやファリサイ派の人々が、姦通の現場で捕らえられた女を連れて来て、真ん中に立たせ、イエスに言った。「先生、この女は姦通をしているときに捕まりました。こういう女は石で打ち殺せと、モーセは律法の中で命じています。ところで、あなたはどうお考えになりますか。」イエスを試して、訴える口実を得るために、こう言ったのである。イエスはかがみ込み、指で地面に何か書き始められた。しかし、彼らがしつこく問い続けるので、イエスは身を起こして言われた。「あなたたちの中で罪を犯したことのない者が、まず、この女に石を投げなさい。」そしてまた、身をかがめて地面に書き続けられた。これを聞いた者は、年長者から始まって、一人また一人と、立ち去ってしまい、イエスひとりと、真ん中にいた女が残った。イエスは、身を起こして言われた。「婦人よ、あの人たちはどこにいるのか。だれもあなたを罪に定めなかったのか。」女が、「主よ、だれも」と言うと、イエスは言われた。「わたしもあなたを罪に定めない。行きなさい。これからは、もう罪を犯してはならない。」〉（「ヨハネによる福音書」八章一～一一節）

ちなみにこの箇所は、現在の新約聖書神学の研究では、もともと「ヨハネによる福音書」に含まれておらず、どこからか紛れ込んだというのが通説になっている。内容は「ルカによる福音書」の著者の立場に近いと見られる。もちろんフスの時代には、このような認識はなかった。人間を裁くことができるのも、赦すことができるのも神だけである。神から力を委譲されたイエスだから、この姦通をした女を赦すことができるのである。そしてこの女は救われた。イエスが真の人でありながら、罪を赦すことができる神の子であると信じることができるかどうかが、ここで問われているのである。フスが教皇や枢機卿などカトリック教会の高位聖職者に投げかけているのは、「あなたたちはイエス・キリストが救い主であるとほんとうに信じているのか」という根源的な問いなのである。

＊

フス『教会論』の英訳者デイビッド・シャフは、フスの著作『教皇の贖宥状《しょくゆうじょう》に関する契約（Treaties on Papal Indulgences）』に関して、〈ヨハネス23世の回勅2通について言及している。教皇は、１４１２年にはナポリ王ラディズラーオに対する聖戦を呼びかけ、この運動に参加した者には贖宥状（引用者註＊いわゆる免罪符）を約束した。この教書はプラハにおいて大きなセンセーションを呼び起こし、免罪符が公に三ヵ所で売りに出されたほどであった。フスは、教皇がきっかけとなってキリスト教仲間を相手にして戦争をするという制度そのものを非難し、教皇や聖職者による罪の赦しというものに疑問を抱くようになった。フスは、教皇に贖宥状を発行する権利があるのであれば、煉獄にいる者すべてを救うのでなければ、教皇は罪人であると宣言した。フスは、同様に、事前に神が罪を赦したのではない場合に、聖職者が罪を赦すことはできないとし、また、聖職者の力は、旧約聖書において重い皮膚病患者に清めの儀式を執行した祭司の力と本質的に同じである〉(前掲、フス『教会論』九八頁脚注）と説明している。聖職者は聖霊の力によって赦しの機能を果たす。現実に存在するカトリック教会の教皇や枢機卿などの高位聖職者は、聖霊としての神を信じていないのではないかという強い疑念をフスは抱いていたのだ。

第二二話　青白い馬

既に何度か述べたようにフスが『教会論』を書いた時期には三人の教皇が鼎立し、それぞれ正統性を争っていた。もはや目に見える地上の教会は、キリストに仕えることを放棄しているとフスは考えた。教皇や高位聖職者は、もはや悪魔によって支配されている。悪魔が、教皇たちに「キリストはペトロやその他の使徒たちにこんな権力を授けたのだから、あなたにもその権力は与えられてしかるべきだ」と耳打ちしている。それだから教皇や高位聖職者は、教会を間違えた方向に誘導しているのだ。

このような認識に立ち、フスは教会と権力の相互関係について、掘り下げた考察を行う。ここで鍵になるのは、「ローマの信徒への手紙」一三章と「ヨハネの黙示録」一三章に記された、対極的な権力観をどう解釈するかだ。

パウロは、政治的には保守主義者である。キリスト教徒は国家権力と不必要な争いを避けるべきであると考えた。その前提には、パウロの終末論的な時代認識がある。パウロは近未来にこの世の終わりが訪れ、キリストが再臨すると信じていた。よって、国家権力との関係というような、人間の救済と関係しないことに煩わされる必要はないと考えた。終末のときに、いずれにせよ国家は消滅する。そして、選ばれた人々が「神の国」に入り、永遠の命を得る。

パウロは国家との関係を念頭に置いた倫理学を構築することに関心がなかった。それだから、「ローマの信徒への手紙」一三章冒頭の「上に立つ権威に従うべき」という保守的国家観を表明した。

〈人は皆、上に立つ権威に従うべきです。神に由来しない権威はなく、今ある権威はすべて神によって立てられたものだからです。従って、権威に逆らう者は、神の定めに背くことになり、背く者は自分の身に裁きを招くでしょう。実際、支配者は、善を行う者にはそうではないが、悪を行う者には恐ろしい存在です。あなたは権威者を恐れないことを願っている。それなら、善を行いなさい。そうすれば、権威者からほめられるでしょう。権威者は、あなたに善を行わせるために、神に仕える者なのです。しかし、もし悪を行えば、恐れなければなりません。権威者はいたずらに剣を帯びているのではなく、神に仕える者として、悪を行う者に怒りをもって報いるのです。だから、怒りを逃れるためだけでなく、良心のためにも、これに従うべきです。あなたがたが貢を納めているのもそのためです。権威者は神に仕える者であり、そのことに励んでいるのです。すべての人々に対して自分の義務を果たしなさい。貢を納めるべき人には貢を納め、税を納めるべき人には税を納め、恐るべき人は恐れ、敬うべき人は敬いなさい。〉（「ローマの信徒への手紙」一三章一～七節）

パウロは、権力の基盤に権威があると考える。そして、権威を二つの異なる意味に用いている。第一は、人間の救済を可能にする神の権威だ。ここに真の意味での主権がある。これに対して、第二が現実に存在するこの世の権威だ。フスもパウロのテキストを正確に読み解いて、権力の性格を区分する。それだからフスは、権力について「時には支配権や真の力を意味することがある」、「時には、この力とは、うわべだけの力や、模擬的な力を意味するような、曖昧な意味に取られることもある」（ヤン・フス『教会論』John Huss/David S. Schaff to., The Church, New York: Charles Scribner's Sons, 1915、一一三頁）と二つの権力を区別して述べる。キリスト教徒が従わなくてはならないのは、神に由来する真の権力に対してである。人に由来する権力について、キリスト教徒は是々非々の対応を取るべきとフスは考える。特に神に反逆する不当な権力に対して、キリスト教徒は抵抗するのが筋であると考える。その根拠としてフスは、「ルカによる福音書」二二章に記された、「闇が力を振るっている」というイエスの言葉を重視する。

〈イエスがまだ話しておられると、群衆が現れ、十二人の一人でユダという者が先頭に立って、イエスに接吻をしようと近づいた。イエスは、「ユダ、あなたは接吻で人の子を裏切るのか」と言われた。イエスの周りにいた人々は事の成り行きを見て取り、「主よ、剣で切りつけましょうか」と言った。そのうちのある者が大祭司の手下に打ちかかって、その右の耳を切り落とした。そこでイエスは、「やめなさい。もうそれでよい」と言い、その耳に触れていやされた。それからイエスは、押し寄せて来た祭司長、神殿守衛長、長老たちに言われた。「まるで強盗にでも向かうように、剣や棒を持ってやって来たのか。わたしは毎日、神殿の境内で一緒にいたのに、あなたたちはわたしに手を下さなかった。だが、今はあなたたちの時で、闇が力を振るっている。」〉（「ルカによる福音書」二二章四七～五三節）

ここではイエスがユダによって裏切られた状況が描写されている。ユダはイエスに接吻《せっぷん》しようとして近づいてきた。大祭司の手下たちはイエスを逮捕しようとしていた。しかし、手下たちはイエスの顔を知らない。だから一二弟子の一人であるユダが接吻することで、イエスを示すことにしたのである。ユダがイエスに近づく様子を見て、大祭司の手下たちがイエスを取り囲む。そのとき、弟子の一人が剣で手下の耳を切り落とす（ちなみに「ヨハネによる福音書」一八章一〇節では剣を抜いて手下の耳を切り落としたのはペトロ）。イエス・キリストの弟子たちは、決して、無抵抗な非暴力主義者ではない。

大祭司の手下たちとユダは、あえて夜にイエスを逮捕する計画を立てた。昼に神殿でイエスを逮捕しようとしたならば、イエスに従う民衆の抵抗で目的が達成できなくなることを恐れたからだ。闇を通して、サタンが働いているのである。悪が力を振るっているということは、この世の終わりが近いことを示している。この世の終わりにはイエス・キリストが再臨する。それはキリスト教徒にとっては、救いの時だ。フスは、まさに悪がこの世を支配している闇が一五世紀初頭のヨーロッパであると考えた。イエス・キリストによって設立された「キリストの花嫁」である教会さえも悪魔の巣窟《そうくつ》になってしまったのである。しかし、これは逆説的に、救済が近いことを示している。悪がこれだけ蔓延《まんえん》しているこの世が終末を迎えるのは必然的だからだ。

＊

フスは終末論的に時代状況を解釈する。そこでフスは「ヨハネの黙示録」六章に登場する青白い馬について述べる。ただし、この青白い馬については、ここで七つの封印がひもとかれた物語全体を見なくては理解できない。フスもこの物語全体を念頭に置いて、議論を展開している。それでは関連部分を見てみよう。

〈また、わたしが見ていると、小羊が七つの封印の一つを開いた。すると、四つの生き物の一つが、雷のような声で「出て来い」と言うのを、わたしは聞いた。そして見ていると、見よ、白い馬が現れ、乗っている者は、弓を持っていた。彼は冠を与えられ、勝利の上に更に勝利を得ようと出て行った。

小羊が第二の封印を開いたとき、第二の生き物が「出て来い」と言うのを、わたしは聞いた。すると、火のように赤い別の馬が現れた。その馬に乗っている者には、地上から平和を奪い取って、殺し合いをさせる力が与えられた。また、この者には大きな剣が与えられた。

小羊が第三の封印を開いたとき、第三の生き物が「出て来い」と言うのを、わたしは聞いた。そして見ていると、見よ、黒い馬が現れ、乗っている者は、手に秤を持っていた。わたしは、四つの生き物の間から出る声のようなものが、こう言うのを聞いた。「小麦は一コイニクスで一デナリオン。大麦は三コイニクスで一デナリオン。オリーブ油とぶどう酒とを損なうな。」

小羊が第四の封印を開いたとき、「出て来い」と言う第四の生き物の声を、わたしは聞いた。そして見ていると、見よ、青白い馬が現れ、乗っている者の名は「死」といい、これに陰府が従っていた。彼らには、地上の四分の一を支配し、剣と飢饉と死をもって、更に地上の野獣で人を滅ぼす権威が与えられた。

小羊が第五の封印を開いたとき、神の言葉と自分たちがたてた証しのために殺された人々の魂を、わたしは祭壇の下に見た。彼らは大声でこう叫んだ。「真実で聖なる主よ、いつまで裁きを行わず、地に住む者にわたしたちの血の復讐をなさらないのですか。」すると、その一人一人に、白い衣が与えられ、また、自分たちと同じように殺されようとしている兄弟であり、仲間の僕である者たちの数が満ちるまで、なお、しばらく静かに待つようにと告げられた。

また、見ていると、小羊が第六の封印を開いた。そのとき、大地震が起きて、太陽は毛の粗い布地のように暗くなり、月は全体が血のようになって、天の星は地上に落ちた。まるで、いちじくの青い実が、大風に揺さぶられて振り落とされるようだった。天は巻物が巻き取られるように消え去り、山も島も、みなその場所から移された。地上の王、高官、千人隊長、富める者、力ある者、また、奴隷も自由な身分の者もことごとく、洞穴や山の岩間に隠れ、山と岩に向かって、「わたしたちの上に覆いかぶさって、玉座に座っておられる方の顔と小羊の怒りから、わたしたちをかくまってくれ」と言った。神と小羊の怒りの大いなる日が来たからである。だれがそれに耐えられるであろうか。〉（「ヨハネの黙示録」六章一〜一七節）

救済の前には苦難がある。人間は苦難を経なくては、救済されないのである。それだから、人間の歴史も救済に至る過程で苦難を経なくてはならない。「ヨハネの黙示録」は、地中海のパトモス島でヨハネが見た幻を通して神が将来の苦難と救済を啓示しているのである。

まず、第一の封印が解かれると白い馬が現れた。白は勝利を象徴する色だ。武器である弓を手にして戦うキリスト教徒を指す。この騎士には既に冠が与えられている。冠は勝利を示すので、戦いにおけるキリスト教徒の勝利が保証されていることを意味する。

第二の封印を解くと赤い馬が現れた。赤は戦争と流血を示す。キリスト教徒に苦難は、戦争という形で現れることを預言している。

第三の封印を解かれると黒い馬が現れた。黒は不吉な出来事の象徴だ。死を意味することも多い。秤《はかり》は穀物を量る道具である。極端な食糧不足が生じることを暗示している。「小麦は一コイニクスで一デナリオン」という表現は、物価の高騰を意味する。コイニクスは穀物を量るときに用いる単位で約一・一リットルだ。一コイニクスの穀物量が、大人一人が一日に必要とする穀物量である。一デナリオンは、農業労働者の一日分の賃金だ。小麦が一コイニクスで一デナリオン、大麦が三コイニクスで一デナリオンに高騰すれば、労働者家庭で深刻な飢餓が生じる。

第四の封印が解かれると青白い馬が現れた。死体に対して青白いという形容詞が用いられる。ここでは疫病と死が予告されている。戦争、飢饉《ききん》、疫病とそれらにともなう死は、地上の四分の一、すなわち全体ではなく一部分を支配するに過ぎない。青白い馬について言及することで、それに先行する赤い馬、黒い馬も陰府に赴くことが明らかになる。白い馬に乗ったキリスト教徒も、苦難を経験し陰府に移動することを余儀なくされる。すべての人間は死から逃れることができないという現実を強調するためにフスは青白い馬について言及したのである。

第四の封印までで馬の物語は終わる。第五の封印を解くと、信仰を堅持したが故に殺された殉教者の魂が現れる。殉教者は、いけにえにされたので、その魂もいけにえが捧げられる祭壇の下にいる。殉教者は、死を平静に受け入れたわけではない。殺した者に対する復讐《ふくしゅう》を願っている。それだから、「真実で聖なる主よ、いつまで裁きを行わず、地に住む者にわたしたちの血の復讐をなさらないのですか」と大声で叫ぶのだ。殉教者には、白い衣が与えられる。白い衣は、殉教者の魂が将来、「神の国」に受け入れられることを保証する。さらに「しばらく静かに待つように」と告げられる。救済まではもう少し時間がかかるということだ。

第六の封印を解くと天災地変が起きる。地震は神の怒りを象徴する。太陽と月から発せられる光も著しく弱くなる。「毛の粗い布地」とは、当時、布地に用いられていた黒褐色や黒色の山羊の毛の色を意味する。血や星の落下は、不吉な出来事を示している。空を一つの巻物、天空の数多くの星がそこに書かれた文字とみなすと、巻物の中心が割け、それぞれ両端に巻き取られたような状態になる。星がまったくない空になる。このような天災地変に直面して、すべての人間が動転する。「地上の王、高官、千人隊長、富める者、力ある者」は、この世のエリート層を指す。そして、「奴隷も自由な身分の者」は、エリート以外の人々を指す。ここで言う小羊とは、復活したキリストのことだ。キリストは怒っている。すべての人が、洞穴や山の岩間に隠れ、山と岩に向かって、「わたしたちの上に覆いかぶさって、玉座に座っておられる方の顔と小羊の怒りから、わたしたちをかくまってくれ」と祈る。キリストの怒りに耐えることができる人間は一人もいない。

最後の第七の封印が解かれると、どのようなことが起きるのであろうか。

〈小羊が第七の封印を開いたとき、天は半時間ほど沈黙に包まれた。そして、わたしは七人の天使が神の御前に立っているのを見た。彼らには七つのラッパが与えられた。また、別の天使が来て、手に金の香炉を持って祭壇のそばに立つと、この天使に多くの香が渡された。すべての聖なる者たちの祈りに添えて、玉座の前にある金の祭壇に献げるためである。香の煙は、天使の手から、聖なる者たちの祈りと共に神の御前へ立ち上った。それから、天使が香炉を取り、それに祭壇の火を満たして地上へ投げつけると、雷、さまざまな音、稲妻、地震が起こった。〉（「ヨハネの黙示録」八章一〜五節）

これまで、封印が解かれると、ただちに舞台が変化した。しかし、第七の封印を解いた後は、しばらくの間、沈黙と静寂が支配する。そして七人の天使が現れる。この七人の天使は、神に近い場所で働いている。天使たちにラッパが与えられ、神が直接、人間の歴史に介入する準備が整えられる。天使が地上に投げつけた火は、終末が始まったことを意味する。天使は人間にとって優しい存在ではない。神の意を受けて、地上に裁きとしての災いをもたらすのである。

＊

この裁きの過程で、さまざまな異変が起きる。フスは、このような状況で、国家の本質が明らかになると考える。そのためには「ヨハネの黙示録」一三章の読み解きが重要になる。

〈わたしはまた、一匹の獣が海の中から上って来るのを見た。これには十本の角と七つの頭があった。それらの角には十の王冠があり、頭には神を冒瀆するさまざまの名が記されていた。わたしが見たこの獣は、豹に似ており、足は熊の足のようで、口は獅子の口のようであった。竜はこの獣に、自分の力と王座と大きな権威とを与えた。この獣の頭の一つが傷つけられて、死んだと思われたが、この致命的な傷も治ってしまった。そこで、全地は驚いてこの獣に服従した。竜が自分の権威をこの獣に与えたので、人々は竜を拝んだ。人々はまた、この獣をも拝んでこう言った。「だれが、この獣と肩を並べることができようか。だれが、この獣と戦うことができようか。」

この獣にはまた、大言と冒瀆の言葉を吐く口が与えられ、四十二か月の間、活動する権威が与えられた。そこで、獣は口を開いて神を冒瀆し、神の名と神の幕屋、天に住む者たちを冒瀆した。獣は聖なる者たちと戦い、これに勝つことが許され、また、あらゆる種族、民族、言葉の違う民、国民を支配する権威が与えられた。地上に住む者で、天地創造の時から、屠られた小羊の命の書にその名が記されていない者たちは皆、この獣を拝むであろう。

耳ある者は、聞け。

捕らわれるべき者は、

捕らわれて行く。

剣で殺されるべき者は、

剣で殺される。

ここに、聖なる者たちの忍耐と信仰が必要である。

わたしはまた、もう一匹の獣が地中から上って来るのを見た。この獣は、小羊の角に似た二本の角があって、竜のようにものを言っていた。この獣は、先の獣が持っていたすべての権力をその獣の前で振るい、地とそこに住む人々に、致命的な傷が治ったあの先の獣を拝ませた。そして、大きなしるしを行って、人々の前で天から地上へ火を降らせた。更に、先の獣の前で行うことを許されたしるしによって、地上に住む人々を惑わせ、また、剣で傷を負ったがなお生きている先の獣の像を造るように、地上に住む人に命じた。第二の獣は、獣の像に息を吹き込むことを許されて、獣の像がものを言うことさえできるようにし、獣の像を拝もうとしない者があれば、皆殺しにさせた。また、小さな者にも大きな者にも、富める者にも貧しい者にも、自由な身分の者にも奴隷にも、すべての者にその右手か額に刻印を押させた。そこで、この刻印のある者でなければ、物を買うことも、売ることもできないようになった。この刻印とはあの獣の名、あるいはその名の数字である。ここに知恵が必要である。賢い人は、獣の数字にどのような意味があるかを考えるがよい。数字は人間を指している。そして、数字は六百六十六である。〉（「ヨハネの黙示録」一三章一～一八節）

サタンである竜が、天上におけるキリストとの戦いに敗れ、地上に落ちてくる。そして、竜がキリスト教徒を迫害する。ただし、竜は直接手を下すのではない。手下である二匹の獣を用いてキリスト教徒と戦う。ここに出てくる七つの頭は、ローマの象徴である七つの丘、あるいは七人のローマ皇帝を指す。ローマ皇帝は、キリスト教徒に崇拝を要求する。これは、イエス・キリストが厳しく禁じた偶像崇拝だ。冒瀆《ぼうとく》とは偶像崇拝を要求することである。ただし、この獣は四二カ月、すなわち限定された期間しか活動することができない。キリスト教徒にとっては、偶像崇拝に対する試練の期間になる。

最後に預言者ヨハネは、この偶像の正体を明らかにする。ヘブライ語では、それぞれの文字が数値をもつ。皇帝ネロをヘブライ文字で記し、その数値を合算すると六六六になる。フスは、皇帝ネロの時代が一五世紀初頭のヨーロッパに再現されたと考えている。

第二三話　パウロの再発見

「ヨハネの黙示録」一三章に記されたサタンの手先である獣は強い。この獣と戦うことによって、キリスト教徒は命を失うこともある。しかし、それを恐れるには及ばない。それは、肉体的にキリスト教徒を殺すことができても、そのようにして殺されたキリスト教徒は殉教者なので、終わりの日に復活して、「永遠の命」を得ることが保証されているからだ。その根拠をフスは、イエスの此岸《しがん》における身体性に関する言説を手がかりにして考える。

〈こうした者に対してこそ、救世主イエス・キリストは、「マタイによる福音書」10章28節にて、「体は殺しても、魂を殺すことのできない者どもを恐れるな」と言い、さらに、「ヨハネによる福音書」16章33節では、「あなたがたには世で苦難がある。しかし、勇気を出しなさい。わたしは既に世に勝っている」と述べている。〉（ヤン・フス『教会論』John Huss/David S. Schaff to., The Church, New York: Charles Scribner's Sons, 1915、一一四頁）

キリストの敵がキリスト教徒を殺すことはできる。しかし、魂を滅ぼすことはできない。これに対して全能の神は、人間の魂と身体を支配する。従って、神は人間の魂と身体、その人間のすべてを破壊することが可能である。人間は、神に対する畏敬《いけい》の念を忘れてはならない。人間の生命を支配するのは神だ。神が生命に終止符を打ったときに人間は死ぬ。人間の死も神の支配下にある。従って、人間が自発的意思によって死を支配しようとすることは、神に対する挑戦である。それだから他殺であれ、自殺であれ、キリスト教は人間が死を支配しようとする誘惑に陥ることを戒める。他殺も自殺も神に対する反逆である。そして、人間の生と死を完全に支配している神を恐れよと説く。裏返して言うと、神以外の者によって加えられた危害によって死ぬことを恐れるには及ばないのである。

〈「人々を恐れてはならない。覆われているもので現されないものはなく、隠されているもので知られずに済むものはないからである。わたしが暗闇であなたがたに言うことを、明るみで言いなさい。耳打ちされたことを、屋根の上で言い広めなさい。体は殺しても、魂を殺すことのできない者どもを恐れるな。むしろ、魂も体も地獄で滅ぼすことのできる方を恐れなさい。二羽の雀が一アサリオンで売られているではないか。だが、その一羽さえ、あなたがたの父のお許しがなければ、地に落ちることはない。あなたがたの髪の毛までも一本残らず数えられている。だから、恐れるな。あなたがたは、たくさんの雀よりもはるかにまさっている。」〉（「マタイによる福音書」一〇章二六〜三一節）

イエスが生きた時代、雀は食品だった。しかももっとも値段が安い食品だった。その雀ですら神の配慮の下にある。神が雀の生命に終止符を打たない限り、雀も死ぬことがない。人間は神に似せて造られている。神は雀よりも人間を愛している。その神が雀よりも人間をより深く配慮しているのは当然のことである。人間一人一人は自らの命を支配しているのは、自分ではなく神であるという現実を知らなくてはならない。そうすれば、死は決して恐ろしいものでなくなる。

さらにフスは、この世が苦難であるというイエスの認識を重視する。苦難を経ることによってのみ、人間は自由を獲得することができるということの根拠が「ヨハネによる福音書」一六章で説かれたイエスの言説の中にあると考える。

〈「わたしはこれらのことを、たとえを用いて話してきた。もはやたとえによらず、はっきり父について知らせる時が来る。その日には、あなたがたはわたしの名によって願うことになる。わたしがあなたがたのために父に願ってあげる、とは言わない。父御自身が、あなたがたを愛しておられるのである。あなたがたが、わたしを愛し、わたしが神のもとから出て来たことを信じたからである。わたしは父のもとから出て、世に来たが、今、世を去って、父のもとに行く。」弟子たちは言った。「今は、はっきりとお話しになり、少しもたとえを用いられません。あなたが何でもご存じで、だれもお尋ねする必要のないことが、今、分かりました。これによって、あなたが神のもとから来られたと、わたしたちは信じます。」イエスはお答えになった。「今ようやく、信じるようになったのか。だが、あなたがたが散らされて自分の家に帰ってしまい、わたしをひとりきりにする時が来る。いや、既に来ている。しかし、わたしはひとりではない。父が、共にいてくださるからだ。これらのことを話したのは、あなたがたがわたしによって平和を得るためである。あなたがたには世で苦難がある。しかし、勇気を出しなさい。わたしは既に世に勝っている。」〉(「ヨハネによる福音書」一六章二五〜三三節)

これは死を覚悟したイエスによる弟子たちに訣別《けつべつ》を告げる説教だ。終末の時にイエスは、もはや類比の手法を用いて神について語る必要がない。再臨したキリストが、直接、神について語る。そのとき、父なる神とキリストは一つになっている。弟子たちは、イエスを媒介とせずに直接、神に祈ることができる。神と人間の直接的交流が再開されるのである。

イエス・キリストは、神から出発して、地上の最も深い深淵《しんえん》に降り、苦難の道を歩み、十字架の上で殺害されて、再び神に回帰していくのである。イエス・キリストに従うキリスト教徒にとっても、この世は苦難に満ちている。その苦難を積極的に引き受けることによってキリスト教徒は自由を獲得するのである。「あなたがたには世で苦難がある。しかし、勇気を出しなさい。わたしは既に世に勝っている」というイエスの言葉は、キリスト教徒に希望を与えるものだ。

フスも積極的に苦難を引き受ける。現実に存在するカトリック教会を敵に回すことによって、どのような災厄が降りかかってくるかをフスは冷静に認識している。それであっても苦難の道を歩むのは、イエス・キリストにならって生き、死ぬことが、自由を獲得するための唯一の道であるとフスが信じているからだ。

フスは、「ヨハネによる福音書」の冒頭で展開されたロゴス・キリスト論を救済の根拠と考える。「初めにロゴス（言葉）があった」。この言葉こそが、人間に救済をもたらすのである。

〈初めに言があった。言は神と共にあった。言は神であった。この言は、初めに神と共にあった。万物は言によって成った。成ったもので、言によらずに成ったものは何一つなかった。言の内に命があった。命は人間を照らす光であった。光は暗闇の中で輝いている。暗闇は光を理解しなかった。

神から遣わされた一人の人がいた。その名はヨハネである。彼は証しをするために来た。光について証しをするため、また、すべての人が彼によって信じるようになるためである。彼は光ではなく、光について証しをするために来た。その光は、まことの光で、世に来てすべての人を照らすのである。言は世にあった。世は言によって成ったが、世は言を認めなかった。言は、自分の民のところへ来たが、民は受け入れなかった。しかし、言は、自分を受け入れた人、その名を信じる人々には神の子となる資格を与えた。この人々は、血によってではなく、肉の欲によってではなく、人の欲によってでもなく、神によって生まれたのである。〉（「ヨハネによる福音書」一章一～一三節）

ロゴス（言）であるイエス・キリストは、神によって人間の世界に派遣された。しかし、圧倒的大多数の人間はイエスを救い主として受け入れなかった。しかし、イエスを受け入れた人々もいる。その人たちは、救われることになった。イエスを信じる人々と受け入れない人々の間には、深刻な軋轢《あつれき》が生じる。この構造は、その後も続いている。フスの時代は、一見、キリスト教が社会全体に普及しているようだが、本心からイエスが救い主であると信じている人々は、依然、少数派なのである。フスは自らをこの少数派の中に置いた。

教会のかしらがイエス・キリストであるというのは、当たり前のことだ。それがローマ教皇が教会のかしらであるとすり替えられてしまった。救済の権限を教皇がもっているというのは虚偽である。教皇に対する偶像礼拝を、イエス・キリストに従うキリスト教徒は拒否しなくてはならないとフスは考える。

フスは、真実の教皇が就任しているか否かという問題設定を拒否する。そして、教皇の存在自体を否定する。フスの教会観は、もはやカトリック教会の枠内にはおさまらない。明らかにプロテスタンティズムを先取りしている。フスは、救済のために教皇が必要であるという見解を正面から否定する。

＊

〈共に生きるキリスト教徒が救済を受けるために、誰かを教会のかしらであると信じなくてはならない、などということはない。その人物の伝道が、全キリスト教徒を信じさせたのではない限り。我々が、神聖で母なる教会を構成する、個別の教会のかしらであると主張するのは、あまりに僭越である。天啓を受けることもなく、自分が、あるいは他の者がかしらであるなど、どうやって考え得るというのか。この点に関しては、「伝道の書」9章にも、次のように書かれている。「わたしは心を尽くして次のようなことを明らかにした。すなわち善人、賢人、そして彼らの働きは神の手の中にある。愛も、憎しみも、人間は知らない。人間の前にあるすべてのことは何事も同じ」〉(前掲、フス『教会論』一三四頁)

ここでフスが根拠にするのは、旧約聖書の「コヘレトの言葉」(「伝道の書」)九章の冒頭だ。

〈わたしは心を尽くして次のようなことを明らかにした。すなわち
善人、賢人、そして彼らの働きは
　神の手の中にある。
愛も、憎しみも、人間は知らない。
人間の前にあるすべてのことは何事も同じで
同じひとつのことが善人にも悪人にも良い人にも
清い人にも不浄な人にも
いけにえをささげる人にもささげない人にも臨む。
良い人に起こることが罪を犯す人にも起こり
誓いを立てる人に起こることが
誓いを恐れる人にも起こる。

太陽の下に起こるすべてのことの中で最も悪いのは、だれにでも同じひとつのことが臨むこと、その上、生きている間、人の心は悪に満ち、思いは狂っていて、その後は死ぬだけだということ。〉（「コヘレトの言葉」九章一～三節）

われわれが生きているのは、罪を負った人間によって形成されている現実の世界だ。ここでは、善人、悪人、知恵のある者、愚か者に対して、同じ出来事が起きるのである。教皇や高位聖職者が自らを「特別の者」と区別することが、そもそも自己絶対化であり、誤りなのである。教会で働く聖職者（教会教職者）は、教会のかしらではなく、教会の使用人（僕《しもべ》）もしくは代理人であるとフスは考える。

＊

さて、カトリック教会には、ローマ教皇ではなく、枢機卿による合議体が教会の最高意思決定機関であるという考え方がある。教皇は、枢機卿によって選出される。従って、教皇は、対等の者の間での筆頭者に過ぎないという考え方である。教皇を救済と無縁であると断じたフスは、枢機卿の機能についても検討する。

フスは、パウロが祈りの中で示した教会観に着目する。

〈こういうわけで、わたしも、あなたがたが主イエスを信じ、すべての聖なる者たちを愛していることを聞き、祈りの度に、あなたがたのことを思い起こし、絶えず感謝しています。どうか、わたしたちの主イエス・キリストの神、栄光の源である御父が、あなたがたに知恵と啓示との霊を与え、神を深く知ることができるようにし、心の目を開いてくださるように。そして、神の招きによってどのような希望が与えられているか、聖なる者たちの受け継ぐものがどれほど豊かな栄光に輝いているか悟らせてくださるように。また、わたしたち信仰者に対して絶大な働きをなさる神の力が、どれほど大きなものであるか、悟らせてくださるように。神は、この力をキリストに働かせて、キリストを死者の中から復活させ、天において御自分の右の座に着かせ、すべての支配、権威、勢力、主権の上に置き、今の世ばかりでなく、来るべき世にも唱えられるあらゆる名の上に置かれました。神はまた、すべてのものをキリストの足もとに従わせ、キリストをすべてのものの上にある頭として教会にお与えになりました。教会はキリストの体であり、すべてにおいてすべてを満たしている方の満ちておられる場です。〉（「エフェソの信徒への手紙」一章一五～二三節）

ここでパウロは、イエス・キリストを教会のかしらではなく、「すべてのものの上にある頭」と述べている。ここには宇宙論的な認識が示されている。神は宇宙のかしらである。この宇宙のかしらである神がこの世に送ったひとり子である神が、教会に与えられているのである。この教会は、個別の教会や地域の教会連合体ではない。世界のキリスト教会を包摂する目に見えない教会を指す。この教会が体のような有機的結合をしているのだ。枢機卿は、教会の有機的結合を維持する機能を果たさなくてはならない。それにもかかわらず、個人的もしくはグループ的な利益から、有機体としての教会を破壊する機能を枢機卿が果たしている。このような枢機卿たちの集団を救済と結びつけることは誤りとフスは考える。

〈枢機卿団は、神聖なるローマ教会の真実の体であるか、あるいは、偽りの体であると言える。教授たちによれば、後者ではないらしい。ということは、枢機卿団は神聖なるローマ教会の真実の体であることになり、ひいては、この集団は栄光へと導かれる定めにあることとなる。しかし、教授たちは枢機卿団に関して、定められた者たちであるとの天啓を受けていないのである、この集団がローマ教会の体と認めるべきではなかった、と言えるのである。

繰り返しになるが、神聖なるローマ教会の体は、定められた者たちすべてによって作り上げられているのであるし、枢機卿団が彼らを包含しているわけでもないのである。これは、定められた者たちの代表者として語った使徒の言葉に、次のように表れている。「わたしたちも数は多いが、キリストに結ばれて一つの体を形づくっており、各自は互いに部分なのです」（「ローマの信徒への手紙」第12章5節）〉（前掲、フス『教

会論』一三七頁）

教会は有機体である。小さく見えるような教会員であっても、有機体としての信仰共同体を形成する上で、枢機卿と権利的に同格の立場をもつとフスは考える。その根拠を提示したのがパウロだ。

〈わたしに与えられた恵みによって、あなたがた一人一人に言います。自分を過大に評価してはなりません。むしろ、神が各自に分け与えてくださった信仰の度合いに応じて慎み深く評価すべきです。というのは、わたしたちの一つの体は多くの部分から成り立っていても、すべての部分が同じ働きをしていないように、わたしたちも数は多いが、キリストに結ばれて一つの体を形づくっており、各自は互いに部分なのです。わたしたちは、与えられた恵みによって、それぞれ異なった賜物を持っていますから、預言の賜物を受けていれば、信仰に応じて預言し、奉仕の賜物を受けていれば、奉仕に専念しなさい。また、教える人は教えに、勧める人は勧めに精を出しなさい。施しをする人は惜しまず施し、指導する人は熱心に指導し、慈善を行う人は快く行いなさい。〉（「ローマの信徒への手紙」一二章三～八節）

教会のヒエラルキーは、上下関係ではなく、「棲《す》み分け」なのである。

教皇も枢機卿も、教会という関数体を形成する項に過ぎない。この点についても、フスはパウロの論理に従う。

〈体は一つでも、多くの部分から成り、体のすべての部分の数は多くても、体は一つであるように、キリストの場合も同様である。つまり、一つの霊によって、わたしたちは、ユダヤ人であろうとギリシア人であろうと、奴隷であろうと自由な身分の者であろうと、皆一つの体となるために洗礼を受け、皆一つの霊をのませてもらったのです。体は、一つの部分ではなく、多くの部分から成っています。足が、「わたしは手ではないから、体の一部ではない」と言ったところで、体の一部でなくなるでしょうか。耳が、「わたしは目ではないから、体の一部ではない」と言ったところで、体の一部でなくなるでしょうか。もし体全体が目だったら、どこで聞きますか。もし全体が耳だったら、どこでにおいをかぎますか。そこで神は、御自分の望みのままに、体に一つ一つの部分を置かれたのです。すべてが一つの部分になってしまったら、どこに体というものがあるでしょう。だから、多くの部分があっても、一つの体なのです。目が手に向かって「お前は要らない」とは言えず、また、頭が足に向かって「お前たちは要らない」とも言えません。それどころか、体の中でほかよりも弱く見える部分が、かえって必要なのです。わたしたちは、体の中でほかよりも恰好が悪いと思われる部分を覆って、もっと恰好よくしようとし、見苦しい部分をもっと見栄えよくしようとします。見栄えのよい部分には、そうする必要はありません。神は、見劣りのする部分をいっそう引き立たせて、体を組み立てられました。それで、体に分裂が起こらず、各部分が互いに配慮し合っています。一つの部分が苦しめば、すべての部分が共に苦しみ、一つの部分が尊ばれれば、すべての部分が共に喜ぶのです。あなたがたはキリストの体であり、また、一人一人はその部分です。神は、教会の中にいろいろな人をお立てになりました。第一に使徒、第二に預言者、第三に教師、次に奇跡を行う者、その次に病気をいやす賜物を持つ者、援助する者、管理する者、異言を語る者などです。皆が使徒であろうか。皆が預言者であろうか。皆が教師であろうか。皆が奇跡を行う者であろうか。皆が病気をいやす賜物を持っているだろうか。皆が異言を語るだろうか。皆がそれを解釈するだろうか。あなたがたは、もっと大きな賜物を受けるよう熱心に努めなさい。〉（「コリントの信徒への手紙一」一二章一二～三一節）

フスは、パウロの立場を再発見することによって、現実に存在するカトリック教会を批判するのだ。プロテスタンティズムは、パウロ主義の刻印を押されている。ルター、ツビングリ、カルバンは、いずれもフスによるパウロの福音理解を継承している。

フスは、枢機卿に救済との関連で特別の意味を付与することを拒否する。その結果、枢機卿によって選出された人間によってもたらされた役職である教皇の権威も否定することになる。フスは、教皇の存在自体を否定する結論に至った。

もっとも、ここでもフスは慎重に、イエスがペトロに対して述べた、羊飼いの機能としての教皇ならば認める。その根拠となるのは、復活後のイエスとペトロの会話に関する以下のやりとりに根拠づけられている。

＊

〈食事が終わると、イエスはシモン・ペトロに、「ヨハネの子シモン、この人たち以上にわたしを愛しているか」と言われた。ペトロが、「はい、主よ、わたしがあなたを愛していることは、あなたがご存じです」と言うと、イエスは、「わたしの小羊を飼いなさい」と言われた。二度目にイエスは言われた。「ヨハネの子シモン、わたしを愛しているか。」ペトロが、「はい、主よ、わたしがあなたを愛していることは、あなたがご存じです」と言うと、イエスは、「わたしの羊の世話をしなさい」と言われた。三度目にイエスは言われた。「ヨハネの子シモン、わたしを愛しているか。」ペトロは、イエスが三度目も、「わたしを愛しているか」と言われたので、悲しくなった。ペトそして言った。「主よ、あなたは何もかもご存じです。わたしがあなたを愛していることを、あなたはよく知っておられます。」イエスは言われた。「わたしの羊を飼いなさい。はっきり言っておく。あなたは、若いときは、自分で帯を締めて、行きたいところへ行っていた。しかし、年をとると、両手を伸ばして、他の人に帯を締められ、行きたくないところへ連れて行かれる。」ペトロがどのような死に方で、神の栄光を現すようになるかを示そうとして、イエスはこう言われたのである。このように話してから、ペトロに、「わたしに従いなさい」と言われた。〉（「ヨハネによる福音書」二一章一五～一九節）

ここで「子羊を飼いなさい」、「羊を飼いなさい」とイエスが繰り返し述べているのは、旧約聖書「エゼキエル書」三四章で、神がイスラエルの牧者について、以下の通り述べていることを背景にしている。

〈まことに、主なる神はこう言われる。見よ、わたしは自ら自分の群れを探し出し、彼らの世話をする。牧者が、自分の羊がちりぢりになっているときに、その群れを探すように、わたしは自分の羊を探す。わたしは雲と密雲の日に散らされた群れを、すべての場所から救い出す。わたしは彼らを諸国の民の中から連れ出し、諸国から集めて彼らの土地に導く。わたしはイスラエルの山々、谷間、また居住地で彼らを養う。

わたしは良い牧草地で彼らを養う。イスラエルの高い山々は彼らの牧場となる。彼らはイスラエルの山々で憩い、良い牧場と肥沃な牧草地で養われる。わたしがわたしの群れを養い、憩わせる、と主なる神は言われる。わたしは失われたものを尋ね求め、追われたものを連れ戻し、傷ついたものを包み、弱ったものを強くする。しかし、肥えたものと強いものを滅ぼす。わたしは公平をもって彼らを養う。〉（「エゼキエル書」三四章一一〜一六節）

現実に存在する教皇たち（フスが『教会論』を書いたときは、三人の教皇が鼎立していた）は、牧者としての機能を果たしていない。従って、教皇は理論的には存在が認められる可能性があっても、現実にはその条件を満たしていないとフスは考える。

現実に存在する教皇が、神に従って、自ら進んで教会員を世話しているとも、卑しい利得のためにではなく献身的に働いているとも言えない。また、教皇は教会員に対して権威を振り回している。このような教皇に従っていると、最後の審判で、キリスト教徒が栄冠を受けることはできない。キリスト教徒が救われるためには、教皇から離れなくてはならないとフスは考える。目に見えるカトリック教会を刷新することは不可能なので、目に見えない教会に所属しているという認識をキリスト教徒がもつしかない。

そのためには、教皇が反キリストであるという確信をもたなくてはならない。

〈しかし、もしこの者がこうした徳とは調和せずに生きているとすれば──というのも、「キリストとベリアルにどんな調和がありますか」（「コリントの信徒への手紙二」6章15節）とも言われており、また、キリストも次にいっておられるように「わたしに味方しない者はわたしに敵対し」（「マタイによる福音書」12章30節）ているのである──その品行において、人生においてキリストに敵対しているのを見たならば、その者が反キリスト者の教皇ではなく、真の、明確な、キリストやペトロの教皇になど、どうやってなり得るというのか。〉（前掲、フス『教会論』一四〇頁）

フスは、教皇を不信仰者と見なしている。それだから、「悪の君」を意味するサタンの固有名詞であるベリアルとの類比で教皇について語る。

〈あなたがたは、信仰のない人々と一緒に不釣り合いな軛につながれてはなりません。正義と不法とにどんなかかわりがありますか。光と闇とに何のつながりがありますか。キリストとベリアルにどんな調和がありますか。信仰と不信仰に何の関係がありますか。神の神殿と偶像にどんな一致がありますか。わたしたちは生ける神の神殿なのです。神がこう言われているとおりです。

『わたしは彼らの間に住み、巡り歩く。
そして、彼らの神となり、

彼らはわたしの民となる。
だから、あの者どもの中から出て行き、
遠ざかるように』と主は仰せになる。
『そして、汚れたものに触れるのをやめよ。
そうすれば、わたしはあなたがたを受け入れ、
父となり、
あなたがたはわたしの息子、娘となる。』
全能の主はこう仰せられる。」〉（「コリントの信徒への手紙二」六章一四～一八節）

キリスト教徒は、現在のベリアルである教皇と訣別しなくてはならないのである。その際、躊躇《ちゅうちょ》して判断を停止してはならない。教皇は敵であるのだから、ここでは排中律が適用される。イエス・キリストに従うキリスト教徒は、教皇を否認し、教皇が指導する目に見えるカトリック教会から訣別しなくてはならない。フスはその根拠を、「マタイによる福音書」のベルゼブル論争におけるイエスによる以下の言説に求める。

〈そのとき、悪霊に取りつかれて目が見えず口の利けない人が、イエスのところに連れられて来て、イエスがいやされると、ものが言え、目が見えるようになった。群衆は皆驚いて、「この人はダビデの子ではないだろうか」と言った。しかし、ファリサ

イ派の人々はこれを聞き、「悪霊の頭ベルゼブルの力によらなければ、この者は悪霊を追い出せはしない」と言った。イエスは、彼らの考えを見抜いて言われた。「どんな国でも内輪で争えば、荒れ果ててしまい、どんな町でも家でも、内輪で争えば成り立って行かない。サタンがサタンを追い出せば、それは内輪もめだ。そんなふうでは、どうしてその国が成り立って行くだろうか。わたしがベルゼブルの力で悪霊を追い出すのなら、あなたたちの仲間は何の力で追い出すのか。だから、彼ら自身があなたたちを裁く者となる。しかし、わたしが神の霊で悪霊を追い出しているのであれば、神の国はあなたたちのところに来ているのだ。また、まず強い人を縛り上げなければ、どうしてその家に押し入って、家財道具を奪い取ることができるだろうか。まず縛ってから、その家を略奪するものだ。わたしに味方しない者はわたしに敵対し、わたしと一緒に集めない者は散らしている。だから、言っておく。人が犯す罪や冒瀆は、どんなものでも赦されるが、〝霊〟に対する冒瀆は赦されない。人の子に言い逆らう者は赦される。しかし、聖霊に言い逆らう者は、この世でも後の世でも赦されることがない。」〉（『マタイによる福音書』一二章二二〜三二節）

教皇に対しては、「わたしに味方しない者はわたしに敵対し、わたしと一緒に集めない者は散らしている」という立場を取るべきであるとフスは考える。それでは、イエスがペトロに「天国の鍵」を授けたことについては、どう考えればよいのだろうか。

ペトロは、イエスがメシアであるということを告白し、イエスから「天国の鍵」を授けられた後に、イエスに反抗する。この出来事について、「マタイによる福音書」ではこう記されている。

〈このときから、イエスは、御自分が必ずエルサレムに行って、長老、祭司長、律法学者たちから多くの苦しみを受けて殺され、三日目に復活することになっている、と弟子たちに打ち明け始められた。すると、ペトロはイエスをわきへお連れして、いさめ始めた。「主よ、とんでもないことです。そんなことがあってはなりません。」イエスは振り向いてペトロに言われた。「サタン、引き下がれ。あなたはわたしの邪魔をする者。神のことを思わず、人間のことを思っている。」それから、弟子たちに言われた。「わたしについて来たい者は、自分を捨て、自分の十字架を背負って、わたしに従いなさい。自分の命を救いたいと思う者は、それを失うが、わたしのために命を失う者は、それを得る。人は、たとえ全世界を手に入れても、自分の命を失ったら、何の得があろうか。自分の命を買い戻すのに、どんな代価を支払えようか。人の子は、父の栄光に輝いて天使たちと共に来るが、そのとき、それぞれの行いに応じて報いるのである。はっきり言っておく。ここに一緒にいる人々の中には、人の子がその国と共に来るのを見るまでは、決して死なない者がいる。」〉（「マタイによる福音書」一六章二一～二八節）

イエスは、「サタン、引き下がれ」と述べている。これは、サタンに邪魔をするなと命じ、ペトロがイエスの後をついてくることができる条件を整える救済を意図している。ペトロは正しい信仰をもつ人物であるとともに、罪から免れていない。ペトロだけでなく、人間は誰もが神を否定する罪をもっている。そのような人間を教会のかしらにするという発想がそもそも誤っているとフスは考えるのである。

最終話　愛のリアリティー

フスの『教会論』は、一五世紀初頭の書物なので、思考も表現法も二一世紀に生きているわれわれとは異なる。特に近代的散文法が成立する以前のテキストなので、字面を追うだけでは意味を読み解くことができない。そこで、筆者は途中から、タイムマシンに乗って、当時の人々の意識を共有するような手法をとることにした。『教会論』を類比的に読み解くことを試みたのである。

『教会論』には、近代の論文や小説がもつプロットがない。フスが抱える焦眉《しょうび》の問題を解決するために、霊感に満たされて勢いで書いた「お筆先」のようなテキストで、反復が多い。そして、フスは反復のたびに論点を少しずつずらしている。そうすることによって、問題の本質により深く迫ろうとしているのである。近代的世界観の中で思考するわれわれにとって、『教会論』を読み解くことは迷宮の中に入っていくようなものだ。そろそろ迷宮から抜け出さなくてはならない。

本書では、以下の四つの事項を柱にしていた。

＊

第一は、近代の始原の問題だ。ドイツの神学者エルンスト・トレルチ（一八六五～一九二三）は、一六四八年のウエストファリア条約を中世と近代の分水嶺と考えた。旧ソ連の義務教育教科書においても、この考え方が採られていた。この観点からすると、ルネサンスも宗教改革も中世の出来事となる。もっとも最近のアカデミズムでは、中世とか近代という時代区分は評判がよくない。時代区分自体が欧米中心史観に基づくものなので、そのような区分にとらわれていたら、歴史に内在する論理を読み解くことができないという危惧から、知識人は時代区分に関して過度に臆病《おくびょう》になっている。この議論を突き詰めていくと、そもそも歴史自体が近代とともにうまれた概念ということになる。

われわれは、依然として近代に生きている。ヘーゲルが『法の哲学』で述べた「ミネルバのフクロウは夕暮れを待って飛び立つ」というのは真実と思う。近代について、われわれが把握することができるのは、近代が夕暮れに達したときだ。近代的なシステムが限界に達していることは間違いない。われわれは夕暮れの中で生きているのだ。繰り返し、「近代の超克」や「ポスト・モダニズム」が語られる。しかし、近代は終わりそうに見えても、終わらないのである。

ここで筆者は、逆のアプローチを考えた。近代の特徴を自覚するためには、近代より以前の社会と近代の差異を明確にすればよい。プレ・モダンな状況を想像することによって、近代の限界を知るという方法だ。フスは、中世と近代（近世）の境界線上に生きた知識人だ。フス自身は、英国の教会改革者ジョン・ウィクリフ（一三三〇？～八四）の延長線上に、自らの神学や教会観を位置づけていた。しかし、ウィクリフを踏み越える「何か」がフスにあった。それだから、フスの言動が激しい社会運動に発展し、またそれから一〇〇年後のマルティン・ルター（一四八三～一五四六）につながっていったのである。

筆者の理解では、ウィクリフとの決定的な差異は、教会観にある。すべてのキリスト教徒が、表面上は教会に所属しているが、本質的には教会に含まれていない、反キリストの陣営に加わる人々も所属している。われわれ人間には、誰が教会の真の構成員であり、誰がそうでないかを見極めることができない。そして、真の教会員（キリスト教徒）と教会に所属しない悪魔の手先となった人々との仕分けは、終末のときに、再臨したイエス・キリストによって行われるのである。フスは、終末論によって、教会論を再構成したのである。ウィクリフには、フスのような強い終末論的思考が存在しない。フスの強力な終末論が、中世と近代の間に思想的輪郭をつけたのである。

フスは、終末を遠い未来の出来事と見なすのではなく、現在、この瞬間においても、終末論的な神の裁きが行われていると考える。この終末のリアリティーをローマ教皇、枢機卿をはじめとするカトリック教会の幹部は自覚できていない。それは、これらの教会幹部が、イエス・キリストを頭とする神の教会に所属していないからである。そもそもローマ教皇を教会の最高指導者とする考えが間違いだ。なぜなら、教会はキリストの花嫁であると言われていることからも明らかなように、教会の頭はイエス・キリストだけだからだ。人間を教会の頭にするという発想が、人間の自己義認で罪なのである。

当時の時代状況の中で、カトリック教会の中に現れていた人間中心主義をフスは断罪したのである。中世が神中心的で、近代が人間中心的であるという二分法は誤りだ。中世、近代のいずれにおいても、神中心的傾向と人間中心的傾向が並存している。ここで人間中心的傾向が純化していくと、社会は危機に陥る。近代の人間中心主義は、人間の特徴を理性に求めた。そして、啓蒙《けいもう》によって人間を宗教的迷妄から覚醒《かくせい》させ、自然科学と技術を利用することによって経済を成長させ、さらに社会も設計主義的、構築主義的思想に基づいて、建設できると考えた。その根底にあるのは、理性に対する信頼だ。しかし、一九一四年に勃発《ぼっぱつ》した第一次世界大戦によって、理性に対する信頼は、根本から揺らいだ。サラエボでのセルビア民族主義者によるオーストリア皇太子夫妻暗殺が、四年にわたる世界戦争に発展することを、当初、誰も予測しなかった。

第一次世界大戦が終結した翌一九一九年、スイスの寒村ザーフェンビルの青年牧師カール・バルト（一八八六〜一九六八）が、『ローマ書講解』を上梓《じょうし》した。バルトは大幅な改訂を加えたこの本の第二版を一九二二年に刊行した。それが、ヨーロッパの知識人に大激震をもたらした。バルトは、「人間が神について語る」一九世紀の自由主義神学を退け、「神が人間について何を語っているか」について、人間は謙虚に耳を傾けるべきであると主張した。人間中心主義から、神中心への転換をバルトは説いたのだ。一五世紀にフスが説いたのも、神中心への転換である。そして、バルトは、ナチズムを神の主権に対する人間の反逆と捉《とら》え、ヒトラーに迎合した「ドイツ的キリスト者」と徹底的に対決した。バルトの神学と行動は、フスが一五世紀初頭に話し、書き、行った事柄の反復である。バルトもフスと同じように終末論的に思考し、行動した。フスは、中世の世界観的な枠組みの中で、その枠に収まらない、近代的な思想を展開した。これと同様に、バルトは近代の世界観的な枠組みの中で、その枠に収まらない、近代を超克する神学を展開したのである。時代を画する優れた神学者の思考法を明らかにすることによって、近代の始原と終焉《しゅうえん》の輪郭を示すことができるのではないかと筆者は考えている。

＊

第二は、フスを通じて民族（ネイション）について考察した。近代人にとって、民族こそが宗教としての役割を果たしている。民族あるいは、民族により形成されていると擬制される国家（ネイション・ステイトという表現もあるが、擬制されているのでネイションだけで国家という意味をもつ）のために近代人は、命を捧げる心構えができている。ベネディクト・アンダーソン（一九三六年生まれ）の『想像の共同体』、アーネスト・ゲルナー（一九二五〜九五）の『民族とナショナリズム』によって、民族が近代的な現象で、二百数十年の歴史しかもっていないことについては、知識人の間で共通の了解が存在している。しかし、近代人には、民族が遥か以前から存在しているように思える。この民族という現象がどうして生じたかについて、「フスの物語」を書くことによって明らかにできないかと筆者は考えた。ここで重要になるのは、ギリシア語やロシア語で「エトノス」、フランス語で「エトニ」と呼ばれる概念だ。

アントニー・スミス（一九三三年生まれ）は、〈どうして男といわず女までもが、自分たちの国のためにみずから進んで死んでゆけるのであろうか。どうして彼らは、そのように強く自分をネイションに結びつけるのであろうか。ナショナルな性格や、ナショナリズムは、普遍的なものなのか。「ネイション」は純粋に近代に起こった現象なのか。〉（アントニー・D・スミス［巣山靖司／高城和義他訳］『ネイションとエスニシティ　歴史社会学的考察』名古屋大学出版会、一九九九年、七頁）と述べる。リベラルな傾向の知識人や政治エリートは、民族やナショナリズムを近代的現象に還元できるという見方をとる。アンダーソンの、民族とは「想像された政治的共同体である」という定義が大きな影響を与えている。これに対してスミスは、近代的なネイションを形成する「何か」があると考える。この「何か」を表すのに適切なのは、古典ギリシア語のエトノスもしくは現代フランス語のエトニだ。スミスは、エトニについてこう述べる。

〈私たちがエトニに帰属させるような現実とは、本質的に、社会的・文化的なものである。すなわち、エトニの一般的な特徴は、出生率、識字率、あるいは都市化率のような「客観的な」指標（これらがある与えられた環境のもとで、きわめて重要なことはいうまでもないが）よりもむしろ、数世代にわたる幾人もの男女が、自分たち自身の相互関係や共通の経験を通じてつくりあげてきた、ある種の文化的・空間的・時間的な、共有財産に対して与えられた意味から引き出される。人々は、自分たちの共同の経験（紛争の経験をふくめて）を、なんらかの事情によって同じ経験を共有することになった集団の範囲内で解釈し、表現する。このような解釈や表現は、時の流れを超えて結晶化し、つぎの世代に伝えられる。次世代の人々は、自分たち自身の経験や相互関係によって、そのような解釈や表現を修正する。このようにして、共有された解釈や表現から、ある特定のエスニックな特徴が生まれる。そしてこんどは、このエスニックな特徴が、時間的・空間的な集合体の形態を通じて、また、成員の行動に活気を与え方向づける共有された意味を通じて、つぎの世代の人々の相互関係や認識を限界づけ、条件づけることになる。その結果、どんなエトニの特徴も、それがどんなに遠い起源のものであろうと、そのエトニに属するあらゆる成員や世代にとって、彼らの認識や意志とは無関係に、拘束力ある外的な性質をもつものとして現れてくる。〉

（前掲書二八頁）。

近代になって、チェコ民族が成立したのは、チェコというエトニが中世において形成されていたからだ。それを結晶化する役割を、フスが果たした。そして、一九世紀にフランチシェク・パラツキー（一七九八〜一八七六）らの知識人が、チェコ民族という観念をつくり出し、それをトマーシュ・ガリグ・マサリク（一八五〇〜一九三七）が発展させる。そして、一九一八年にマサリクはチェコ人とスロバキア人という兄弟民族によるチェコスロバキア共和国を建国する。カール・マルクス（一八一八〜八三）の盟友であるフリードリヒ・エンゲルス（一八二〇〜九五）は、チェコ人を「歴史をもたない民族」であると考えた。歴史をもたない民族は、周囲の大民族に吸収されることになる。チェコ人は、ドイツ人に吸収されることになるとエンゲルスは考えたのである。しかし、チェコ人が近代になり、民族を形成した。それができたのはチェコ人にフスの記憶があったからだ。チェコというエトニの核に「フスの物語」があるのだ。

近代的なネイションは、必ず歴史的なエトニをもっている。エトニが存在しないのに、エリートが人為的に民族を創造することはできない。逆にエトニをもつ人間の集団が、ネイションを必ず形成することができるわけではない。エトニをもつ集団（それは必ず固有の名前をもつ）が、ネイションの形態をとるのは、ごく一部であり、さらにネイションが自前の国家をもつことができる場合は、それよりも遥かに少なくなるのである。歴史は変動する。その変動の過程で、エトニをもつ集団がネイションに発展することがある。また、これまで自前の国家をもっていなかったネイションが独立国家をもとうとすることもある。これらの変動の過程で、紛争や戦争が起きやすい。ネイションのために人間が命を捧げるというのは、近代の宗教的性格を帯びた流行なので、教育や説得によってナショナリズムを封じ込めることはできない。むしろ、近代的な教育は、世俗言語を用いることによって、ナショナリズムを再生産する機能を果たしているのである。

同時にエトニだけではネイションはできない。ネイションにとっては、主権的に支配する領域が不可欠になる。スミスは、〈すべてのネイションは、領域的原則とエスニックな原則、領域的構成要素とエスニックな構成要素の双方の刻印を帯び、社会的・文化的組織のより新しい「市民」モデルとより古い「血統」モデルとの、不安定な集合となっている。「未来のネイション」は、故郷の地かあるいは共通の起源や血統神話をもたないとすれば、存続することができない。逆に「ネイションになることを熱望しているエトニ」が、統一された分業と領域的移動を実現することなしに、あるいは、それぞれの構成員のための共通の権利・義務の法的な平等性、つまり市民権を実現することなしに、目的を達成することもありえない。〉（前掲書一七六頁）と指摘する。

スミスの定義によれば、〈エトニとは、共通の祖先・歴史・文化をもち、ある特定の領域との結びつきをもち、内部での連帯感をもつ、名前をもった人間集団である。〉（前掲書三九頁）。このエトニという観念が、歴史と結びつくことによって、政治的な力が生まれる。この力によってエトニは民族に転換する。ここで言う歴史は、実証性が担保されなくてもよい曖昧《あいまい》な歴史である。歴史的な文書が存在する場合でも、その信憑性《しんぴょう》は大きな意味をもたない。実証的で客観的な歴史記述ではなく、人々の感情に訴える詩的で、道徳的で、共同体の統合に役立つ物語としての歴史が民族を形成するためには不可欠なのである。フス自身は、当然のことながら、自らを近代的な民族としてのチェコ人とは考えていなかった。しかし、チェコ（ボヘミア）という出身地、チェコ語という言語と結びついた自己意識をもっていた。この自己意識は、フス戦争を通じて、チェコ人というエトニの輪郭を強力に形成した。さらにこの自己意識は、一六世紀の宗教改革の結果、プロテスタンティズムと結びつくようになった。そして、このチェコ・エトニという意識が、近代になってチェコ人が国家を形成する民族意識を形作る母体になったのである。

＊

現下の日本に引き寄せた場合、沖縄の動静を見る上で、チェコ人というエトニが民族に発展していった過程が参考になる。沖縄において、過去、五年の間に急速に独自のエトニ意識が強化されている。もはや、沖縄（琉球《りゅうきゅう》）民族というネイション形成の初期段階に入っていると見た方がいい。しかし、この現実が多くの日本人には見えない。ある時点においてネイションが示すエスニックな構成要素と領域的構成要素の比率は異なる。日本人と中国人の尖閣諸島をめぐる抗争は領域的構成要素をめぐるものなので類似している。ところで、尖閣諸島は沖縄県に所属する。それにもかかわらず、沖縄から尖閣諸島をめぐる強力な領土ナショナリズムは生じていない。

スミスの定義によるならば、沖縄人（ウチナーンチュ、琉球人と呼称してもよい）というエトニは、歴史的に確実に存在する。しかも米海兵隊普天間《ふてんま》飛行場の辺野古《へのこ》（沖縄県名護《なご》市）移設問題、米軍輸送機MV22オスプレイの沖縄配備問題などを通じ、東京の政治エリート（国会議員、官僚）、本土（沖縄を除く日本）のマスメディアは、沖縄に対する構造化された差別に目を閉ざしているという認識を沖縄人は共有している。沖縄エトニは、ネイションになることを視野に入れ始めている。しかし、それは尖閣諸島に対する領土保全か、一六〇九年の薩摩《さつま》の琉球入りによって失われた奄美《あまみ》諸島の回復であるといった領域的構成要素を強化する方向には進んでいない。むしろ「われわれは先祖を共通にする沖縄人であるという」「、古い「血統」モデルと親和的な、沖縄エトニが強化されつつある。

沖縄人にとって、オスプレイの配備は、防衛官僚、外務官僚や安保評論家が机上で論じる抽象的リスクの問題ではなく、顕在化した現実的脅威だ。それにもかかわらず、二〇一二年六月五日の記者会見で森本敏《もりもとさとし》防衛相（当時）は、「この種の新しく開発されたシステム、特に航空機の事故が起きたときの調査は相当技術的に総合的な観点から調査しないといけない。常識的にかなり時間がかかって簡単に結論が出るものではないと思う」と述べ、米国の調査報告がオスプレイの県内配備後にずれこむ可能性があるという見解を示した。

森本氏が沖縄人をほんとうに同胞と見なしているのであろうかという疑念が沖縄側から出るのは当然のことだ。この当然の疑念を東京の政治エリート（政治家、官僚）は、理解できないのである。それは、沖縄に対する差別が構造化されているからである。

この場合、差別する側は、自らが差別者であるという自覚をもっていないというのが通例だ。それだから、差別の構造が客観的に存在するという現実を当事者に認識させる闘いが必要になる。

防衛官僚と外務官僚は、オスプレイ沖縄配備を米軍の機材変更という技術的問題として処理しようとしている。技術的問題ならば、専門知識をもったテクノクラートが実務的に処理するということになる。この論理でオスプレイの沖縄配備は強行された。ちなみに官僚にとって、米海兵隊普天間飛行場の辺野古（沖縄県名護市）への移設も、既に日米間で合意し、閣議決定を行い政治決断は終了しているので、後は移設を粛々と進めるという技術的かつ実務的問題なのである。これに対する沖縄の異議申し立ては、地元エゴによる国家秩序の侵犯と官僚は本気で思っている。普天間飛行場の辺野古移設、オスプレイ沖縄配備に関して、官僚の本音は強行突破だ。

沖縄人は、自らの故郷である沖縄において生じる沖縄人にとって死活的に重要な問題は、沖縄人の同意なくして進めることはできないという、民主主義原則を東京の中央政府に確認させる必要を感じている。そのために、すべての沖縄人の力が結集されつつある。

筆者の理解では、沖縄人は沖縄の地に祖先をもつという自己意識をもつ人々（母親が沖縄県久米《くめ》島の出身である筆者もその一人だ）と、沖縄の外部の人であるが沖縄共同体に参加するという意思をもち、具体的行動をする人々によって構成されている。沖縄人は自らの歴史を記憶している。そう遠くない過去に沖縄人は琉球王国という国家をもっていた。琉球王国は、琉米修好条約（一八五四年）、琉仏修好条約（一八五五年）、琉蘭修好条約（一八五九年）の三条約によって、当時の帝国主義列強から、国際法の主体として認知されていた。一八七九年の琉球処分によって、琉球王国が日本に併合された。その過程で沖縄は外交権を失った。しかし、沖縄人という自己意識が失われたことはない。日本の安全保障イコール沖縄の安全保障ではない。東京の中央政府が、沖縄人と沖縄の死活的利益を守ることができないならば、沖縄人の中で琉球王国の記憶が甦る。そして、沖縄が名誉と尊厳をもって生き残るために、外交権を回復しようとする。

当事者がどこまで自覚しているかは別にして、客観的に見た場合、沖縄県は、信頼もできずカもない東京の中央政府に対する交渉に見切りをつけている。そして、米政府に直接働きかけることによって、突破口を開こうとしている。危機的な状況になると沖縄と沖縄人には、セジ（霊力）が降りてくる。セジを霊力と訳したのは久米島出身の沖縄学者・仲《なか》原善忠《はらぜんちゅう》だ。船にセジがつけば、航海の安全が保障される宝船になる。セジは人にもつく。沖縄県が優れた外交能力を発揮しているのも、目に見えない沖縄と沖縄人を守るセジによるものと筆者は考えている。

こういうセジのような力が、エトニを民族に転化させる力をもつ。裏返して言うと、近く日本は国家統合の危機に直面することになる。ハプスブルク帝国の中でのチェコ（ボヘミア）と日本帝国の中での沖縄（琉球）は類比的情況に置かれている。

＊

第三は、実念論（リアリズム）である。哲学史の教科書では、中世の初期においては、実念論が主流であったが、徐々に唯名論（ノミナリズム）にその地位を譲ったということが記されている。もっとも、唯名論というのは、敵対者によってつけられたレッテルなので、近代的な哲学史の偏見を唯名論に対して投影することは避けなくてはならない。いずれにせよ、実念論者は、目には見えないが、確実に存在する物や事柄があると考えた。

西欧の大学が、実念論から唯名論に移行するなかで、チェコのカレル（プラハ）大学とイングランドのオックスフォード大学は、実念論の立場にとどまった。現在も英国（グレートブリテン及び北部アイルランド連合王国）に成文憲法が存在しないのは、「そもそも憲法は目に見えない事柄だが、確実に存在する」という信念を英国人が共有しているからだ。このような信念をもっているので、英国には独自の強さがある。それは、社会における信頼の水準が高いことだ。

ドイツの社会哲学者ニクラス・ルーマン（一九二七〜九八）は、複雑な人間社会を制御する上で、目に見えない信頼が重要な役割を果たすことを示した。複雑性を縮減する原理としては、信頼以外にも、法や組織がある。憲法改正によって、日本国家と日本民族を強化しようと試みるのは、法による縮減メカニズムに第一義的重要性を与える立場である。ルーマンは、法による複雑性の縮減よりも信頼の方が重要な機能を果たすと考え、こう述べる。

〈歴史的にも内容的にも、信頼はさまざまな形態をとる。原始的な社会秩序と文明化された社会秩序では、信頼は異なった様式をもつ。信頼は、自然発生的に成立した人格的な信頼であったり、戦術的な洞察にもとづく人格的な信頼であったり、あるいは一般的なシステムのメカニズムにたいする信頼であったりする。一時的な倫理学的教示によって、信頼を捉えることはできない。機能の側面から捉えることによってのみ、信頼を統一的に把握し、機能的に等価な他の働きと比較することができる。信頼が社会的な複雑性を縮減するのは、信頼が情報不足を内的に保障された確かさで補いながら、手持ちの情報を過剰に利用し、行動予期を一般化するからである。そのさい、信頼は同時並行的に形成される他の縮減の働き――例えば、法、組織、そして当然のことながら言語の働き――をつねに頼りにしているが、それらに還元されるわけではない。たしかに、信頼は、世界を成り立たせている唯一の基盤ではない。けれども、かなり複雑な社会が成立しなければ、高度に複雑でしかも構造化された世界を表象することはできないし、また信頼が存在しなければ、高度に複雑な社会を構成することはできないのである。〉（ニクラス・ルーマン［大庭健／正村俊之訳］『信頼　社会的な複雑性の縮減メカニズム』勁草書房、一九九〇年、一七六頁）

信頼は、政治システムにおいても重要な役割を果たしている。〈どんなに組織化し合理的に計画しようと努めても、すべての行為を、その結果を確実に見通して誘導しうるわけではない。そこには吸収されるべき不確実性が相変わらず存在し、不確実性の吸収をつよく義務づけられる役割が存在せざるを得ない。〉（前掲書四三頁）からである。

信頼といっても、さまざまな形態がある。学生時代の友人間の信頼関係と、職場での仕事上の信頼関係は異なる。人間的にうまがあい、一緒に飲み歩くにはいい同僚であっても、仕事上の能力に関しては、今ひとつ信頼できないという場合もある。

筆者が経験した中で、政治家と官僚の信頼関係は、特殊な性格を帯びていた。永田町《ながたちょう》（政界）で、政治家が官僚に対して「俺（私）は聞いていない」と述べることがよくある。これは、単純に報告や連絡や相談（いわゆる「ほうれんそう」）を受けていないという事実を指摘しているのではない。「俺（私）は聞いていないので、この案件を了承するつもりはない」という強力な意思表示なのである。また、官僚が政治家に報告する場合は、よほど親しくかつ緊急性を要する場合以外は、電話やメールでの連絡はしない方がいい。もっとも記者の場合は、電話やメールの連絡でまったく問題ない。政治家は、官僚がどれだけ自分に配慮しているかで、仕事上の信頼度を無意識のうちに計っているのである。これは、日本の政治家独自の文化ではない。米国でもロシアでも同じだ。なぜなら政治家が行政の細部まで知ることは、時間的にも能力的にも不可能なので、当該案件を担当する官僚との職業的信頼関係を維持することによって、実質的に行政を制御するからだ。ルーマンは、米国の連邦議会議員と官僚の関係についてこう分析する。

〈個別的な出来事は、ちょうど抜き取り検査のように、全体にとって決定的な意味を持つようになるのである。たった一つの嘘も、すべての信頼全体を破壊しうるし、たった一つの失策や表現の間違いも、そのシンボル的な価値をとおして、しばしば容赦ない鋭さをもって「本当の性格」を暴露する働きをする。信頼のこのような脆さにおいて、一般化のディレンマが反映されている。換言すれば、そこには、単純化された環境の像を築くことが不可避となる場合に生じてくる緊張が反映されているのである。

このことに関しては、アメリカの連邦予算の作成における議会の成員と行政府の成員との関係の叙述が好個の事例となる。国家行政の現実は非常に複雑であって、到底、議員がそれらを全て見渡して評価を下すことはできない。議員は、行政の細部を統括している行政官たちの人格的な誠直性への信頼なしには、作業に取りかかることも出来ない。従って議員たちは、実際には、事実を制御するよりも、彼ら自身が抱く信頼を制御して、それをつうじて間接的に事実を制御するのである。そして彼らは、このようなディレンマ状況において、ごく些細な不誠実性の徴候にたいしても、信頼する

ことをやめたり、あるいは別のサンクションを行使するなどして非常に感情的に反応するのである。〉（前掲書、五〇〜五一頁）

目に見えない複雑な行政システムを統御するために、政治家は「誰が信用できるか」という基準で、官僚との信頼関係を重視するということだ。これは、フスが、ローマ教皇や枢機卿が信頼できないので、これらの高位聖職者がイエス・キリストによって形成された教会を運営することは不可能であると結論づけたことと類比的である。フスは、聖霊に満たされた、真に信頼できる兄弟姉妹たちによる目に見えない教会の運営を考えた。目に見えない物や事柄は、目に見える人間と人間の関係によって、捉えるしかないのである。

実念論は、人間の行動を規定する倫理につながっていくのである。フスが『教会論』で展開した論理は、ルーマンの信頼論と親和的だ。この世界における複雑性を縮減するために、目に見えない教会に集う、真実のキリスト教徒による信頼が不可欠であるとフスは考えた。この信頼は、イエス・キリストの神に対する信頼によって根拠づけられているのである。神は、自らのひとり子を地上に派遣した。それは、人間が罪を背負い、神に反逆する性向を帯びているにもかかわらず、人間を救おうとした神の意思に基づく。神と人間は、質的に完全に異なる。しかし、人は神の似姿である。神と人間をつなぐのは、真の神で真の人であるイエス・キリストだけだ。イエス・キリストが神を信頼する。この関係の類比で、われわれ人間が、イエス・キリストを信頼するのである。

第四が、愛のリアリティーをめぐる問題だ。筆者が「フスの物語」を通じて読者に伝えたい究極的なメッセージは、愛である。愛は抽象的な原理ではない。神とイエス・キリストの具体的関係との類比で捉えられる。そこから、愛は人間と人間の関係において、具体的に現れるのである。「ヨハネの手紙一」四章で、この手紙の著者は愛についてこう述べる。

＊

〈愛する者たち、互いに愛し合いましょう。愛は神から出るもので、愛する者は皆、神から生まれ、神を知っているからです。愛することのない者は神を知りません。神は愛だからです。神は、独り子を世にお遣わしになりました。その方によって、わたしたちが生きるようになるためです。ここに、神の愛がわたしたちの内に示されました。わたしたちが神を愛したのではなく、神がわたしたちを愛して、わたしたちの罪を償ういけにえとして、御子をお遣わしになりました。ここに愛があります。愛する者たち、神がこのようにわたしたちを愛されたのですから、わたしたちも互いに愛し合うべきです。いまだかつて神を見た者はいません。わたしたちが互いに愛し合うならば、神はわたしたちの内にとどまってくださり、神の愛がわたしたちの内で全うされているのです。

　神はわたしたちに、御自分の霊を分け与えてくださいました。このことから、わたしたちが神の内にとどまり、神もわたしたちの内にとどまってくださることが分かります。わたしたちはまた、御父が御子を世の救い主として遣わされたことを見、またそのことを証ししています。イエスが神の子であることを公に言い表す人はだれでも、神がその人の内にとどまってくださり、その人も神の内にとどまります。わたしたちは、わたしたちに対する神の愛を知り、また信じています。

　神は愛です。愛にとどまる人は、神の内にとどまり、神もその人の内にとどまってくださいます。こうして、愛がわたしたちの内に全うされているので、裁きの日に確信を持つことができます。この世でわたしたちも、イエスのようであるからです。愛には恐れがない。完全な愛は恐れを締め出します。なぜなら、恐れは罰を伴い、恐れる者には愛が全うされていないからです。わたしたちが愛するのは、神がまずわたしたちを愛してくださったからです。「神を愛している」と言いながら兄弟を憎む者がいれば、それは偽り者です。目に見える兄弟を愛さない者は、目に見えない神を愛することができません。神を愛する人は、兄弟をも愛すべきです。これが、神から受けた掟です。〉（「ヨハネの手紙一」四章七〜二一節）

フスは、一五世紀初頭の中央ヨーロッパという現実の中で、イエス・キリストに徹底的に従い、具体的人間との関係の中で、愛を実践しようとしたのである。当時の教会指導部には、フスが捉える愛のリアリティーを理解することができなかった。その結果、フスは異端として断罪され、一四一五年七月六日、ドイツのコンスタンツで火刑に処せられた。遺灰はライン川に捨てられた。

フスは処刑される直前に、異端であることを認めれば命を助けると言われたが、拒否した。チェコ人の間では、フスの最期の言葉は「真実は勝つ（ラテン語でVeritas vincit、チェコ語でPravda vítězí）」だという伝承がある。「真実は勝つ」という言葉は、その後、チェコ人を団結させる象徴的意味をもつ。「真実は勝つ」という言葉の中に、愛のリアリティーが凝縮されている。

あとがき――フスの宗教改革は、人間の希望を回復した

本書で私が展開した一五世紀のヨーロッパへの精神的な旅について、読者はどのような感想を持たれたであろうか。本書は神学書ではない。学術書でも文芸批判書でもない。自分がもっとも書きやすい文体と構成で、私が考えている事柄のほとんどすべてを盛り込んだ。私の場合、基礎教育がプロテスタント神学なので、どうしても用いる言葉が神学的になるが、本書で私が述べたのは神についてではなく、人間についてである。過去に私が書いた作品の内容も、すべて本書において繰り返し言及されている。今後の私の課題は、この内容を、読書界で流通しやすい別の言葉で表現することである。

本書は、私の頭の中にあるものを、私がもっとも操りやすい言語で、正確に記したものだ。フスが経験したことと比べるとはるかにスケールが小さいが、私の人生と思索もそれと類比的なのである（と少なくとも私は思っている）。

ところで、ヤン・フス問題は、カトリック教会において、現在も燻《くすぶ》っている。一九九九年にローマで行われたフスに関するシンポジウムで、当時の教皇ヨハネ・パウロ二世は、フスの「残虐な死」に対して謝罪し、フスの「勇気」を讃《たた》えた。しかし、一四一五年のコンスタンツの公会議でフスを異端と宣告し、処刑した宗教裁判の効力は有効にしたままである。

二〇〇九年九月二七日に、当時の教皇ベネディクト一六世が、チェコのさまざまな教会の代表者たちと会見したときにも、「過去の傷は癒《いや》さないといけない」と述べ、一九九九年のフスに関するシンポジウムについて触れたが、異端宣告自体は撤回しなかった。

来年二〇一五年はフスの処刑から六〇〇年になるが、カトリック教会は、種々のレトリックを用いて、フスの処刑の仕方について謝罪したり、フスの人間的高潔さや勇気を讃えることはあったとしても、あの異端裁判でカトリック教会の側に非があったことを認めることはないと思う。フスの名誉回復をしないということが、カトリック教会の存在意義にかかわるからだ。

一九七〇年代末から現在に至るまで、カトリック教会は、外部世界に対して、きわめて戦闘的な姿勢を取っている。

二〇一三年二月二八日にローマ教皇（法王）ベネディクト一六世が生前退位した。このこと自体が、カトリック教会の世界戦略に基づくものだ。本件に関して、私は以下のインテリジェンス・レポートを作成した。

〈分析メモ「ローマ教皇ベネディクト一六世の生前退位」（二〇一三年三月一〇日作成）〉

【重要ポイント】

◎ローマ教皇（法王）ベネディクト一六世の生前退位は、健康な後継教皇の指導下で、カトリック教会がイスラム世界に対する巻き返しを図ろうとする世界戦略に基づいている。

◎新教皇の下で、カトリック教会は中国に対して攻勢をかけることになろう。

【コメント】

一・

（一）　平均的日本人に関しては、ローマ教皇が政治的、宗教的にどのような意義をもっているかが、わかりにくい。この前提知識を欠いては、教皇の生前退位が今後の国際社会に与える影響を読み解けなくなる。

（二）ローマ教皇は、カトリック教会の長だ。ちなみに、マスメディアでは、ローマ教皇とローマ法王という表記が混在している。この点に関して、日本のカトリック中央協議会はこう述べている。

〈「新聞を見ると『ローマ法王』と書いてあり、教会の文書には『ローマ教皇』と書いてあります。どちらが正しい表記ですか？」このような質問が多く寄せられます。簡単に説明します。

教会では「ローマ教皇」を使います。

以前はたしかに、日本のカトリック教会の中でも混用されていました。そこで日本の司教団は、一九八一年二月のヨハネ・パウロ二世の来日を機会に、「ローマ教皇」に統一することにしました。「教える」という字のほうが、教皇の職務をよく表わすからです。

その時以来、たびたびマスコミ各社に「ローマ教皇という名称を使ってください」とお願いしていますが、残念ながら実現していません。〉

(http://www.cbcj.catholic.jp/jpn/memo/pope.htm)

そもそも法王とは、仏法の王や宗主を示す仏教用語なので、ローマ教皇を表す言葉としては不適切だ。

(三) ローマ教皇には、政治的な権力もある。それは、バチカン市国という国家の長としての機能だ。ちなみに、日本政府や外務省は、ローマ法王、ローマ法王庁という言葉を現在も用いている。この点について、カトリック中央協議会はこう説明する。

〈ところが東京都千代田区三番町にある駐日バチカン大使館は「ローマ法王庁大使館」といいます。

なぜでしょうか？

日本とバチカン(ローマ法王庁、つまりローマ教皇庁)が外交関係を樹立した当時の定訳は「法王」だったため、ローマ教皇庁がその名称で日本政府に申請。そのまま「法王庁大使館」になりました。日本政府に登録した国名は、実際に政変が起きて国名が変わるなどしない限り、変更できないのだそうです。

こうしていまでも「法王」と「教皇」が混用されているのです。

皆様には、「教皇」を使っていただくよう、お願いする次第です。〉

(http://www.cbcj.catholic.jp/jpn/memo/pope.htm)

(四) ローマ教皇は不可謬《ふかびゅう》性をもつ。これは、すべての事柄において、ローマ教皇が間違えないということではない。

〈一八七〇年に開催された第一ヴァチカン会議において、教皇の不可謬性に関して激論が交わされたが、ついに五三一対二票でもってこれを教義とすることが決定した。少数の反対者は投票前に教皇の許可をえて帰国し、また反対した二名の司教もまもなく賛成した。そこで教皇はみずからの不可謬性に関する教義を朗読した。それによると、教皇が教皇の座から (ex cathedra)、いいかえれば、全キリスト教徒の牧者、教師として最高の使徒的権威に立って、教会によって守られるべき信仰または道徳に関する教理を定義する時、ペテロにおいて教皇に約束された神の助力によって、彼は不可謬性を付与されているというのである。〉(藤代泰三『キリスト教史』日本YMCA同盟出版部、一九七九年、三六三頁)

ローマ教皇の不可謬性は、信仰と道徳に関する教義に限定されるが、道徳には社会倫理に属する事項（例えば避妊の禁止。かつては政教分離、合理主義、「プロテスタント系の世俗語で書かれた聖書を普及させる目的で結成された」聖書協会も禁止）が含まれ、政治、社会、経済にも影響を与えうる。ローマ教皇がどのような道徳指針を示すかは、事実上の政治問題なのである。

二、

（一）　二月一一日、ローマ教皇ベネディクト一六世（ヨーゼフ・ラッツィンガー）が高齢（八五歳）による体力の衰えを理由に退位を発表した。〈バチカンの公式見解を伝える日刊紙オッセルバトーレ・ロマーノは同日、法王の決断は昨年三月にメキシコとキューバへ外遊した後になされたと記した。二〇〇七年にはドイツ人ジャーナリストのインタビューに、「力が衰えたら退位すべきだ」と語っている。前法王ヨハネ・パウロ二世の衰えを側近として見つめ、存命中の退位表明が念頭にあったようだ。〉（二月一三日「朝日新聞」デジタル）。そして、同月二八日、ベネディクト一六世は正式に退位した。三月一二日から、枢機卿《すうきけい》による教皇を選出するコンクラーベ（ラテン語で「鍵《かぎ》のかかった」という意味。

秘密会のこと）が行われ、三月中にも新教皇が選出される可能性がある。

（二）ローマ教皇の生前退位は一四一五年のグレゴリウス一二世以来、五九八年振りである。このときは、三人の教皇が鼎立《ていりつ》していた。一四一四〜一八年、ドイツのコンスタンツで教会分裂を解決するための公会議が開かれ、一五年七月にボヘミア（チェコ）のヤン・フスを異端として火刑に処した。その後、フスの思想がマルティン・ルターに影響を与え、宗教改革が起きる。もっとも、宗教改革というのはプロテスタント側の用語で、カトリック側は信仰分裂という。フスを始末した前後に鼎立する教皇をすべて退位させることになり、一四一七年一一月に新教皇マルティヌス五世を選出し、教会の統一を回復した。

三

（一）カトリック教会においては、コンスタンツ公会議のときと同じくらいの危機が生じているので、異例の教皇生前退位を行って、組織の立て直しを図っている。カトリック教会内部にも、聖職者による児童虐待に対する教会の責任、避妊容認、同性愛容認を求める信者の声にどう対処するかという問題があるが、これらの内部問題とともに見落としてはならないのがバチカンの世界戦略だ。

ベネディクト一六世は、二〇〇六年九月にイスラム教の聖戦（ジハード）を批判したが、これは教皇の個人的発言ではなく、バチカンの世界戦略に基づくものだ。台頭するイスラム教を封じ込め、巻き返すためには教皇が健康で、戦略を立て、実行する中心に立たなくてはならないという危機感から異例の生前退位が行われたのだとの見方を筆者は取る。

カトリックの世界戦略に関して、イスラム世界に対する巻き返しを図るという点で、教皇候補となる枢機卿の間に見解の相違はない。

（二）

教皇に選出される一年三ヵ月前の二〇〇四年一月一九日にラッツィンガー枢機卿は、ドイツの著名な社会哲学者ユルゲン・ハーバーマスと討論会を行った。ラッツィンガーは、バチカンの教理省（昔の異端審問所）の長官をつとめたカトリック保守思想の代表者で、ハーバーマスは左翼リベラル派の「知の巨人」なので、この最初で最後の討論会は、哲学、神学関係者のみならず広範な知識人の関心を集めた。これまで接点がなかった二人を接近させたのは、アルカイダをはじめとするイスラーム過激派の台頭だ。

この討論会でラッツィンガーは、アルカイダの活動に強い関心を向け、〈ところが最近では、われわれにとっての不安の種は大戦争ではなく、むしろいつどこで襲ってくるか分からないテロの広がりである。今やわれわれに分かってきたことは、世界を人間の住めない場にするために人類は必ずしも大戦争を必要としないということである。いかなる場所にも遍在しうるテロの無名の力は、すべての人々の日常生活の場にまで襲いかかるだけの強さを持っている。また、それとは別に、こうした犯罪的な分子が、巨大な破壊の可能性を手に入れ、それによって政治秩序の外で、世界をカオスに陥れるのではないかという恐れがある。こうして法と倫理への問いの様相が変わってきた。問題は、テロはどのような源泉からエネルギーを得ているのだろうか、人類のこの新たな病を内部から封じ込めるにはどうしたらいいのだろうか、という方向へ変質してきた。しかもその際、ショッキングなのは、テロは少なくとも部分的には自らを道徳的に正当化していることである。ビン・ラディンのメッセージは、テロを、力なき抑圧された諸民族からの強者の傲慢に対する答えである、また、強者の高慢と、神を冒瀆する思い上がり、そして残虐に対する正義の刑罰である、としている。特定の社会的政治的状況にいる人々には、こうした動機はもっともだと思えるようである。またテロ行為は、神を失った西側社会の状況に対抗して宗教的伝統を擁護するものとして、部分的にであれ説明されている。〉(ユルゲン・ハーバーマス／ヨーゼフ・ラッツィンガー［三島憲一訳］『ポスト世俗化時代の哲学と宗教』岩波書店、二〇〇七年、三四頁)と指摘し、キリスト教徒と欧米の世俗的合理主義を信奉する人々が連帯して、アルカイダのような過激派を封じ込める必要を説く。

(三) それでは、このような封じ込めは、どのような手段によって可能になるのだろうか。「対話」によってである。ラッツィンガーは、イスラームの文化世界に存在する緊張関係について、〈ビン・ラディンのような狂信的絶対主義を一方の極とすれば、寛容な合理性に対してオープンな態度を他方の極として、その幅はきわめて広い。〉(前掲書四一～四二頁) という認識を示す。ここから導き出される帰結は、異文化対話を通じてイスラーム穏健派を味方に付けて、アルカイダのような過激派を封じ込めることになる。

(四) ハーバーマスもイスラーム過激派の脅威について危機意識を持ち、〈テヘランに行ったときに、かの地の同僚が私に、比較文化や宗教社会学の観点から言えば、ヨーロッパ的な世俗化は本当のところ特別の奇妙な道で、軌道修正の必要があるのではないかという問いを発してきたが、この問いは、ワイマール時代の雰囲気を思い起こさせる。つまり、カール・シュミット、マルティン・ハイデガー、あるいはレオ・シュトラウスを思い起こさせるのだ。〉(前掲書一四頁) と述べる。このワイマールの雰囲気から、ナチズムが登場してきた。異文化対話を通じて、宗教がなぜ世俗化した現代においても存続しているかについて哲学は、〈いわば内部から、知的挑発として真剣に取り上げるべきである。〉(前掲書一五頁) とハーバーマスは強調する。

実践的帰結として二人は、対話によってイスラーム過激派の脅威を解体していくという選択が現実的と考えている。

四. バチカンにとって、イスラーム過激派に次いで面倒なのが中国だ。中国政府は、国内カトリック教会の高位聖職者の人事権がバチカンにあることを認めない。それゆえ、バチカンと中国の間には、未《いま》だ外交関係が存在しない。次期教皇の下で、バチカンは中国に対しても「対話」を通じたソフトな巻き返し戦略を図ると見られる。カトリック教会は、近代よりも前から存在する。カトリック神学者(ベネディクト一六世もその一人)は、プレモダン(前近代的)な思考に慣れている。それだから、近現代的な思考の制約を超えて、人間と社会の危機を洞察することができるのである。プレモダンであることで、ポストモダン的な状況に対応することが容易になる。

五. ハーバーマスが唱える世俗的合理性も、ラッツィンガーが信じるキリスト教のカトリシズムも、普遍主義に属する。これに対して、ナショナリズムは、多元的で、類型的である。キリスト教でも、プロテスタンティズムや正教（オーソドクシー）は、普遍主義を取らない。だから、プロテスタンティズムと正教は、ナショナリズムと親和的だ。ラッツィンガーが唱える「対話」路線は、相手を対等の立場であることを認めて、新たな真理を追究するために行う真実の対話ではない。最終的に、カトリック教会の普遍性の中にすべての人類を包摂するという目的を達成するための戦略的対話だ。その同盟軍として、世俗的合理主義を信じる人々をカトリック教会側に引き入れようとしているのである。ローマ教皇庁は、目に見えない領域で、カトリック帝国を維持しようとしている。〉

＊

ベネディクト一六世の後継者に二〇一三年三月一三日、アルゼンチン出身で、ブエノスアイレスの大司教のホルヘ・マリオ・ベルゴリオ枢機卿（七六歳）が選出された。第二六六代教皇としての名は、フランシスコ（マスメディアではフランシスコ一世という表記もあるが、今後フランシスコ二世と名乗る教皇が出現することが確実でない状況で、一世と表記するのはおかしい）になる。米大陸から教皇が選出されたのは初めてのことだ。マスメディアでは、前教皇ベネディクト一六世が生前退位し、教皇の若返りを図ったのは、聖職者による児童虐待、バチカンが運営する銀行の資金洗浄疑惑などに対処するためとのスキャンダラスな報道が多いが、事柄の本質から外れた見方だ。分析メモで述べたように、前教皇ベネディクト一六世は、イスラーム過激派に対する封じ込め、中国におけるカトリック教徒の擁護に力を入れた。カトリック教会を会社にたとえるならば、代表権を持った会長兼社長が一人しかおらず、専務も常務も監査役も置かない、極端に中央集権化した組織だ。教皇の加齢によりバチカンの世界戦略が停滞することを懸念して、教皇の若返りが行われたのだと筆者は見ている。新教皇フランシスコも、ベネディクト一六世の保守路線と世界戦略を継承する。中国は、今後、バチカンが攻勢をかけてくることを懸念している。

〈【北京＝川越一】中国外務省の華春瑩報道官は一四日の定例記者会見で、フランシスコ一世を新たな法王に選出したローマ法王庁（バチカン）との関係改善の条件として、台湾との関係断絶と中国の内政への不干渉をあらためて求めた。中国とバチカンは断交し、聖職者の任命権限などをめぐって対立している。

華報道官はフランシスコ一世の法王就任に祝意を示す一方、「ローマ法王庁が新たな法王の指導のもと、中国と向き合い、ともに努力して、関係改善のための条件を作り上げることを望む。二つの基本原則は何の変化もない」と述べ、バチカン側に障害を取り除くための「実際の行動」を要求した。

中国が一貫して主張する〝基本原則〟は極めて一方的かつ政治的なものだ。華報道官は「バチカンは台湾とのいわゆる外交関係を断絶し、中華人民共和国政府が中国の唯一の合法的な政府であり、台湾は中国にとって不可分の国土の一部であると認めよ」と主張。さらに、「バチカンは宗教業務の名を借りて中国の内政に干渉してはならない」と迫った。〉（三月二十四日MSN産経ニュース）

中国は、カトリック教会の聖職者の人事権がバチカンにあるという国際基準での信教の自由を認めない。この状況に風穴を開けるべく、今後、フランシスコ教皇は、中国に対して攻勢をかけていくことになる。

このようなバチカンの世界戦略からしても、教皇が毒麦で、悪魔の手先である可能性を原理的に否定しないフスを名誉回復することが、カトリック教会にはできないのである。カトリック教会が自らの非を認め、イエス・キリストを頭とする真実の教会に回帰することができるならば、カトリック教会とプロテスタント教会の垣根はなくなる。われわれプロテスタント教徒が考えるエキュメニズム（教会再一致運動）は、まさにイエス・キリストに還《かえ》れと主張しているのであるが、近未来にカトリック教会が妥協的姿勢を示すことはないであろう。

カトリック教徒は、自らが正しいと信じる道を進めばいい。われわれプロテスタント教徒は、われわれの正しいと信じる道を進んでいく。自らが正しいと信じる信仰を持つ者は、自らと異なる信仰を持つ者の固有性を尊重することができる。ここから真の寛容と多元性が担保されるのである。

それでは、われわれにとって正しい信仰とは何なのだろうか。キリスト教徒は、真理が過去にあると考える。一世紀のパレスチナにイエスという男がいた。この男は、真の神で、真の人だった。神は、そのひとり子を、人間の最も悲惨な時代に、最も深い深淵《しんえん》にまで送ってきたのである。神の子が、この深淵に到達したことが、人間の救済の根拠となる。ヤン・フス、マルティン・ルター、フルドリヒ・ツビングリ、ジャン・カルバンなどの宗教改革者は、イエス・キリストに回帰することによって、救済宗教としてのキリスト教を取り戻したのである。

これらの宗教改革者は、「天上に神がいる」という形而上学のもとで、神学を営んだ。この言葉を、コペルニクス革命以降の「天上に神がいる」という形而上学的な世界像を信じることができなくなった、近代人、現代人に理解可能にするためには、翻訳する必要がある。その神学的作業に取り組んだのが、チェコのプロテスタント神学者ヨゼフ・ルクル・フロマートカだ。このあとがきでは、フロマートカが「宗教改革から明日へ」(プラハのカリフ出版所から一九五六年に刊行された同名の論文集に収録)で展開したフスの宗教改革についての解釈を通じて、本文で私が展開した内容を、より二一世紀の現実に引き寄せたいと思う。

フロマートカは、フスに起源を持つチェコ宗教改革の最大の遺産が、神の生きた言葉を信仰共同体に持ち込んだことであると考える。現実の革命的変動の中で、科学的無神論を国是とするチェコスロバキア国家の中でも生きている神の言葉について、フロマートカは、こんな議論を展開する。

＊

〈私たちには派手な聖堂も、きらびやかな教会芸術もない。私たちの文学創作はそれほど目立たず、私たちの神学はいまだ産着にくるまったままである。しかし、教会社会をその証言や精神的トーンで豊かにできないほど貧しくも弱くもない。大切なのは、ほんとうに生きた形で自分たちの改革の遺産の本質に迫ること、聖書の証言を絶えず読み込み、兄弟姉妹の間で絶えず対話を重ねることによってチェックし直すことである。覚えておこう、より深く改革のメッセージの源泉を掘り起こせば掘り起こすほど、私たちの言葉は広く受け入れられる。そして、私たち信徒団が民衆の生活において生きた力になるときのみ、生きた言葉を信仰の世界的な共同体に持ち込むことができるのである。

数十年前は、私たちは世界的な革命の中にいる、と時折言われるくらいだったが、今日私たちはそれを骨の髄まで感じている。今日の生活を、一〇年前、二〇年前の暮らしぶりと比べてみれば、いかに急激に、深く、私たちの考え方や務めの構造全体が変わったかわかるだろう！　気に入ろうと気に入るまいと、今日、多くの面で過去の残骸《ざんがい》の上に築きあげられている事実に目をつむったり耳をふさいだりすることはできない。しかし、まさにこのような時代にこそ、過去の遺産についてよりよく考え、味わうことが必要である。どの革命も、恵みとなるべきものであれば、簡単で単純であるけれども人の生活に基本的に必要なものを、無視する訳がない。偉大な革命者たちはみな、次のような目標を持っていた。他人を助けること、人の重荷を軽くしてやること、不公正、不正をなくすこと、他人との距離をせばめる秩序を作りあげることである。人間はなるほど変わるが、人間性の奥底には、人間を人間たらしめるものが存在し続ける。したがって今日でも、真の人間性に目を向け、人間をめぐるこれまでのすべての大きな闘いを理解することが大切である。なぜなら、私たちの究極の目標がフス派および兄弟団の改革の志、戦い、そして勝利に連なっているという声を、今日でも耳にするからである。こうした声は、強い責任感の表れである。今日築かれている新しい政治、社会、そして経済的形態は、真の人間性のためによりよい条件を作り上げるためのものである。人間性をより高次のレベルに引き上げ、個人としても全体としても、人がより真実に、正義に、慈悲深く生きることができるように、働き、戦い、苦しみ、死に、勝利した偉大な教師、詩人、科学者、宗教改革者たちのことを考えなかったら、どうして人間を理解できよう。もっとも大変な闘いの時代に作られた作品に注目しなかったら、どうして歴史における自分たちの生の意義を理解できよう。〉(Obsah sborníku: J. L. Hromádka: Předmluva; A. Molnár: Eschatologická naděje české reformace; J. B. Souček: Hlavní motivy bratrské theologie ve světle novějšího biblického bádání; L. Brož: Od tolerance k dnešku; B. Pospíšil: Službou k svobodě; J. L. Hromádka: Od reformace k zítřku, 1956 [ヨゼフ・ルクル・フロマートカ「宗教改革から明日へ」、アメデオ・モルナール／ヨゼフ・B・ソウチェク／ルジェク・ブロシュ／ボフスラフ・ポスピーシル／ヨゼフ・L・フロマートカ『宗教改革から明日へ』カリフ出版所、プラハ、一九五六年、二一五～二一六頁〕)

フロマートカは、キリスト教徒に、〈他人を助けること、人の重荷を軽くしてやること、不公正、不正をなくすこと、他人との距離をせばめる秩序を作りあげることである。人間はなるほど変わるが、人間性の奥底には、人間を人間たらしめるものが存在し続ける。したがって今日でも、真の人間性に目を向け、人間をめぐるこれまでのすべての大きな闘いを理解することが大切である。〉と呼びかける。共産党の無神論政策に被害者意識を持つのではなく、教会が現実の社会でやるべきことをしなかった、すなわち神の言葉に真摯《しんし》に耳を傾けなかったが故に、共産主義が台頭したことを、キリスト教徒は虚心坦懐《たんかい》に受け止めるべきであると考える。

そして、こう続ける。

〈キリスト教会の四肢である信者は、この現実を特に深く理解している。生ける神の言葉は、言葉を信じ、今日の時代と使徒教会とイスラエルの民を結びつけている人々の証言を通して私たちに伝えられる。神が人間に語りかけた言葉は、神に語りかけられ、それを信じ、さらにそれを従順に他者に伝える個人の証言において生き続ける。そう、キリスト教会の信者は、信じる民と生きた交流をしない限り、預言者や使徒の言葉を理解することはできないのを知っている。信者は、私たちより先に歩き、栄光のキリストを目にし、主の命令により奉仕の地、エジプトを離れ、シリアとヨルダンを越えて約束の地を目指した人々から、今日、信仰を告白する者たちまでの一連の人々の言葉を、心して聞かなければならない。

なぜこうしたこと全てを言うのか。これらは私たちにとっては死した定型文ではないのである。私たちの信仰の生きた経験の表現なのである。私たちはただ、わが国の宗教改革の証人の遺産とキリスト教の豊かさを受けて生きていることを、国内外の読者に強く訴えたいのだ。神学的思考においても、実際の決断においても（家庭という狭い世界の話でも、公共の（政治の）問題についてでも）、私たちは決して個人的な好みによってでなく、私たちが成長する上で信拠としてきたもの、教会の信者として生きる拠《よ》り所にしてきたものによって決定するということを言いたいのである。私たちは、これらの言葉が信用されないこともあるのを知っている。自分の弱さと堕落に引っ張られ、思っているよりも、自分の好みや傾向や考えに屈してしまうことが多いことも知っている。だから私たちは、反対意見や批判の声を逐一真剣に受け止める用意ができている。信仰共同体の崇高さは、批判することによって奉仕しあい、兄弟の反対意見を愛情による奉仕として受け止める、というところにあるのである。とはいえ強調したいのは、教会において、さらに教会の外においても、私たちは信仰に基づいて決断し、務め、義務を行おうとする意識のことである。それはまた、信仰において私たちよりも先に歩き、その言葉を今日も（まさに本日も）、注意、警告として、また刺激、援軍として響かせている方の強力な声の下で行おうという意識のことである。〉（前掲書二一六～二一七頁）

フロマートカは、「過去としての未来」を取り戻すことを訴えているのだ。これがフスによって始められた宗教改革の精神なのである。

〈この意味で、後ろを振り返る私たちの視線は、前を見つめている。私たちより過去に信仰に生きた者たち、そう、すでに去った者たちは、私たちの前を歩いている。私たちは彼らを真似るのではない。彼らの言動をただ繰り返すのではない。そうではなく彼らが眺め、耳をすまし、彼らが耳にしていた方向を眺めるのである。こうすることで、歴史が私たちの生きた現実になる。彼らのもっとも強力な言葉を現実の行為に鋳直すことができる者のみ、歴史を理解できる。キリスト教信仰は、主が私たちの先人に行ったことと結びついている。しかし生きた信仰は、人間が奴隷化されるようなときには、歴史の結びつきを断つ。というのもイエス・キリスト信仰とは、ほかならぬ勝利し、墓から解放され、私たちをも死した過去の墓から解放するキリストへの信仰だからである。アリマタヤのヨセフの庭に埋葬されているイエスを探している女たちの身に降りかかったことが、私たちにも繰り返し起きている。「あの方は復活なさって、ここにはおられない。御覧なさい。お納めした場所である。」(「マルコによる福音書」一六章六節後半)。そして、磔にされたイエスが墓の中に横たわっていることなく、過去の結びつきと時間の壁を越えるように、私たちの父たちの生きた遺産も、古い形式、秩序、教義、習慣の中に閉じ込められることなく、生きた力として、私たちの今日の決断を形成し、私たちをまさに今日果たさなければならない務めに導く。〉
(前掲書二一七頁)

死者は、われわれの前を歩いているのである。死者が未来を先取りしているのだ。このような復古維新の発想が、宗教改革をもたらしたのである。

それでは、われわれは、天地創造のいにしえの過去まで戻らなくてはならないのか。そうではない。イエス・キリストが、死によって死を克服した、あの時点まで戻ることで、われわれは未来に向けた着実な指針を得ることができるのだ。「マルコによる福音書」に証言されている空虚な墓のリアリティーを取り戻すのである。

＊

〈安息日が終わると、マグダラのマリア、ヤコブの母マリア、サロメは、イエスに油を塗りに行くために香料を買った。そして、週の初めの日の朝ごく早く、日が出るとすぐ墓に行った。彼女たちは、「だれが墓の入り口からあの石を転がしてくれるでしょうか」と話し合っていた。ところが、目を上げて見ると、石は既にわきへ転がしてあった。石は非常に大きかったのである。墓の中に入ると、白い長い衣を着た若者が右手に座っているのが見えたので、婦人たちはひどく驚いた。若者は言った。「驚くことはない。あなたがたは十字架につけられたナザレのイエスを捜しているが、あの方は復活なさって、ここにはおられない。御覧なさい。お納めした場所である。さあ、行って、弟子たちとペトロに告げなさい。『あの方は、あなたがたより先にガリラヤへ行かれる。かねて言われたとおり、そこでお目にかかれる』と。」婦人たちは墓を出て逃げ去った。震え上がり、正気を失っていた。そして、だれにも何も言わなかった。恐ろしかったからである。〉（「マルコによる福音書」一六章一～八節）

さらにフロマートカは、旧約聖書の預言者からも学ばなくてはならないと強調する。なぜなら、イエス・キリストへの道ぞなえが旧約聖書によってなされているからだ。

〈この意味で、宗教改革の先人とともに、私たちは旧約聖書、新約聖書の証言にアプローチしている。彼らと同様、私たちも証言に向かって急いでいる。私たちは、なぜ聖書こそが彼らの道の指標、混乱と迷い道の中の道標であり、生きた水および自由の源泉であったのかを理解している。これは文字の背後に隠れる道でも、安全な場所への避難でもなかった。ましてやある人間の権力者を別の人間の権力者に替えたのでもなかった。教皇制度に対抗して、死した書物の教皇を立てようというのでもなかった。聖書を追う道は、私たちの父たちにとって、常に生き、常に創り、常に解放し、常に解き放つ神の声を求める道であった。本に著された文字の背後から彼らに語りかけたのは、天と地の主であった。主は彼らに直《じか》に、彼らの個人的な問題と苦しみに語りかけた。主は迫るように、震撼《しんかん》するような力を持って語りかけたので、彼らの目は開かれ、周囲のあらゆる現実は新しい光の下にさらされた。生きた神の言葉は、はるか昔にかかれた文字だが、常に新たに、現実に聞こえ、常に人の思考を、まさに今その瞬間に果たすべきことに向かわせる。もし今日、改革の目撃者たちによる聖書の釈義を読めば、神の言葉がいかに力強く、いかに具体的に、切実に、彼らに語られていることか、驚くだろう。彼らが聞いた言葉は、「あなたに　諸国民、諸王国に対する権威をゆだねる。抜き、壊し、滅ぼし、破壊し　あるいは建て、植えるために。」（エレミヤ書一章一〇節）である。〉（前掲、フロマートカ他『宗教改革から明日へ』二一七〜二一八頁）

フロマートカは、革命的な社会変動を預言者エレミヤの召命と類比的にとらえる。

〈主の言葉がわたしに臨んだ。
「わたしはあなたを母の胎内に造る前から
あなたを知っていた。母の胎から生まれる前に
わたしはあなたを聖別し
諸国民の預言者として立てた。」
わたしは言った。
「ああ、わが主なる神よ
わたしは語る言葉を知りません。
わたしは若者にすぎませんから。」

しかし、主はわたしに言われた。
「若者にすぎないと言ってはならない。
わたしがあなたを、だれのところへ
遣わそうとも、行って
わたしが命じることをすべて語れ。
彼らを恐れるな。
わたしがあなたと共にいて
必ず救い出す」と主は言われた。

主は手を伸ばして、わたしの口に触れ
主はわたしに言われた。
「見よ、わたしはあなたの口に
わたしの言葉を授ける。
見よ、今日、あなたに
諸国民、諸王国に対する権威をゆだねる。
抜き、壊し、滅ぼし、破壊し
あるいは建て、植えるために。」

主の言葉がわたしに臨んだ。
「エレミヤよ、何が見えるか。」
わたしは答えた。
「アーモンド（シャーケード）の枝が見えます。」
主はわたしに言われた。
「あなたの見るとおりだ。
わたしは、わたしの言葉を成し遂げようと
見張っている（ショーケード）。」
主の言葉が再びわたしに臨んで言われた。
「何が見えるか。」
わたしは答えた。
「煮えたぎる鍋が見えます。
北からこちらへ傾いています。」
主はわたしに言われた。
北から災いが襲いかかる
この地に住む者すべてに。
北のすべての民とすべての国に

わたしは今、呼びかける、と主は言われる。
彼らはやって来て、エルサレムの門の前に
都をとりまく城壁と
ユダのすべての町に向かって
それぞれ王座を据える。
わたしは、わが民の甚だしい悪に対して
裁きを告げる。
彼らはわたしを捨て、他の神々に香をたき
手で造ったものの前にひれ伏した。
あなたは腰に帯を締め
立って、彼らに語れ
わたしが命じることをすべて。
彼らの前におののくな
わたし自身があなたを
彼らの前でおののかせることがないように。
わたしは今日、あなたをこの国全土に向けて
堅固な町とし、鉄の柱、青銅の城壁として
ユダの王やその高官たち

その祭司や国の民に立ち向かわせる。
彼らはあなたに戦いを挑むが
　勝つことはできない。
わたしがあなたと共にいて、救い出すと
主は言われた。〉（「エレミヤ書」一章四～一九節）

フロマートカは、エレミヤと同様に、神が人間に救いの手を差し伸べることを確信している。しかし、それは、人間の要請に神が応《こた》えるのではなく、あくまでも神の自発的判断によって行われるのだ。いわゆるキリスト教文明が、世界を指導し、神の国の建設の準備を行うという発想をフロマートカは徹底的に拒否する。

〈私たちが生きる時代は、いわゆるキリスト教諸民族が世界をリードする時代が終わり、さらに、キリスト教文明と呼ばれるものが基盤から揺らいでいる時代である。私たちの子の世代、孫の世代が、より明るいけれどもより激震する光の中で何を見ることになるのか、恐らく今のところまだ定かではない。歴史の牽引《けんいん》的立場から後退したのは、大きな経済的、技術的進歩の結果である。誰がリードするキリスト教諸民族の過去四〇年におけるあらゆる努力を評価できるだろう！　どれだけの機知、科学的洞察力、技術力が第一次、第二次世界大戦、さらに戦間期、戦後一〇年に注ぎ込まれてきたことか！　しかし、これらの努力は全て、人類史上かつてない破壊や恐怖のために費やされた。すさまじい人的犠牲と破壊の恐怖をもたらした二つの世界大戦は、教養面、またある程度精神文化面においてもいわゆる有色人種、非キリスト教民族をはるかに凌駕《りょうが》しているいわゆるキリスト教諸民族によって、基本的に起こされ、戦われた。この二つの戦争が、技術面、組織面、そして単に人的規模においても、かつてない高みに達したのは、疑いの余地がない。しかしまさにこれらの大きな奮闘の年月が、人類史における転換点になった。いわゆるキリスト教民族は、この奮闘によって世界における自らの支配的位置を固めることができなかったどころか、徐々にこの位置を失いつつある。まだ第二次大戦が勃発《ぼっぱつ》するまでは、彼らは国際政治と経済組織の手綱を握っていた。しかし今や、彼らの優勢が過去のものになったのは、明らかである。これによって人類の歴史全般、とりわけキリスト教民族の重要なエポックが終わった。表面的な観察に留《とど》まらずに出来事の本質にまで迫ろうとする人なら、この新しい事実に衝撃を受けずにはいられない。キリスト教諸民族は、大いなる審判の時代を歩んでいる。これらの民族のキリスト教会のまことに真剣で、間違いなく本物である手足達が、この意味するところを把握していないのは、理解に苦しむことである。（自分を含め）私たちはひとりひとり、この現実に向き合わなければならない。それは厳しいことであるが、世界中に影響を与えている変化の本質に実際に入り込まなければ、預言者的および使徒的役目を責任を持って果たすための準備をしっかり行うことはでき

ない。〉（前掲、フロマートカ他『宗教改革から明日へ』二二八〜二二九頁）

三一三年、ローマ帝国のコンスタンティヌス帝は、ミラノ勅令によってキリスト教を公認した。このときからキリスト教は体制側の宗教となる。それが、崩れたのが近代である。近代の人間中心主義は、人間が生きている此岸《しがん》から神を排除する。一九一七年一一月の社会主義革命によって無神論を国是とする国家がロシアに生まれた。フロマートカは、それを「コンスタンティヌス帝以降の時代」の到来と認識した。ソ連は、一九九一年一二月に自壊した。第二次世界大戦後に中東欧に生まれた社会主義国は、ソ連崩壊の前に資本主義への転換を遂げた。無神論国家の崩壊によっても社会の世俗化に歯止めがかけられたわけではない。二一世紀の今日においても「コンスタンティヌス帝以降の時代」が継続しているのである。

＊

それでは、われわれは人間中心主義を信頼することができるのであろうか。断じて否だ。一七八九年のフランス革命以後、世界から神を追放した人間は、合理的な思考で科学技術と経済を発展させた。啓蒙《けいもう》主義が支配的な思想になった。確かにヨーロッパやロシアでは、合理主義に反発し、人間の直観と感情、そして情念を重視するロマン主義もそれなりの影響力を持ったが、主流にはならなかった。啓蒙主義が根本的な反省を迫られるのは一九一四年の第一次世界大戦の勃発によってだ。

一九一四年六月二八日、ハプスブルク帝国（オーストリア＝ハンガリー二重帝国）の皇太子フランツ・フェルディナント夫妻が、サラエボ（当時オーストリア領、現ボスニア・ヘルツェゴビナ）でセルビア人青年によって暗殺された事件が、未曾有《みぞう》の世界戦争を引き起こすとは、当初、誰も思わなかった。仮に戦争が勃発するとしても、局地的で、数週間で片がつくと当時の政治家や外交官は考えた。しかし、事態は予想外の展開を遂げた。一九一八年一一月に第一次世界大戦は終わったが、敗戦国のドイツとオーストリアに対する戦時賠償が厳しすぎたため、ナチスの台頭を招き、一九三九年に第二次世界大戦が勃発する。一九四一年一二月の日米戦争により、戦争はアジア太平洋地域にも広がる。二つの世界大戦は連続している。「二〇世紀の三一年戦争」と認識するのが適切と思う。

科学技術の発展は、人類に便益をもたらす機械や交通機関を発達させたが、同時に毒ガス、機関銃、戦車、軍用機、原子爆弾などの殺人用の道具を飛躍的に発展させた。理性を過大評価した人間中心主義を信頼することは、もはやできないというのが一九一四年以後のわれわれの現実なのである。そして、今年は第一次世界大戦勃発から一〇〇年目にあたる。二度の世界大戦を引き起こした人間の闇は未だ克服されていないのである。

フロマートカは、イエス・キリストの預言を想起することによって、現下の危機を克服することができると考える。

〈キリスト教会は、主の過去の行いについての預言によって生きている。これらの行為と結びついている場所と名前を常に思い起こす。教会の信仰とその証言の基盤は、決して理念や思想ではなく、この世での生きている神による出来事である。私たちがイエス・キリストの福音から知る神は、決して天にとどまったままではいなかった。人間を追いかけるために、世を巡礼する人間を解放するために、絶えず地上に降りてきた。イスラエルの民はアブラハムの父の思い出に生き、エジプトの隷属からの解放について、シナイの契約の賜物《たまもの》について、約束の地への砂漠の道についての預言で信仰を強化した。旧約のすべての預言はこのメッセージのことに集中している。イエス・キリストの父はアブラハム、イザク、ヤコブの神である。そして福音を通して、預言者によって約束されたことが実現した。だからキリスト教会も、使徒教会の時代から常に過去を振り返ってきて、旧約の目撃者たちが信仰を通して得た勝利によって育《はぐく》まれている。「ヘブライ人への手紙」一一章で、筆者は、旧約の時代の信仰のすべての勝利を、力強い手法で描写している。この目的は、キリスト教会を目覚めさせ、信者の忍耐力を高め、不安から解放し、彼らの視線を〈御自身の前にある喜びを捨て、恥をもいとわないで十字架の死を耐え忍び、神の玉座の右にお座りになった〉（「ヘブライ人への手紙」一二章二節）、信仰の導き手であり、またその完成者であるイエスに

向けることである。〉（前掲書二八三頁）

少し長くなるが、ここでフロマートカの思考の鋳型となっている「ヘブライ人への手紙」一一章について検討してみる。フロマートカは、この章に神がイエス・キリストを派遣する以前の預言の意義が凝縮されていると考える。

〈信仰とは、望んでいる事柄を確信し、見えない事実を確認することです。昔の人たちは、この信仰のゆえに神に認められました。信仰によって、わたしたちは、この世界が神の言葉によって創造され、従って見えるものは、目に見えているものからできたのではないことが分かるのです。〉（一～三節）

「信仰は見えない事実を確認すること」というのは、フスの信仰観の基本に据えられていた。この信仰観をフロマートカも継承しているのである。

〈信仰によって、アベルはカインより優れたいけにえを神に献げ、その信仰によって、正しい者であると証明されました。神が彼の献げ物を認められたからです。アベルは死にましたが、信仰によってまだ語っています。信仰によって、エノクは死を経験しないように、天に移されました。神が彼を移されたので、見えなくなったのです。移される前に、神に喜ばれていたことが証明されていたからです。信仰がなければ、神に喜ばれることはできません。神に近づく者は、神が存在しておられること、また、神は御自分を求める者たちに報いてくださる方であることを、信じていなければならないからです。信仰によって、ノアはまだ見ていない事柄について神のお告げを受けたとき、恐れかしこみながら、自分の家族を救うために箱舟を造り、その信仰によって世界を罪に定め、また信仰に基づく義を受け継ぐ者となりました。

信仰によって、アブラハムは、自分が財産として受け継ぐことになる土地に出て行くように召し出されると、これに服従し、行き先も知らずに出発したのです。信仰によって、アブラハムは他国に宿るようにして約束の地に住み、同じ約束されたものを共に受け継ぐ者であるイサク、ヤコブと一緒に幕屋に住みました。アブラハムは、神が設計者であり建設者である堅固な土台を持つ都を待望していたからです。信仰によって、不妊の女サラ自身も、年齢が盛りを過ぎていたのに子をもうける力を得ました。約束をなさった方は真実な方であると、信じていたからです。それで、死んだも同様の一人の人から空の星のように、また海辺の数えきれない砂のように、多くの子孫が生まれたのです。

この人たちは皆、信仰を抱いて死にました。約束されたものを手に入れませんでしたが、はるかにそれを見て喜びの声をあげ、自分たちが地上ではよそ者であり、仮住まいの者であることを公に言い表したのです。このように言う人たちは、自分が故郷を探し求めていることを明らかに表しているのです。もし出て来た土地のことを思っていたのなら、戻るのに良い機会もあったかもしれません。ところが実際は、彼らは更にまさった故郷、すなわち天の故郷を熱望していたのです。だから、神は彼らの神と呼ばれることを恥となさいません。神は、彼らのために都を準備されていたからです。〉（四〜一六節）

信仰は、神の存在を承認することだけでは不十分だ。〈神は御自分を求める者たちに報いてくださる方であることを、信じていなければならない〉のである。すなわち、神の人間に対する恩恵を信じることが信仰の条件なのである。フスは神の恩恵を信じた。それだから、地上の権力である教皇や枢機卿に対抗することができたのである。信仰に基づく義は、神の恩恵であり、見えない神の約束を信じる人に与えられるのである。

＊

神はアブラハムに救済を約束した。ただし、この救済が成就するにはイエス・キリストの到来を待たなくてはならない。イエス・キリストは、人間の最も深い深淵に降りてきた。御自身に罪がないにもかかわらず、すべての人間の罪を負ってイエスは十字架にかけられ、殺された。葬られたイエスは、三日後に復活し、弟子たちの前に姿を現した後に「然《しか》り、わたしはすぐに来る」と言って、天上に去った。

神の救済の事業は、イエス・キリストの出現によって始まったが、未だ完成していない。キリスト教徒は、イエスが再臨した後の救済を信じる。別の言い方をすると、キリスト教徒は、イエスの再臨とともに到来する「神の国」に属する。従って、キリスト教徒は、〈地上ではよそ者であり、仮住まいの者である〉。

〈信仰によって、アブラハムは、試練を受けたとき、イサクを献げました。つまり、約束を受けていた者が、独り子を献げようとしたのです。この独り子については、「イサクから生まれる者が、あなたの子孫と呼ばれる」と言われていました。アブラハムは、神が人を死者の中から生き返らせることもおできになると信じたのです。それで彼は、イサクを返してもらいましたが、それは死者の中から返してもらったも同然です。信仰によって、イサクは、将来のことについても、ヤコブとエサウのために祝福を祈りました。信仰によって、ヤコブは死に臨んで、ヨセフの息子たちの一人一人のために祝福を祈り、杖の先に寄りかかって神を礼拝しました。信仰によって、ヨセフは臨終のとき、イスラエルの子らの脱出について語り、自分の遺骨について指示を与えました。

信仰によって、モーセは生まれてから三か月間、両親によって隠されました。その子の美しさを見、王の命令を恐れなかったからです。信仰によって、モーセは成人したとき、ファラオの王女の子と呼ばれることを拒んで、はかない罪の楽しみにふけるよりは、神の民と共に虐待される方を選び、キリストのゆえに受けるあざけりをエジプトの財宝よりまさる富と考えました。与えられる報いに目を向けていたからです。信仰によって、モーセは王の怒りを恐れず、エジプトを立ち去りました。目に見えない方を見ているようにして、耐え忍んでいたからです。信仰によって、モーセは滅ぼす者が長子たちに手を下すことがないように、過越の食事をし、小羊の血を振りかけました。信仰によって、人々はまるで陸地を通るように紅海を渡りました。同じように渡ろうとしたエジプト人たちは、おぼれて死にました。信仰によって、エリコの城壁は、人々が周りを七日間回った後、崩れ落ちました。信仰によって、娼婦ラハブは、様子を探りに来た者たちを穏やかに迎え入れたために、不従順な者たちと一緒に殺されなくて済みました。〉（一七～三一節）

ここで、重要なのは、モーセの両親が、男の子をすべてナイル川に放り込めというファラオ（エジプト王）の命令を拒否し、生かした理由をモーセの「美しさ」に求めていることだ。この「美しさ」は、外見的な美醜という基準に基づくものではなく、神によって選ばれた者という、しるしの意味だ。

モーセはあえて苦難の道を選ぶ。これが真実の信仰だ。苦難を通して自由を得るというイエス・キリストによって示された救済が、モーセの生き方によって示されている。エジプト軍に追われたユダヤ人が、まるで陸地を通るように紅海を渡ったのも、エリコの城壁が崩れ落ちたのも、目に見えないが確実に存在する神への信仰がもたらした結果なのである。

そして、「ヘブライ人への手紙」の著者は、信仰者の究極的な拠り所について論を展開する。

〈これ以上、何を話そう。もしギデオン、バラク、サムソン、エフタ、ダビデ、サムエル、また預言者たちのことを語るなら、時間が足りないでしょう。信仰によって、この人たちは国々を征服し、正義を行い、約束されたものを手に入れ、獅子の口をふさぎ、燃え盛る火を消し、剣の刃を逃れ、弱かったのに強い者とされ、戦いの勇者となり、敵軍を敗走させました。女たちは、死んだ身内を生き返らせてもらいました。他の人たちは、更にまさったよみがえりに達するために、釈放を拒み、拷問にかけられました。また、他の人たちはあざけられ、鞭打たれ、鎖につながれ、投獄されるという目に遭いました。彼らは石で打ち殺され、のこぎりで引かれ、剣で切り殺され、羊の皮や山羊の皮を着て放浪し、暮らしに事欠き、苦しめられ、虐待され、荒れ野、山、岩穴、地の割れ目をさまよい歩きました。世は彼らにふさわしくなかったのです。

ところで、この人たちはすべて、その信仰のゆえに神に認められながらも、約束されたものを手に入れませんでした。神は、わたしたちのために、更にまさったものを計画してくださったので、わたしたちを除いては、彼らは完全な状態に達しなかったのです。〉（三二〜四〇節）

ここに挙げられた預言者たちが得た「約束されたもの」は、イエス・キリストの到来によって初めて明らかになった。〈神は、わたしたちのために、更にまさったものを計画してくださった〉ということが、イエス・キリストによって伝えられた福音なのである。フスの宗教改革は、堕落し、罪にまみれていることを自覚できなくなってしまった目に見える教会から訣別《けつべつ》し、目に見えない真実の教会に所属することによって福音を取り戻す復古維新運動だったのである。そして、フロマートカは、フスの伝統を二〇世紀に復活させたのである。

＊

フロマートカは、キリスト教とユダヤ教の連続性を強調してこう述べる。

〈使徒教会とともに、私たちはまたイスラエル教会をも振り返る。私たちの信仰生活は、アブラハムから洗礼者ヨハネまでの主の証人の勝利によって豊かにされ、私たちは彼らの光の中でキリストの生、死、勝利を見つめる。そして、預言者および使徒の言葉をもたらしてきた、あるいは解釈してきた、使徒の時代から今日までのあらゆる証人、思想者、説教者、聖人、そして改革者のことを感謝の念をこめて思い出す。私たちが信じている神は、現在とともに過去をも司《つかさど》る支配者である。過去における主の行い、預言者および証人を観察すれば、現在における主の至高性と慈悲深さをより完全に理解できる。したがって私たちが理解するところの教会は、新旧約の証人が汲《く》み出していた生きた源泉から変わらず汲みだしているが、主の過去の出来事についての各言葉は、同時に主の現在の行為についての言葉なのである。「神は死んだ者の神ではなく、生きている者の神なのだ」（『マタイによる福音書』二二章三二節）。キリストの勝利は死、時、空間に対する勝利である。キリストの十字架は現在の事実であり、その勝利はキリストの力を保証するだけのものではなく、人の生への絶えざる勝利の介入であり、死、運命、暗い悪の力、罪、悪意の絶えざる克服なのである。

しかし、さらに私たちは先のことも見つめる。アブラハム、イザク、ヤコブの神は、私たちの視線を未来にも向ける。この神はエジプトに勝利し、バアルの祭壇を吹き飛ばし、塗油したダビデの罪を罰し、聖堂の建設を許可し、しかしまたその聖堂の破壊とイスラエルの民をバビロンに連れていくことを許可し、捕囚から戻ったときにまた聖堂を建てさせた。イエス・キリストにおいて、あらゆる聖地と祭壇を終りにするために。この同じ神が、イエス・キリストにおいて法を満たすために、そして民を法の隷属と独善的な高慢さから解放するために、慈愛により法を与えた。イエスの中で、私たちは自分の現在の課題を担うために解放され、イエスの中で、未来への私たちの視線も解放される。キリスト教会の手足として、私たちは立ち止まることなく常に前進を続ける。大切なのはただ、主、そして私たちの生の解放者が示す方向に進むことである。私たちは未知に向かって進んでいるのではなく、その果てに十字架にかけられた者自身がいる道を進んでいる。私たちは運命論や、気のめいるような心をくじくような悲観主義といった気持ちから解放されており、未知に対する不安や恐怖も持たない。もちろんこれは、責任を伴う課題に満ちた道である。教会は巡礼者として前に歩いてゆくが、しかし一歩ごとに、一瞬、各状況ごとに、新しい課題と出会う。私たちの神が行為、奇跡、創造の生きている神であることを私たちが信仰告白するならば、私たちは自分がその奉仕の準備が常にできていることも信仰告白しているのである。何が起きるかを推論したり、明日や明後日のことについて無駄で無益な推測をするのは、私たちが関知すべきことではない。そうではなく、私たちは従順に私たちが置かれた場所に立ち、自分の信仰の光の中で出来事を理解し、来る日ごとに定められた務めを行うよう、呼びかけられている。この開放性と従順な準備の覚悟が、真の自由と表裏一体のものなのである。これらがないところには自由もない。〉（前掲、フロマートカ他『宗教改革から明日へ』二八三〜二八四頁）

繰り返しになるが、信仰を持つ者は、常に前を見る。そして旅を続ける。その旅の中で現れる課題に取り組んでいくのである。その制約の中で、人間は自由になる。イエス・キリストに倣って現実の世界で真摯に生きることによって自由になるのである。神は、現実の中で見出《みいだ》されるというのがフスの確信だった。この確信を継承したフロマートカはこう述べる。

〈したがって前向きの視線によって、まさに、神がより栄光に満ちた方法で現れ、また神の行為は書や教会や過去に構築された教会秩序の中に制限されるものではない、という期待が生まれる。神については、預言者と使徒の証言、イエス・キリストの福音からしか知ることはできない。しかしこのようにして知ることのできる神はまさに、常に新しいものを創り出し、常に聖霊の新しい賜物を与え、豊かにし続ける神なのである。信仰とは、主の新しい行為と奇跡を新たに期待し、準備することである。また、神がその証人と信仰告白者を通して、人の魂と体に奇跡を行うという信仰である。また、「はっきり言っておく。わたしを信じる者は、わたしが行う業を行い、また、もっと大きな業を行うようになる。わたしが父のもとへ行くからである。」（「ヨハネによる福音書」一四章一二節）私たちは自分のためにも、隣人のためにも新しいことを何も期待しないために、明らかに、これほど弱く、無力なのである。だから人々に対する私気難しく、頑《かたく》なで、しばしばたちの関係は、人間に対して希望を持っていないゆえに、思いやりに欠ける。だから私たちの務めは実を結ばず、その成果は教会内および教会外の生においても感じられず、神（それとも単に私たちの考える神？）を自分の習慣や想像の中、礼拝の形の中、せいぜい（それももちろん開くことのない）本の中に閉じ込めている。だから周りの人が必要としていることを理解できず、彼らのため息や呼びかけが聞こえず、彼らの伸ばしている手が見えないのである。だから今日の国内および世界の出来事の書にも七つの鍵がかかっているのである。神の奇跡と慈愛を期待することは、人の心を豊かにし、筋肉を鍛え、助けたい、奉仕したいという気持ちを芽生えさせる。これはまた、時にキリスト教信仰の終末論的視点、と呼ばれるものの意義である。ここで取り上げているのは、完全に生の、実際的な、最新の、有効なもののことである。生きている教会は、常に前に進み、常に周囲の新しいものが見え、常に前を見つめ、ある瞬間にある場所で何をすべきか知りたいと常に望む。イエス・キリストは昨日も同じであるし、今日も同じであるし、永遠に同じなのである。人々には、常に許しと譲歩の同じ言葉が聞こえているはずだが、それでも昨日の瞬間と同じ瞬間は決してない。どの瞬間もどの時代もそれ自身の必要性を抱えている。そして私たちは、予測できない、計画できない、計算できない状況に対して常に用意ができていなければならない。明日に対するこの開放性はまた、キリスト者の自由のしるしである。〉（前掲書二八四〜二八五頁）

フロマートカは、〈神については、預言者と使徒の証言、イエス・キリストの福音からしか知ることはできない。しかしこのようにして知ることのできる神はまさに、常に新しいものを創り出し、常に聖霊の新しい賜物を与え、豊かにし続ける神なのである。〉と強調する。

フスもまさに同じ認識を持っていた。イエス・キリストの福音から、フスは当時のカトリック教会に否を唱え、処刑された。フスの死は、同時に勝利でもあった。フスによる福音の再発見によって、キリスト教は生命を甦《よみがえ》らせたのである。フスによって示された復古維新の精神がプロテスタンティズムの起源なのである。

「未来としての過去」であるイエス・キリストの出来事に徹底して集中することができるので、われわれプロテスタント教徒は、希望を持って明日に向かうことができる。フスの宗教改革の特徴は、人間を過去のくびきから解き放し、希望を回復したところにある。このことをフロマートカは端的にまとめてこう記す。

〈同時にしかし、明日とは私たちにとって恵みの賜物であるが、裁きの賜物であることも決して忘れてはいけない。神の慈愛の現れはいずれも、人間にとって新しい機会であるが、裁きでもある。神を嘲笑《あざわら》うことはできない。神と遊ぶことはできない。未来のイエス・キリストの最後の審判に対する視線は喜びを与えるが、また私たちの一瞬一瞬の限りない重大さも示す。今日まいている種は、私たちの子どもや孫の世代に影響を与える。「三、四代に及ぼす」というのは、未来にも当てはまる。私たちの罪は重荷として子や孫の世代全般にのしかかる。今日の教会が犯している間違いや過ち、不注意や不真面目さは、私たちの子孫だけでなく全ての民、何千もの人々に対して将来のカタストロフィを意味するかもしれない。主のそばにあるのは許しと救済だが、機会を無駄にすれば、渋く苦い果実をつける。これは私たちへの警告である。自覚を持って前進し、歴史の終点としてイエス・キリストを見つめる教会は、現在の瞬間のために、責任を持って注意して奉仕する。明日への視線によって、今日とは、同じ形と性質の機会は二度とやってこない機会であるという意識を得る。以上のことから述べたいことはただ、今日の私たちの状況は、重大な呼びかけなのであり、この呼びかけは、私たちが信じ、私たちが奉仕するお方から私たち全員に、私たちひとりひとりに示されているものなのだということである。明日への道は、神の慈愛によって定められる。「『死んでいる者たちに、自分たちの死者を葬らせなさい。あなたは行って、神の国を言い広めなさい。』……『鋤に手をかけてから後ろを顧みる者は、神の国にふさわしくない』と言われた。」（「ルカによる福音書」九章六〇、六二節）〉

本書で私が述べたかったことは、フロマートカがここでまとめていることと全く同じである。神学とは、同じ事柄を別の言葉で語ることなのである。

本書は角川書店の岸山征寛氏の忍耐と適切な助言なくして、陽の目を見ることはありませんでした。深く感謝申し上げます。

二〇一四年三月一六日

佐藤　優

主要参考・引用文献一覧

上智大学中世思想研究所編訳／監修『キリスト教史4　中世キリスト教の発展』平凡社ライブラリー、一九九六年
佐竹明『黙示録の世界』新地書房、一九八七年
佐藤次高、木村靖二他著『詳説世界史　改訂版』山川出版社、二〇〇七年
藤代泰三『キリスト教史』日本ＹＭＣＡ同盟出版部、一九七九年
山内志朗『普遍論争　近代の源流としての』平凡社ライブラリー、二〇〇八年
山中謙二『フシーテン運動の研究―宗教改革前史の考察―』聖文舎、一九七四年
アーネスト・ゲルナー［加藤節監訳］『民族とナショナリズム』岩波書店、二〇〇〇年
アンソニー・ケニー［木ノ脇悦郎訳］『ウィクリフ』教文館、一九九六年
アントニー・Ｄ・スミス［巣山靖司／高城和義他訳］『ネイションとエスニシティ　歴史社会学的考察』名古屋大学出版会、一九九九年
エドウィン・ロバートソン［土屋澄男訳］『ウィクリフ　宗教改革の暁の星』新教出版社、二〇〇四年
Ｊ・メイエンドルフ［鈴木浩訳］『ビザンティン神学　歴史的傾向と教理的主題』新教出版社、二〇〇九年

ジョン・ウィクリフ［出村彰訳］「祭壇の秘跡について」『宗教改革著作集　第一巻』教文館、二〇〇一年

ニクラス・ルーマン［大庭健／正村俊之訳］『信頼　社会的な複雑性の縮減メカニズム』勁草書房、一九九〇年

ニコライ・ベルジャーエフ［田中西二郎・新谷敬三郎訳］「ロシア共産主義の歴史と意味」『ベルジャーエフ著作集　第七巻』白水社、一九六〇年

Вячеславъ Флайшгансъ, ЯНЪ ГУСЪ, Москва, 1916［ビャチェスラフ・フライシュガンス『ヤン・フス』モスクワ、一九一六年］

フスト・ゴンサレス［石田学訳］『キリスト教史　上巻　初代教会から宗教改革の夜明けまで』新教出版社、二〇〇二年

Franz Lüetzow, The Life & Times of Master John Hus, London, 1909［フランツ・リュッツオウ『ヤン・フス師の生涯と時代』ロンドン、一九〇九年］

フリードリヒ・エンゲルス［岡崎次郎他訳］「原始キリスト教の歴史について」『マルクス・エンゲルス選集　第一二巻』新潮社、一九五六年

ヤロスラフ・ペリカン［鈴木浩訳］『キリスト教の伝統　教理発展の歴史4　教会と教義の改革（1300―1700年）』教文館、二〇〇七年

ヤン・フス［中村賢二郎訳］「教会論」『宗教改革著作集　第一巻』教文館、二〇〇一年

ヤン・フス『教会論』John Huss/David S. Schaff to., The Church, New York: Charles Scribner's Sons, 1915

ユルゲン・ハーバーマス／ヨーゼフ・ラッツィンガー［三島憲一訳］『ポスト世俗化時代の哲学と宗教』岩波書店、二〇〇七年

Obsah sborníku: J. L. Hromádka: Předmluva; A. Molnár: Eschatologická naděje české reformace; J. B. Souček: Hlavní motivy bratrské theologie ve světle novějšího biblického bádání; L. Brož: Od tolerance k dnešku; B. Pospíšil: Službou k svobodě; J. L. Hromádka: Od reformace k zítřku, 1956［ヨゼフ・ルクル・フロマートカ「宗教改革から明日へ」、アメデオ・モルナール／ヨゼフ・B・ソウチェク／ルジェク・ブロシュ／ボフスラフ・ポスピーシル／ヨゼフ・L・フロマートカ『宗教改革から明日へ』カリフ出版所、プラハ、一九五六年］

The letters of John Hus with introductions and explanatory notes by Herbert B. Workman, M.A., principal of Westminster training college, author of “The age of Wyclif” and “The age of Hus” and R. Martin Pope, M.A., London, 1904［『ウエストミンスター訓練学校校長で「ウィクリフの時代」と「フスの時代」の著者であるハーバート・B・ワークマン修士とR・マーティン・ポープ修士の序文と解説がついたヤン・フスの書簡集』ロンドン、一九〇四年］

共同訳聖書実行委員会『聖書　新共同訳』日本聖書協会、一九九六年

『岩波哲学・思想事典』岩波書店、一九九八年

『世界大百科事典』平凡社

解説――救済史としての歴史＝物語

富岡幸一郎（文藝評論家）

本書が刊行されたのは二〇一四年四月のことである。函《はこ》入りの四四四頁の大著であり、臙脂《えんじ》色の表帯には「私の持つすべての力をこの作品に投入した」と白抜きで記され、造本からも著者の意気込みが伝わってくる。その本をただちに繙《ひもと》きながら、十五世紀のボヘミア（チェコ）の宗教改革者ヤン・フスを主人公に、中世末から近代の曙《あけぼの》へと移り変わる時代の巨《おお》きな潮流、世界史の宏大《こうだい》な眺望がひらけていくさまに筆者は深い感銘を受けた。その眩惑《げんわく》にも似た圧倒的な読後感は、自分の読書の記憶を辿《たど》ると、歴史書や哲学書のそれよりも、むしろすぐれた文学作品、小説を読んだときの感動に近いものがあった。たとえば中学生の時、作家の衝撃的な割腹自決の直後に通読した三島由紀夫の『豊饒《ほうじょう》の海』全四巻から受けた驚きの感覚である。作家は、ライフワークとして遺したこの大長編で「世界解釈の小説」を目ざすといい、仏教の唯識論を作品世界に持ち込んだ。各巻の主人公が生れ変わる輪廻転生《りんねてんしょう》の物語。それは近代の直線的な時間にたいする、超近代の視点からのひとつの挑戦であった。

『宗教改革の物語』は、もちろん「小説」ではない。しかしこの本は、宗教改革の歴史からいえば五百年以上の、イエス・キリストの地上への出現からすれば二千年の時間を内包しつつ、二十一世紀の現在から、この地上の「世界」を解釈しようとした試みである。そして、我々がいま立っている近代世界末期の断崖からの冒険的な飛翔としての「物語」なのである。その飛翔の翼として著者が用いたのが、「今から六〇〇年近く前、一四一五年七月六日土曜日の朝」にドイツのコンスタンツで開催されたカトリック教会の公会議に召喚され、異端として裁かれ、火刑に処されるヤン・フスという主人公である。

マルティン・ルターの宗教改革（一五一七年）より百年前に、制度的に硬直したカトリック教会を聖書のイエス・キリストの原点に立ち戻ることで批判したフスこそは、宗教改革の先駆者であった。それは、ただキリスト教や宗教史上の事柄ではない。宗教改革という出来事は、人類史における「近代」という時代精神をもたらしたのであり、いいかえれば、今日を生きている我々の「物語」はここから始まっているからだ。さらに重要なのは、この「物語」は中世と近代の分水嶺ともいわれるウエストファリア条約（宗教戦争の終結と近代国民国家の誕生）以降の「近代」社会の形成のみならず、二十世紀のロシア革命によって出現した、無神論国家の本質にも関わっていたからである。

つまり、ヤン・フスという登場人物は、この六百年の歴史の地層を一気に持ち上げてみせる梃子《てこ》の役割を担い、そこに露《あら》われる歴史の光景は、いわゆる近代史や世界史の視座では決して見ることのできない、ある潜在的な真実の相貌《そうぼう》を帯びる。中世末期のカトリック教会が、現実世界の権威や政治性にもとづく「単なる世界観に堕して」しまい、形骸化し腐敗していることを、フスは「世界観」を超える「何か」によって鋭く看破し、自らの死を賭してプロテストしえた。その「何か」とは、イエス・キリストの終末論である。

聖書が証しする最終的な真理とは、キリストの再臨である。新約聖書は旧約のメシアニズム（救世主を待ち望む信仰）をイエスの地上への到来の現実の唯中《ただなか》に見出す。十字架上の死から、復活し、天に昇られたイエス自身が終りの日に再びこの地上へと来臨されることを、根源的な歴史として預言している。

フスは、地上の権力と化した教会をこの「終末論」によって建て直そうとしたのである。それは人間と世界とが避け難い危機の様相に陥った時に、すなわち「世界史」そのものが行き詰まり、混沌《こんとん》（カオス）へと転落していく瞬間に未来を孕《はら》む「救済史」としてよみがえってくる。二十世紀においては、第一次大戦後にスイス人の牧師カール・バルトが、十五世紀のフスと同様にこの終末論的思考を体現してみせ、ヒトラーのナチズムとの対決を果した。

二〇一四年という時点で、著者は『宗教改革の物語』という一冊の本を通じて、この聖書の終末論によって、今日の「世界史」に代わるべき、あらたな「世界」解釈をここに示したのである。これはまさしく劃期《かっき》的な事件の言語であり物語である。

なぜ今、この本が書かれなければならなかったのか。それは本書のサブタイトルにある「近代、民族、国家の起源」が根本的に問い直されねばならぬ歴史の大きな転換期――それは様々な危機の具体として現前する――にあるからだ。著書はこのことを本書の「最終話」で改めて明記する。

＊

《近代について、われわれが把握することができるのは、近代が夕暮れに達したときだ。近代的なシステムが限界に達していることは間違いない。われわれは夕暮れの中で生きているのだ。繰り返し、「近代の超克」や「ポスト・モダニズム」が語られる。しかし、近代は終わりそうに見えても、終わらないのである》

「近代の超克」とは、太平洋戦争中に当時の日本の知識人や文学者たちが一堂に会して、西洋近代の超克というテーマで議論したことが端緒となっている。また周知のように「ポスト・モダニズム」は、一九七〇年代から八〇年代にフランスの現代思想（フーコー・ドゥルーズ・デリダ等）の翻訳ブームのなかでの知的な流行現象であったが、そのいずれもが決定的に欠いていたのは、西洋「近代」が宗教改革の所産であり、キリスト教の「神」

との対立・葛藤・親和のなかから生まれたという現実である。

ユダヤ人の哲学者ジャック・デリダの立ち向かう「敵」は、ローマ書を記した使徒パウロ（ニーチェの言葉でいえば「ユダヤのパスカル」）であり、西洋のポストモダンの現代思想が表層的には黙殺しつつ、底流において絶えず暗闘してきた「神学」こそ、日本のポスト・モダニズムが見落してきたものなのだ。

同志社大学神学部を出て、外交官として対ロシア外交の重要な役割を担った著者は、キリスト教信仰を持つ一人の日本人として無神論国家の崩壊の現場に立ち会った。本書の「第一話」で紹介されているように、ロシア共産主義の正体とは「それ自身キリスト教にとって代わる宗教」（ニコライ・ベルジャーエフ）であった。それはフスを断罪したカトリック教会と同じように、「終末論」をねじ曲げて、地上の倒錯的なユートピアを目ざす権力と化し、自らの「世界観」を他者に押しつけようとする「不寛容と狂信」の所産に他ならない。

宗教・法・国家というものの幻想の深部の関連を理解しなければ、この地上の歴史で起っている諸々の出来事と現象の本質に迫ることはできない。その意味で、外交官には本来的には神学者の眼差しが必要なのだ。『国家の罠——外務省のラスプーチンと呼ばれて』や『自壊する帝国』をはじめとした著者の本を読めば、それはあきらかだろう。明治以降の外交官で、この神学的眼差しを有していた人物としては、内村鑑三と札幌農学校の同期であり、国際連盟事務次長を務めた新渡戸稲造を挙げれば十分だろう。

もうひとつ、この「フスの物語」を書いた著者の重要な動機に、「沖縄（琉球《りゅうきゅう》）民族」というテーマがある。「まえがき」で述べているように、著者の母親は沖縄の久米《くめ》島出身であり、十四歳のときに沖縄戦へ参加した。母が生涯いだき続けた沖縄人としての日本国家と日本人にたいする背反する感情の問題。《二〇一〇年七月に母が他界してから、私は母があえて整理しないと決めた事柄を言語化したくなった。沖縄人であると同時に日本人であるという自らの複合アイデンティティーを言語できちんと表現する作業を怠ると、私は作家としての命を失うのではないかという怖れに取り憑《つ》かれている》と著者は記す。

この課題はしかし「自己」を対象化してはできない。自己言及性は「私小説」にしかならないし、一個の「私」もまた歴史のなかの存在であるかぎり世界史に、いや救済史の超越的なパースペクティヴから視《み》なければならない。ここでもフスは物語の主人公になる。フス自身は近代的な民族としての「チェコ人」とは自覚していなかったが、宗教改革の実践者として自らを燔祭《はんさい》に捧げたフスは、やがて近代の国家をチェコ人が形成するための大切なルーツとなった。

著者が指摘する、ネイションがつくられるための「エトニ」――歴史や文化の連帯感を養成する集団観念――は、きわめて重要なものである。なぜなら、現下の日本国において著者がいうように、沖縄はまさに「沖縄（琉球）民族というネイション形成の初期段階に入っていると見た方がいい」からである。

《沖縄エトニは、ネイションになることを視野に入れ始めている。しかし、それは尖閣諸島に対する領土保全とか、一六〇九年の薩摩《さつま》の琉球入りによって失われた奄美《あまみ》諸島の回復であるといった領域的構成要素を強化する方向には進んでいない。むしろ「われわれは先祖を共通にする沖縄人であるという」、古い「血統」モデルと親和的な、沖縄エトニが強化されつつある》

日本政府も本土の日本人も、沖縄を尖閣諸島や中国の海洋進出、また米軍基地（辺野古《へのこ》移設）といった「領域的」な問題としてしか見ていない。しかし現に起っている危機的状況は、「沖縄と沖縄人には、セジ（霊力）が降りてくる」という事態をもたらしているのである。

《こういうセジのような力が、エトニを民族に転化させる力をもつ。裏返して言うと、近く日本は国家統合の危機に直面することになる。ハプスブルク帝国のチェコ（ボヘミア）と日本帝国の中での沖縄（琉球）は類比的情況に置かれている》

この目に見えないものの力を、著者は「沖縄人」としての血から、そしてイエス・キリストの再臨を「待ちつつ」生きるキリスト者としての信仰から、正確無比に捕える。フスの宗教改革を、その「終末論」的思考を二十世紀に復活させたチェコの神学者フロマートカのように、著者は二十一世紀においてこのカオス化した地上を歩みつつ、「希望」と「愛」を語る。その時、著者は「フスの物語」を、今を生きる自らの「物語」となす。二十世紀のユダヤ教哲学者エイブラハム・ジョシュア・ヘッシェルはいう。

《知覚可能なもののなかに沈められている超越的なものへの隠喩《いんゆ》を、水面にけっして浮上してこない、物と物との隙間に隠れている価値を、言い換えるとすべての実存の定義不可能な次元を、すばやく捕えようとすること、これが真の詩の冒険である》（A・J・ヘッシェル［森泉弘次訳］『人は独りではない――ユダヤ教宗教哲学の試み』教文館、一九九八年）

聖書は、この「詩人の言葉」で書かれている。作家・佐藤優が本書で歴史の時空をこえ、縦横無尽に展開してみせるものも、この言葉の冒険（アバンチュール）である。そして、『ボヴァリー夫人』を書いたフローベールが「マダム・ボヴァリーは私である」といったように、著者もまた「ヤン・フスは私である」と物語っているように思われる。

本書は、二〇一四年四月に小社より刊行された単行本を、加筆・修正したものです。

部扉デザイン　國枝達也

宗教《しゅうきょう》改《かい》革《かく》の物語《ものがたり》

近代《きんだい》、民族《みんぞく》、国家《こっか》の起源《きげん》

佐藤《さとう》 優《まさる》

平成31年 1月25日　初版発行
令和7年 2月5日　7版発行

発行者●山下直久

発行●株式会社KADOKAWA
〒102-8177　東京都千代田区富士見2-13-3
電話　0570-002-301（ナビダイヤル）

角川文庫 21428

印刷所●株式会社KADOKAWA
製本所●株式会社KADOKAWA

表紙画●和田三造

●お問い合わせ
https://www.kadokawa.co.jp/（「お問い合わせ」へお進みください）
※内容によっては、お答えできない場合があります。
※サポートは日本国内のみとさせていただきます。
※Japanese text only

ISBN 978-4-04-400396-8　C0116